Karin Schmid

# Liebe dein Zuhause jeden Tag

KARIN SCHMID

# Liebe dein Zuhause jeden Tag

*365 ermutigende Dates mit Gott*

Grace today
VERLAG

Die Deutsche Nationalbibliothek verzeichnet diese Publikation in der Deutschen Nationalbibliografie; detaillierte bibliografische Daten sind im Internet über http://dnb.d-nb.de abrufbar.



*Umschlaggestaltung*: Peter Karliczek, www.j-k.de
*Umschlagfoto:* Stocksy
*Corporate Design*: spoon design, Olaf Johannson
*Lektorat*: Thilo Niepel, Sonja Yeo
*Satz:* Grace today Verlag
*Druck:* CPI – Clausen & Bosse, Leck
*Printed in Germany*

1. Auflage 2016


Gebunden: ISBN 978-3-95933-020-6, Bestellnummer: 372020
E-Book: ISBN 978-3-95933-021-3, Bestellnummer: 372021



www.gracetoday.de

Wer wünscht sich nicht ein Zuhause voller Liebe, Geborgenheit und Annahme. Einen Ort, an dem man sich zurücklehnen und Entspannung sowie neue Stärke finden kann. Die Hektik des Alltags und die Herausforderungen unserer Beziehungen können uns Energie rauben und unseren Stresslevel in die Höhe schnellen lassen. Wir leben außerdem in einer Welt mit Krieg und Terror. Unsicherheit ist für viele ein täglicher Begleiter geworden. Wie wohltuend ist es deshalb, einen Rückzugsort zu haben – einen Ort der Harmonie, Freude, Wertschätzung, Ermutigung, Sicherheit und Stabilität. Diese Dinge sind außergewöhnlich kostbar und Gottes Geschenke an uns. Unsere Gesellschaft und somit auch unsere Familien sehnen sich danach. Die Bibel gibt uns zum Thema »Nestwärme« eine Menge wertvoller Hinweise, wie wir in der Kraft Gottes ein solches Zuhause schaffen können. Immer wieder heißt es: »Fürchte dich nicht!« Je dunkler es in der Welt aussieht, desto mehr brauchen wir das Licht aus Gottes Wort. Denn sein Wort und seine Gegenwart bergen die Kraft, mit der Unmögliches möglich wird. Du hast jeden Tag die Chance, dir bewusst zu machen, dass dein Leben und dein Zuhause unter Gottes Schutz stehen und durch sein Wort gestärkt werden. Dein Zuhause kann in ein reich gesegnetes und einflussreiches Heim verwandelt werden. Stell dir vor, dass dein »Familiennest« eine Ausstrahlungskraft und positive Energie hat, die nicht nur bei dir zuhause, sondern auch in deinem Umfeld wahrgenommen und wirksam wird. Dazu möchte dieses Buch dich inspirieren! Zu einem Zuhause, in dem dein Herz sich wohlfühlt!

### Hausgebet von meiner Schwiegermutter

*Herr, segne,*
*was ich gearbeitet,*
*beschütze, was ich geliebt,*
*vollende, was ich wollte,*
*ergänze, was ich versäumte.*

*Doris Schmid*

# Was mir für mein Zuhause wichtig ist

## Wo deine Geschichte beginnt

Meine Tochter Julia hatte unser Badezimmer dekoriert und dabei freudestrahlend eine stylische Box auf unser Spülbecken gestellt. Darauf stand: »Home is where your story begins.« Auf Deutsch: »Zuhause ist dort, wo deine Geschichte beginnt.« Dieser Satz hat mich ganz tief berührt. Nichts ist prägender als die ersten Lebensjahre. Als Jüngster von sechs Kindern hatte ich in einer Bauernfamilie eine besondere Charakterschule erfahren – durch harte Arbeit, aber auch herzliche Wärme meiner Eltern, die uns in allen Herausforderungen des Lebens die Liebe Jesu Christi vermittelten. Alle brauchen ein Zuhause, und darum sollten alle dieses Buch lesen. Denn der Einfluss eines starken Zuhauses ist von unschätzbarem Wert. Zuhause werden Persönlichkeiten entwickelt, Tag für Tag.

*Dan Schmid*

## Mein Zuhause

Als Kind wechselte mein Zuhause ziemlich oft. Bedingt durch berufliche Veränderungen meines Vaters war ich acht Mal »die Neue« in der Schule, musste acht Mal Abschied von Freundinnen und vertrauten Wegen nehmen und mich acht Mal an ein neues Zuhause gewöhnen.

Deswegen ist mir mein Heim heute sehr wichtig.

Zuhause ist mein Nest, in das ich mich zurückziehe und Geborgenheit suche; der Platz, an dem ich persönliche Dinge aufbewahre. Zuhause ist der Ort, der mein Leben zusammenhält. Der funktionierende Haushalt ist eine Grundlage für den Familienalltag: Herd, Waschmaschine und Kaffeeautomat sind nicht wegzudenken …

Wie schnell man ein Zuhause verlieren kann, zeigen die Naturkatastrophen der vergangenen Jahre: Ein Erdbeben oder ein Tsunami zerstörten Tausende von Gebäuden, in denen Menschen zuhause gewesen waren.

Es ist Gnade, in einem Land zu wohnen, das mir Schutz und Komfort bietet. Weil ich das weiß, möchte ich mein Heim für andere Menschen öffnen, ihnen Zeit schenken und gute Gespräche führen. Eine Küche, in der

Menschen sich wohlfühlen, ist mir wichtiger, als Energie und Geld in die perfekte Deko zu investieren.

Jesus hat gesagt, dass er vorausgeht, um für uns Wohnungen vorzubereiten. Da er weiß, was wir brauchen, vermute ich, dass es ziemlich schöne Wohnungen sein werden. Ich wünsche mir, dass ich dort viele der Menschen, die heute zu Gast in unserer Küche sind, wiedertreffe.

*Ellen Nieswiodek-Martin*
*Chefredakteurin der Zeitschrift »Lydia«*

# MEINE
# DATES MIT GOTT

**1. Januar**

*Ich will den Herrn loben und nie vergessen, wie viel Gutes er mir getan hat.* Psalm 103,2

**Sprich heute diese sensationelle Wahrheit über deinem Leben aus:**

*Ich* DEIN NAME *gebe dir, Gott, die Ehre, denn du hast mir schon so viel Gutes getan!*

**Trotz aller Herausforderungen gibt es heute einen Grund, dankbar zu sein.** Vielleicht kannst du dich mal kurz in deinem Zuhause umschauen. Eventuell denkst du jetzt gerade an deine Steuern, die du eigentlich bezahlen solltest, oder den Wäscheberg, der seit Wochen nicht kleiner wird. Doch ich möchte dich ermutigen, deinen Fokus zu ändern und darauf zu schauen, wie viel Gutes Gott dir geschenkt hat! Vielleicht kannst du dir zum Anfang des Jahres eine Liste von all diesem Guten machen. Und vor allem erinnere dich an das, was Jesus am Kreuz für dich getan hat. Wenn du Gottes Segen siehst und darauf mit Dankbarkeit antwortest, wird dein Zuhause sich mit Entspannung und einer wohltuenden Atmosphäre füllen.

2. Januar

*Wenn nicht der Herr das Haus baut, dann ist alle Mühe der Bauleute umsonst.*
*Psalm 127,1*

**Sprich heute diese wunderbare Wahrheit in dein Leben hinein:**

*Ich* DEIN NAME *baue mein Lebenshaus in der Kraft Gottes!*

**Gottes übernatürliche Kraft bringt den sicheren Erfolg!** Wie oft bemühen wir uns, im Leben alles richtig zu machen. Wir versuchen, beruflich erfolgreich zu sein, den Kindern gerecht zu werden und ein liebevoller Mensch zu bleiben. Doch ein solches Leben ist anstrengend und bringt oft Frust und Enttäuschung mit sich. Denn aus eigener Kraft schaffen wir es einfach nicht. Die Bibel lehrt uns, die Bauleitung unseres Lebenshauses an Gott abzugeben. Er ist perfekt und hat den Überblick. Gott selber möchte dir den Geist der Weisheit, der Liebe und der Besonnenheit schenken. Täglich will er dir helfen, Entscheidungen zu treffen und dein Leben erfolgreich zu gestalten. Lass dich heute von Gottes gutem Geist leiten und dir eine neue Lebensqualität aufzeigen. Ich bin überzeugt, dass in deinem Zuhause auf diese Weise Frieden und Zuversicht freigesetzt werden. Gott segne dich!

3. Januar

*Wer auf ihn [Jesus] baut und ihm vertraut, steht fest und sicher.*
*1. Petrus 2,6b*

**Sprich heute diese Offenbarung für dich persönlich aus:**

*Ich* DEIN NAME *glaube an Jesus Christus und habe deshalb eine ewige Sicherheit in meinem Leben!*

**Unzerstörbare Sicherheit findet sich im Glauben an Jesus Christus!** Manche Menschen verlieren ihr Zuhause durch Krieg und Terror. Andere sind so arm, dass sie sich kein eigenes Zuhause leisten können oder sogar Hunger leiden. Wieder andere werden evakuiert, weil Flut oder Erdbeben ihr Haus bedrohen. Auch durch zwischenmenschliche Schwierigkeiten können Familien zerbrechen. Alle diese Geschehnisse bringen Unsicherheit und Schmerz in die Herzen der Betroffenen. Du aber hast die Chance, dein Leben auf das feste Fundament von Jesus Christus zu bauen. Er ist der Sohn Gottes und hat die Macht über Himmel und Erde. Wer ihm sein Leben anvertraut, bekommt eine unzerstörbare Sicherheit. Niemand kann dir die Beziehung zu Jesus Christus kaputt machen und die Lebenskraft stoppen, die durch seine Gnade in dein Leben fließt. Deshalb halte dich an Jesus fest. Egal, wie deine Lebensumstände gerade aussehen, Jesus Christus ist der Fels, der bis in alle Ewigkeit fest und sicher steht!

**4. Januar**

*Vergrößere dein Zelt! Spann die Zeltdecken weiter aus! Spare nicht! Verlängere die Seile, und schlag die Pflöcke fest ein!* Jesaja 54,2

**Sprich heute diese Wahrheit über deinem Leben aus:**

*Ich* DEIN NAME *vergrößere mein (berufliches, familiäres, finanzielles ...) Zelt. Ich werde mit dem Verlängern der Seile nicht sparen und die Pflöcke fest einschlagen.*

**Glaube an die Ideen, die Gott in dein Herz gelegt hat!** Vielleicht empfindest du deine Träume und Wünsche manchmal als unerreichbar, aber Gott denkt anders. Er will uns helfen, Meilensteine für die Zukunft zu setzen. Deshalb lass dir von Gott einen Blick in die Weite schenken und glaube an die Ideen, die er in dein Herz gelegt hat. Schlage mutig neue Pflöcke ein und glaube, dass dein Bild von der Zukunft Wirklichkeit werden kann. Lass dich bei jedem Schritt durch Gottes Geist leiten. Er wird dir den Weg zu deinem nächsten Meilenstein zeigen. Vor einem Jahr hatte ich den Wunsch nach einem eigenen Büro, in dem ich schreiben könnte, und so betete ich dafür. Ich wusste nicht, wie ich es finanzieren sollte. Doch heute sitze ich in ebendiesem Zimmer unter dem Dach eines wunderschönen Hauses und schreibe diese Zeilen. Gott hat Unmögliches möglich gemacht und kann das auch in deinem Leben tun!

5. Januar

*Herr, du Gott über Himmel und Erde!*
*Wie sehr liebe ich deinen Tempel –*
*den Ort, an dem du wohnst.*
*Psalm 84,2*

**Sprich heute diese Wahrheit über dir aus:**

*Gott, du bist so mächtig! Ich* DEIN NAME *liebe den Ort, an dem du wohnst!*

**Der Besuch einer Kirche gibt uns die Möglichkeit, Gottes Gegenwart auf eine besondere Art und Weise zu erleben.** Der Tempel, wie er früher genannt wurde, ist eine heilige Stätte. Genauso ist heute die Gemeinschaft unter Christen etwas Besonderes. Es ist ein Ort der Begegnung und der Stärke, an dem du auftanken kannst. Wie schön, wenn Menschen sich am Sonntag in der Gemeinde versammeln, weil sie Gott und einander begegnen möchten. Wenn geistliche Geschwister zusammen sind, geht außerdem eine unglaublich große Kraft von dieser Gemeinschaft aus, weil Jesus Christus, der die Hoffnung der Welt ist, inmitten seiner Gemeinde lebt.

Es ist Gottes Wunsch, dass jeder Mensch auf dieser Erde zu seiner Familie dazukommt und somit ein geistliches Zuhause findet. Vielleicht besucht aus deiner natürlichen Familie niemand die Kirche. Doch dann kannst du ihnen mit Hoffnung und Liebe vorangehen und für sie beten!

6. Januar

*Gib mir dein Licht und deine Wahrheit!*

*Psalm 43,3a*

**Sprich heute dieses Gebet:**

*Vater im Himmel, im Namen Jesu bete ich jetzt Licht in meine Dunkelheit, und da wo Ungewissheit ist, soll die Wahrheit ans Licht kommen!*

**Gottes Licht durchbricht jede Dunkelheit!** Manchmal gibt es Tage, an denen wir uns unsicher und von allen Menschen verlassen fühlen. Unsere Seele ist schwer und unsere Gefühle fahren Achterbahn. Vielleicht sehen wir vor unserem inneren Auge einen unüberwindbaren Berg oder eine düstere Hoffnungslosigkeit. Es sind die Momente, in denen wir zuhause demotiviert auf dem Bett liegen oder gedankenversunken auf dem Sofa sitzen. In solchen Momenten scheint die Dunkelheit unser Leben zu bestimmen. Es gibt jedoch eine wunderbare Nachricht: Jesus selbst ist das Licht, und er kann jede Dunkelheit in Licht verwandeln! Denn eins ist gewiss: Das Licht ist stärker als die Dunkelheit. Manchmal ist es bloß ein flüchtiger Schatten, der uns verunsichert und für kurze Zeit in die Irre gehen lässt. Deshalb glaube an das Licht durch Jesus Christus. Höre nicht auf, immer wieder Gottes Licht in deinem Leben »anzuschalten«. Denn sein Licht vertreibt jede Finsternis. Gott segne und stärke dich!

7. Januar

*Weil ihr zu Christus gehört, seid auch ihr ein Teil dieses Baus, in dem Gottes Geist wohnt. Epheser 2,22*

**Sprich heute diese Wahrheit über deinem Leben aus:**

*Ich* DEIN NAME *gehöre zu Jesus Christus, deshalb wohnt und lebt der Heilige Geist in mir!*

**Der Heilige Geist wohnt gern bei Menschen, die an Jesus Christus glauben.** Wie schön zu wissen, dass der Heilige Geist auch ein Zuhause möchte. Er wünscht sich genauso wie wir eine Heimat. Du hast die Chance, ein Teil von Gottes Königreich auf dieser Welt zu sein. Du bist ein Stellvertreter für Gottes Präsenz auf dieser Erde. Gottes Geist möchte durch dein Leben sichtbar werden. Deshalb höre heute auf den Heiligen Geist, der in dir am Wirken ist. Er gibt dir täglich Richtungsweisungen, um dein Zuhause, deinen Arbeitsplatz sowie deine Beziehungen zu verschönern! Ich weiß nicht, welche Fragen und Sorgen dich heute beschäftigen. Mir ist auch nicht bekannt, welche Entscheidungen du heute treffen musst. Aber ich weiß ganz genau, dass der Heilige Geist in dir wohnt und dein bester Ratgeber ist! Deshalb komme mit dem Heiligen Geist ins Gespräch – ich bin überzeugt, er wird dir liebevolle Wegweisung und göttliche Erkenntnis schenken. Dann wird dein Leben einen positiven Einfluss auf dein Umfeld haben.

8. Januar

*Wer meine Worte hört und danach handelt, der ist klug. Man kann ihn mit einem Mann vergleichen, der sein Haus auf felsigen Grund baut. Matthäus 7,24*

**Sprich heute dieses Bekenntnis aus:**

*Ich* DEIN NAME *handle nach Gottes Wort und baue somit mein Lebenshaus auf ein festes Fundament.*

**Die beste Lebensversicherung ist der Glaube an Jesus Christus.** Gottes Wort hat eine unglaublich große Kraft für dein Leben. Es ist vergleichbar mit einem starken Felsen, der nicht ins Wanken kommen kann. Vieles in unserer Welt ist unsicher und instabil. Terroranschläge verunsichern die Menschen, Ehen gehen in die Brüche, die Natur spielt verrückt. Es gibt jedoch eine feste und wirklich verlässliche Zuversicht. Gottes Wort war gestern, ist heute und es bleibt in alle Ewigkeit bestehen. Deshalb ermutige ich dich, täglich Jesu Worte zu hören und sein vollbrachtes Werk am Kreuz und seine vollkommene Liebe für dich zu erkennen. Denn daraus wird göttliches und gestärktes Handeln folgen. Stelle dich heute bewusst auf diesen sicheren Grund und lass dich nicht abhalten, täglich Gottes Wort ins Zentrum deines Lebens zu stellen. Ich bin überzeugt, du wirst dich sicher und stark fühlen und auch dein Zuhause wird Stabilität erfahren. Gott segne dich!

9. Januar

*Glücklich ist, wer Freude hat am Gesetz des Herrn und darüber nachdenkt – Tag und Nacht. Aus Psalm 1,2*

**Segne dich heute mit diesen Worten und sage:**

*Ich* DEIN NAME *denke immer wieder über Gottes Wort nach. Das wird mein Leben prägen und mich richtig glücklich machen!*

**Gedanken über Gottes Wort bringen Freude in den Alltag!**

Heute ist die Frage, wie wir unser Zuhause mit Freude füllen können. Oftmals gibt es Situationen, die uns die Freude rauben wollen oder die uns traurig machen. Gott ist sich dieser Tatsache völlig bewusst und hat deshalb eine Einladung für uns bereit. Er gibt dir die Chance, Gottes Wort zu lesen und darüber nachzudenken. Deshalb lade ich dich heute ein, dir einen gemütlichen Ort in deinem Zuhause einzurichten. Vielleicht kaufst du dir einen Sessel, in dem du immer wieder entspannen, die Bibel lesen und dann zum Nachdenken die Augen schließen kannst. Gott möchte in diesen Momenten zu dir sprechen. Er sieht deine Lebenssituation und hat in diesen Augenblicken inspirierende Gedanken, die exakt zu deinem Alltag passen. Deshalb nutze die Gelegenheit, dir Gottes Gegenwart und Nähe bewusst zu machen. Ich bin überzeugt, dies wird eine tiefe Freude und echtes Glück in dein Zuhause bringen.

**10. Januar**

*Aber wenn ihr ihm vertraut,*
*werdet ihr sicher und geborgen sein.*
*Psalm 2,12b*

**Sprich heute dieses Versprechen Gottes über deinem Leben aus:**

*Auch wenn ich es momentan schwierig finde, vertraue ich* DEIN NAME *dir, Gott, und werde deshalb Sicherheit und Geborgenheit finden!*

**Gott schenkt echte Sicherheit und herzliche Geborgenheit!** Gott ist so fürsorglich! Manchmal sind wir in chaotischen Situationen und wissen nicht mehr, wo uns der Kopf steht. Wir fühlen uns verunsichert, weil unsere Lebenssituation uns richtig herausfordert oder manchmal sogar überfordert. Sorgen können uns in die Tiefe ziehen und unsere Nächte in Zeiten des Grübelns und der Unruhe verwandeln. Genau in diesen Momenten möchte Gott dein Zuhause in einen Ort der Sicherheit und Geborgenheit verwandeln. Jesus streckt dir seine Hand entgegen und sagt: »Komm zu mir!« Jesus Christus ist der Friede und die Sicherheit. Deshalb vertraue ihm all deinen Ballast an. Erwarte seine Gegenwart und seinen Segen in deiner Lebenssituation. Sobald du deine Sorgen an den allmächtigen Gott abgibst, wird sich wieder Sicherheit in deinem Denken und deinen Gefühlen breitmachen. Denn dein Gott wird sich liebevoll um dein Anliegen kümmern und du kannst in seinem Frieden schlafen.

**11. Januar**

*Vertraue Gott deine Pläne an,*
*er wird dir Gelingen schenken.*
*Sprüche 16,3*

**Sprich heute dieses Bibelwort aus:**

> *Ich* DEIN NAME *vertraue Gott meine Pläne an, er wird mir Gelingen schenken.*

**Gott legt großartige Träume in dein Herz!** Denkst du manchmal auch, deine Wünsche und Ideen wären viel zu groß, um sie jemandem zu erzählen? Du hast die Möglichkeit, alle deine Ideen mit deinem großartigen Gott zu besprechen. Stelle dabei niemals die Größe deiner Träume in Frage, denn es ist Gott, der sie in dein Herz legt. Und weil er sie dort hineingelegt hat, befähigt er dich auch, diese Träume in großen oder kleinen Schritten umzusetzen.

Er möchte dabei auch deine Ausdauer und deine Treue belohnen. Deshalb gib in schwierigen Zeiten nicht auf, sondern halte durch und glaube an deine gute Zukunft. Bedenke dabei immer wieder: Das Gelingen liegt allein in Gottes Hand. Er schenkt die Gunst und das Vollbringen. Deshalb vertraue ihm und bleibe auf dem Weg. Gott segne dich!

**12. Januar**

*Begreift doch: Wer Gott die Treue hält,*
*steht unter seinem besonderen Schutz.*
*Er hört mich, wenn ich zu ihm rufe.*
*Psalm 4,4*

**Sprich heute diese Zusage über deinem Leben aus:**

*Ich* DEIN NAME *halte treu zu Gott. Er hört mich, wenn ich jetzt zu ihm rufe!*

**Mit Sicherheit hört Gott jedes Gebet!** Oft vergessen wir Gott in unserem Alltag. Wir rennen am Morgen aus dem Haus zur Arbeit, erledigen unsere täglichen Pflichten und versuchen, unsere Beziehungen friedlich zu gestalten. Oftmals eilen wir den Dingen hinterher, weil die Zeit einfach wie im Flug vergeht. Aber heute ist Einsicht gefragt! Die Bibel fordert uns auf: »Begreift doch!« Unser Leben ist zu kurz, um das Wichtigste zu verpassen: Gott wünscht sich eine innige und herzliche Beziehung mit uns. Dabei geht es jedoch nicht um eine Pflichterfüllung – es geht um viel mehr! In dieser Beziehung mit Gott haben wir die Chance, seine ewige Treue und seine vollkomme Liebe zu sehen. Deshalb rufe heute zu Gott. Er wartet bereits darauf. Er wünscht sich nichts mehr, als sich liebevoll und fürsorglich für dich einzusetzen. Keine Bitte ist ihm zu groß oder zu klein. Vertraue ihm, dass er sich um deine Anliegen kümmern wird.

**13. Januar**

*Wenn du beten willst, geh in dein Zimmer, schließ die Tür hinter dir zu, und bete zu deinem Vater. Und dein Vater, der auch das Verborgene sieht, wird dich dafür belohnen. Matthäus 6,6*

**Sprich heute diese Zusage über deinem Leben aus:**

*Mein* DEIN NAME *Vater sieht mein verborgenes Gebet.*

**Verborgene Gebete haben eine große Kraft!** Wie schön ist es, im Verborgenen mit dem allmächtigen Gott zu sprechen. Du kannst deinem Gott alle deine Träume, deine Ängste und deine Wünsche erzählen. Höre niemals auf zu beten und Gott im Namen Jesu um konkrete Anliegen zu bitten. Ich bin überzeugt, Gott wird dein Gebet erhören. Für deinen Vater im Himmel gibt es nichts Schöneres, als alles dafür zu tun, damit deine Bitten in Erfüllung gehen. Glaube daran, dass er dein Gebet mit Kraft erfüllt. Vielleicht kannst du heute ein Gebets-Tagebuch beginnen und deine Anliegen in Stichworten aufschreiben. Ich bin überzeugt, zu einem späteren Zeitpunkt wirst du in dem Buch zurückblättern und merken, wie Gott deine Bitten bereits erfüllt hat. Gott nimmt dich so ernst! Deine Anliegen haben bei ihm höchste Priorität.

14. Januar

*Schön früh am Morgen bringe ich dir ein Opfer und bete, weil ich weiß: du hörst mich. Gib mir doch Antwort! Psalm 5,4*

**Sprich heute diese Gewissheit über deinem Leben aus:**

*Ich* DEIN NAME *begegne dir, Gott, bereits am Morgen und weiß: Du wirst mir antworten!*

**Morgenstund hat Gold im Mund!** Es ist ein großartiges Privileg, den Morgen in der Gegenwart Gottes zu verbringen. Momentan werde ich jeden Morgen um 5 Uhr vom Heiligen Geist geweckt, denn Gott hat mir dieses Buch, das du gerade liest, aufs Herz gelegt. So mache ich mich jeden Morgen auf in mein Schreibzimmer unter dem Dach und höre, was Gott mir zu den Bibelversen zu sagen hat. Ich höre und schreibe! Genauso möchte Gott in der Frühe zu dir sprechen und dir wertvolle Richtungsweisungen für den Tag geben. Im Gegensatz zu den Menschen im Alten Testament müssen wir heute dank Jesus kein Opfer mehr bringen, um mit Gott im Reinen zu sein. Er machte sich am Kreuz selbst zum Opfer und hat den Preis für immer bezahlt. Deshalb können wir morgens aufstehen und direkt in Gemeinschaft mit Gott sein – er wartet auf uns! Starte nicht überstürzt in den Tag, sondern konzentriere dich auf Gott und erwarte eine wegweisende Begegnung mit deinem himmlischen Vater.

15. Januar

*Lasst die Botschaft von Christus ihren ganzen Reichtum bei euch entfalten.*
*Kolosser 3,16a*

**Sprich heute diesen Segen über dir aus:**

*Ich* DEIN NAME *lasse die Botschaft von Christus ihren ganzen Reichtum bei mir entfalten.*

**Wer Gottes Reichtum aufblühen lässt, der wird seine Herrlichkeit sehen!** Unsere Hauskatze Nanda verbringt ihre Nächte in einem kleinen Raum mit Waschbecken. In diesem Zimmer steht ihr kuscheliges Körbchen mit einem weichen Kissen. Doch Nanda verbringt die Nacht nicht im Körbchen, sondern schläft im harten, kalten Waschbecken. Sie verbringt ihre Nacht freiwillig auf dem harten Untergrund, obwohl sie es doch so viel bequemer haben könnte. Genauso kann es sein, dass du in deinem geistlichen Leben noch nicht den vollumfänglichen Reichtum entdeckt hast, der für dich bereitsteht. Gott hat immer noch viel mehr für dich, als du dir vorstellen kannst! Deshalb entdecke heute den Reichtum Gottes und empfange dieses vollumfängliche Geschenk in deinem Herzen. Gott segne dich!

**16. Januar**

*Wer dir treu bleibt, den beschenkst du mit Frieden und Glück, den umgibst du mit deiner schützenden Liebe.*

*Psalm 5,13*

**Sprich heute diese Zusage über deinem Leben aus:**

*Durch deine Treue bleibe ich* DEIN NAME *dir, Gott, treu und du wirst mich mit Frieden, Glück und Liebe beschenken.*

**Friede, Glück und Liebe sind tägliche Geschenke unseres Vaters im Himmel.** Viele Menschen leben heute nicht mehr in Treue, weil sie sich nicht zu stark binden oder immer mal wieder was Neues ausprobieren möchten. Gott ist anders! Er ist treu bis in Ewigkeit und an seiner Verlässlichkeit gibt es nichts zu rütteln. Er geht nicht einfach weg und schnappt sich bei der nächstbesten Gelegenheit einen anderen Partner. Deshalb darfst du wissen: Gott weicht niemals von deiner Seite! Und weil er dir treu ist und sein Geist in dir lebt, kannst auch du ihm treu bleiben. Er verspricht uns Frieden, Glück und seine uns umgebende Liebe. Was brauchen wir mehr für ein wunderschönes Zuhause?

17. Januar

*Glücklich werden alle sein, die ihre Kleider rein gewaschen haben. Sie dürfen durch die Tore in die Stadt hineingehen und die Früchte von den Bäumen des Lebens essen. Offenbarung 22,14*

**Sprich heute diese Wahrheit über deinem Leben aus:**

*Glücklich werde ich* DEIN NAME *nach meinem Tod durch die Tore in die Stadt eingehen, denn meine Kleider sind rein gewaschen!*

**Menschen, die an Jesus Christus glauben, erwartet nach dem Tod ein ewiges Leben.** Wer seine Kleider rein gewaschen hat, der darf in den Himmel eintreten. Was bedeutet das? Hast du deine Kleider jeden Tag rein gewaschen? Vielleicht bist du ein außerordentlich anständiger Mensch. Aber wenn du ehrlich bist, dann gibt es doch die eine oder andere Unebenheit in deinem Leben. Alle Menschen machen immer wieder Fehler, auch Christen. Deine Kleider sind einzig und allein deswegen rein gewaschen, weil Christus den Preis am Kreuz längst bezahlt hat! Nur aus diesem Grund kannst du mit weißer Weste vor Gott kommen. Jesus Christus ist dein Fürsprecher und er hat die Sache für dich erledigt. Aus diesem Grund kannst du heute entspannen und dem Himmel zuversichtlich entgegenblicken. Keine Anklage kann dir dieses Geschenk wegnehmen.

18. Januar

*Dir, Herr, will ich von ganzem Herzen danken, und erzählen will ich von deinen wunderbaren Taten. Psalm 9,2*

**Sprich heute dieses Bibelwort über deinem Leben aus:**

*Ich* DEIN NAME *danke dir, Herr, von ganzem Herzen, und heute will ich von deinen wunderbaren Taten erzählen!*

**Positive Worte verwandeln jeden Ort in ein inspirierendes Zuhause.** Mit jedem Wort, das über deine Lippen geht, kannst du dein Zuhause beeinflussen. Worte haben Macht und Kraft. Deine Zunge kann Segen oder Fluch aussprechen. Je mehr positive Worte du verbreitest, desto mehr wirst du zu einer angenehmen und inspirierenden Atmosphäre beitragen. Als Folge davon werden deine Mitmenschen gerne in deiner Nähe sein. Die Bibel ermutigt uns, dankbar die guten Dinge zu betrachten, die Gott getan hat, und diese positiven Ereignisse weiterzuerzählen. Lass dir von Gott zeigen, auf welche Weise du das tun kannst. Schreibe beispielsweise eine Ermutigungskarte, eine SMS oder teile jemandem persönlich eine positive Nachricht mit. Erzähle deinen Mitmenschen, was du an ihnen magst, was Gott in ihnen sieht oder welche Wunder Jesus in deinem Leben getan hat. Ich bin überzeugt, dein Zuhause wird für deine Mitmenschen eine Oase werden.

## 19. Januar

*Der Herr verändert uns durch seinen Geist, damit wir ihm immer ähnlicher werden und immer mehr Anteil an seiner Herrlichkeit bekommen.*
*2. Korinther 3,18b*

**Sprich heute diese Wahrheit über deinem Leben aus:**

*Gott verändert mich* DEIN NAME *durch seinen Geist, damit ich Jesus immer ähnlicher werde und immer mehr Anteil an seiner Herrlichkeit bekomme.*

**Wer zur Veränderung bereit ist, wird neues Land einnehmen!** Du kannst dein Zuhause über Jahre unverändert lassen – oder du kannst immer wieder Dinge ersetzen, neue Dekorationen ausprobieren oder einzelne Räume von Zeit zu Zeit renovieren. Dabei kannst du viele Ideen sammeln, indem du dir andere Häuser ansiehst oder dich von Menschen inspirieren lässt. Veränderung bringt Abwechslung und eine erfrischende Atmosphäre in ein Haus! Genauso hast du die Möglichkeit, dein geistliches Leben im Fluss der Veränderung zu halten. Schaue auf Jesus und lass dich von seinem Geist verändern. Das wird segensreiche Auswirkungen auf dich und dein Umfeld haben. Gott segne dich!

**20. Januar**

*Herr, greif doch ein!*
*Lass dir das nicht bieten!*
*Psalm 10,12a*

**Sprich heute dieses Bekenntnis aus:**

*Ich* DEIN NAME *vertraue dir, Gott, dass du eingreifen wirst!*

**Gott ist bereit, deine Bitten zu erfüllen!** Es gibt immer wieder Momente, in denen wir dastehen und denken: »Warum, Gott?« Vielleicht geschehen gerade Dinge in deinem Leben, die dich verunsichern, oder du kannst einfach nicht nachvollziehen, weshalb sie geschehen. Ich ermutige dich, heute alle deine Sorgen und Ängste zu Gott zu bringen. Er ist die Hoffnung und er kann die schwierigsten Situationen zum Positiven verändern. Deshalb nutze heute das Vorrecht, zu beten! Glaube daran, dass Gott eingreifen und eine Tür öffnen wird, die heute noch verschlossen zu sein scheint. Gott hat den Durchblick und den Überblick über die Welt. Er weiß haargenau, welche Dinge geschehen, und er kann alles zum Guten wenden. Deshalb vertraue ihm, denn seine souveräne Hand will dich leiten. Lass dich heute in die Arme deines Papa-Gottes fallen. Jedes deiner Gebete ist bei ihm sicher und wird zur richtigen Zeit erfüllt werden.

**21. Januar**

*Der Herr schaut vom Himmel auf die Menschen. Er will sehen, ob es wenigstens einen gibt, der einsichtig ist und nach seinem Willen fragt.* Psalm 14,2

**Sprich heute diesen Vers als Segen über dir aus:**

*Gott, du siehst mich, und ich* DEIN NAME *bin einsichtig und frage nach deinem Willen.*

**Gott sucht DICH!** Stell dir vor, Gott schaut täglich auf dein Zuhause. Er beobachtet dich liebevoll und schaut dir zu. Er sehnt sich nach einem Blick von dir, zurück zu ihm in den Himmel. Wie schön, wenn wir aus dem Fenster sehen und die Wolken beobachten können. Genieße diesen Ausblick und denke über Gottes Gegenwart nach. Gott ist zum Greifen nah. Und diese Nähe stärkt deinen Glauben und lässt dich in neue Dimensionen kommen. Deshalb lege dich heute in den Liegestuhl, beobachte den Himmel und lass dich von Gottes Stimme inspirieren. Gott hat dir so viel zu sagen. Er wohnt über dir und auch in dir – deshalb kannst du ihn hören. Glaube seinen liebevollen Worten und frage nach seinem Willen für dein Leben. Du bist sein geliebtes Kind und er hat täglich die besten Richtungsweisungen für dich. Du bist Gottes Repräsentant auf dieser Erde, und der Vater im Himmel möchte mit dir eine wunderbare Geschichte schreiben.

22. Januar

*Herr, wer darf dein heiliges Zelt betreten? Jeder, der aufrichtig lebt und andere gerecht behandelt, der durch und durch ehrlich ist. Psalm 15, 1a+2*

**Sprich heute diese Wahrheit über deinem Leben aus:**

*Herr, dank dir darf ich* DEIN NAME *jederzeit in deine Gegenwart kommen!*

**Gottes Gnade ist so unfassbar groß, dass ich nicht anders kann, als ihn aus tiefstem Herzen anzubeten!** Gott ist heilig, und laut diesem Psalm dürfen nur Menschen, die durch und durch ehrlich sind, Gott begegnen. Wenn wir wirklich ehrlich sind, müssen wir zugeben, dass kein Mensch diesem Maßstab entspricht. Niemand ist perfekt, jeder von uns hat seine Ecken und Kanten. Aber die gute Nachricht lautet: Jesus ist am Kreuz gestorben und hat den vollen Preis bezahlt! Wer an Jesus glaubt, der ist gerecht gesprochen. Durch seine Gnade hast du die Möglichkeit, jederzeit in die Gegenwart von Gott zu kommen. Nichts kann dich mehr davon abhalten, Gott zu begegnen, weil der Preis vollständig bezahlt worden ist. Du darfst das heilige Zelt betreten und Gottes Gegenwart genießen und auf seine Kraft vertrauen, die in deinem Alltag wirksam werden möchte.

## 23. Januar

*Wer an den Sohn Gottes glaubt,*
*der hat das ewige Leben.*
*Johannes 3,36a*

**Sprich heute diese unerschütterliche Zusage über dir aus:**

*Ich* DEIN NAME *glaube an Jesus Christus, deshalb habe ich das ewige Leben.*

**Der Glaube an Jesus Christus schenkt uns ein ewiges Zuhause – ohne jeden Zweifel!** Zweifelst du manchmal an deinem ewigen Zuhause? Klagen dich mitunter Gedanken an und verwirren dich mit Unsicherheit über das Leben nach dem Tod? Der Glaube ist das Festhalten an dem, was wir noch nicht sehen können. Wer an Jesus Christus glaubt, der wird in der Ewigkeit mit einem wunderschönen Zuhause beschenkt werden. Menschen aus allen Nationen werden an diesem himmlischen Ort versammelt sein. So halte daran fest und sei überzeugt, dass auch dein Name im Himmel notiert ist, weil Jesus Christus dir den Weg freigemacht hat. Dank ihm wird dich nichts aufhalten können, nach deinem Tod in die ewige Heimat überzugehen. Lege deine Zweifel weg und schaue zuversichtlich in die Zukunft. Gott segne dich!

24. Januar

*Du, Herr, bist alles, was ich habe; du gibst mir alles, was ich brauche. In deiner Hand liegt meine Zukunft.* Psalm 16,5

**Sprich heute diese wunderbare Offenbarung über dir aus:**

> *Du, Herr, gibst mir* DEIN NAME *alles, was ich brauche. In deiner Hand liegt meine Zukunft.*

**Du kannst tief durchatmen und dich richtig schön entspannen, denn deine Zukunft liegt in Gottes Hand.** Wer an Gott glaubt, der hat alles, was er zum Leben wirklich braucht. Vielleicht hast du gerade Sorgen, was deine Zukunft betrifft. Es gibt schwierige Lebenssituationen wie Krankheit, Arbeitssuche oder Beziehungsprobleme. Pläne funktionieren nicht so, wie wir es uns vorgestellt haben, oder wir können den Weg nach vorne nicht mehr erkennen. Vertraue auch in diesen Situationen deinem Gott. Denn da, wo eine Tür geschlossen wird, kann Gott überraschend eine andere öffnen. Selbst wenn du gedacht hast, du hättest den richtigen Plan gewählt, dann hält Gott mit Sicherheit noch einen besseren für dich bereit! Deshalb gib nicht auf, sondern glaube an deine gute Zukunft, weil du einen Gott kennst, der den besten Lebensplan für dich bereithält!

25. Januar

*Denn ich bin der Herr, dein Gott. Ich nehme dich an deiner rechten Hand und sage: Hab keine Angst! Ich helfe dir. Jesaja 41,13*

**Sprich heute diese Zusage über dir aus:**

*Denn Gott ist mein* DEIN NAME *Herr. Er nimmt mich an meiner rechten Hand und hilft mir. Deshalb fürchte ich mich nicht.*

**Wer die Hand Gottes ergreift, braucht sich nicht zu fürchten!** Wie oft fürchten wir uns vor einer Situation. Wir können Angst haben vor einem Arztbesuch, einer Prüfung, der Zukunft oder vor Beziehungsschwierigkeiten. Es gibt immer wieder Gründe, warum uns Angst überfällt. Exakt in diesen Situationen streckt dir Gott seine liebende Vaterhand entgegen. Er bietet dir seine Hilfe an. Gott möchte dir in allen Lebensbereichen helfen. Deshalb nimm heute sein Angebot in Anspruch. Du brauchst dich nicht länger zu fürchten, denn Gott ist mit dir. Empfange diese Sicherheit für deine Situation. Vielleicht gibt es auch in deinem Umfeld eine Person, die sich momentan vor etwas fürchtet. Du hast die Möglichkeit, diesem Menschen Mut zu machen. Sprich deinen Kindern, deinen Eltern, deinem Partner oder deinen Freunden ein ermutigendes Wort zu. Mach dein Zuhause zu einem Ort der Ermutigung, denn du kannst heute ein Kanal für Gottes Wort sein.

26. Januar

*Bewahre mich, wie man seinen Augapfel behütet! Verstecke mich, wie ein Vogel seine Jungen. Psalm 17,8*

**Sprich heute diese Wahrheit über deinem Leben aus:**

*Danke Gott, dass du auf mich* DEIN NAME *und meine ganze Familie aufpasst und uns beschützt.*

**Bewahrung und Schutz finden wir bei Gott!** Wenn wir morgens aus dem Haus gehen, können wir noch nicht wissen, was uns an diesem Tag alles begegnen wird. Jeder Tag kann gute, aber auch negative Erfahrungen mit sich bringen. Unsicherheit ist in der heutigen Welt ein großes Thema geworden. Umso wichtiger ist der Schutz Gottes. Gottes Kinder dürfen täglich mit Gottes Schutz und seiner bewahrenden Hand rechnen. Vielleicht brauchst du gerade heute ein sicheres Versteck, weil du Angriffe erlebst. Manchmal gibt es auch Angriffe, von denen wir gar nichts merken. Menschen können im Hintergrund gegen dich arbeiten und dir Steine in den Weg legen. Gott hat für jede deiner Situationen die besten Möglichkeiten, dich zu verstecken und dir den nötigen Schutz zu gewähren. Deshalb danke Gott heute für seinen Schutz über deinem Leben, deiner Familie, deinen Kindern, Haustieren, deinem Grundstück sowie deinem ganzen Hab und Gut.

27. Januar

*Ich liebe dich, Herr!*
*Du bist meine Kraft!*
*Psalm 18,2*

**Sprich heute dieses Bekenntnis aus:**

*Ich* DEIN NAME *liebe dich, Herr. Du bist heute meine Kraft!*

**Eine innige und herzliche Beziehung mit Gott bringt Stärke und Kraft in den Alltag!** Je mehr Arbeit wir vor uns liegen haben, desto mehr besteht die Gefahr, dass wir Gott vergessen und uns in die Arbeit stürzen. Genau dies ist der falsche Weg, um das Leben erfolgreich und kraftvoll zu meistern. In der Beziehung zu Gott liegt eine starke Kraft. Du hast die Chance, diese Beziehung zu pflegen und täglich mit Gott in Kontakt zu sein. Je mehr du Gottes Liebe und seine Gnade entdeckst, desto mehr wirst du aus *seiner* Kraft arbeiten. Lege heute bewusst alle deine Arbeit in Gottes Hand. Rechne mit seiner Weisheit und seiner übernatürlichen Kraft bei dir zuhause sowie an deinem Arbeitsplatz. Dies wird dir helfen, die richtigen Entscheidungen zu treffen und zur richtigen Zeit das Richtige zu tun. Gib Gottes Kraft Raum in deinem Alltag und erlebe dabei, wie Wunder geschehen. Oftmals bitte ich Gott um Beschleunigung oder auch manchmal um Vermehrung der Zeit und es geschieht. Gott kann unseren Alltag immer leichter und schöner machen und uns mit übernatürlicher Kraft beschenken.

28. Januar

*Der Herr streckte mir seine Hand von oben entgegen und riss mich aus den tosenden Fluten. Psalm 18,17*

**Sprich heute diese Zusage über deinem Leben aus:**

*Du, Gott, reichst mir* DEIN NAME *heute deine helfende Hand!*

**Die Hand Gottes kann dein Leben plötzlich zum Positiven verändern!** Menschen, die an Gott glauben, haben einen übernatürlichen Draht direkt in den Himmel. Gott kann seine Hand ausstrecken und unsere Erde damit beeinflussen. Immer wieder hat Gott dies getan. Beispielsweise hat er für die Israeliten das Meer geteilt oder dem König Belschazzar mitten bei einem Festgelage eine entscheidende Wegweisung an die Wand geschrieben. Gottes Hand hat auch heute noch Bedeutung und Kraft für dein Leben wie auch das Leben aller Völker auf dieser Erde. Deshalb rechne mit der Hand Gottes für dein Leben und auch für dein Land. Erwarte einen Fingerzeig von Gott, sein übernatürliches Handeln. Seine Hand kann dich aus dem Sumpf ziehen, dich trösten oder dir einen Weg zeigen, der dir bisher verborgen war. Vertraue heute auf die ermutigende Hand des allmächtigen Vaters im Himmel, denn er streckt sie dir entgegen und sagt: »Ich helfe dir!«

29. Januar

*Da lobte ihn sein Herr: »Du warst tüchtig und zuverlässig. In kleinen Dingen bist du treu gewesen, darum werde ich dir größere Aufgaben anvertrauen.«*
*Matthäus 25,21*

**Sprich heute diese Zusage über deinem Leben aus:**

*Ich* DEIN NAME *bin in kleinen Dingen treu gewesen, deshalb wird Gott mir größere Aufgaben anvertrauen.*

**Wer sich für die kleinen Aufgaben nicht zu schade ist, der wird eine segensreiche Beförderung erleben!** Wie oft sind Menschen sich für die kleinen Aufträge, wie zum Beispiel Toilettenputzen, zu schade! Bei Gott ist es jedoch genau umgekehrt. In seinen Augen liegt auf kleinen Dingen großer Segen, und es ist sein Herzenswunsch, dich nach oben zu bringen. Vielleicht stecken große Träume in deinem Herzen – dann fang ruhig klein an, gehe Schritt für Schritt vorwärts und lass dich von Gott führen und befördern. Ich bin überzeugt, Gott wird deine Lebenshaltung segnen, dir Türen öffnen, Wege freischaufeln und Gunst schenken. Deshalb gib nicht auf und vertraue auf Gottes Güte.

30. Januar

*Jesus antwortete: »Ich bin der Weg, die Wahrheit und das Leben.«*
*Johannes 14,6a*

**Sprich heute diese Wahrheit über deinem Leben aus:**

*Jesus ist auch für mich* DEIN NAME *der Weg, die Wahrheit und das Leben!*

**Jesus Christus öffnet uns den Weg in die kostbare Gegenwart Gottes!** Standest du auch schon mal mitten im Nebel und konntest fast nichts mehr sehen, bis plötzlich die Sonne durch den Nebel hindurchgedrungen ist? Der Himmel wurde auf einmal hell und du konntest vielleicht eine wunderschöne Landschaft entdecken. Unser Lebensweg befindet sich manchmal in dichtem Nebel, bestimmte Dinge versperren uns die Sicht, und wir erkennen nicht mehr, wie unser Lebensweg weitergehen soll. Doch Jesus Christus selbst möchte für dich der Weg, die Wahrheit und das Leben sein. Durch seinen Tod am Kreuz hat er dir den Zugang zu Gottes Gegenwart eröffnet, und niemand kann dir diese Tür verschließen. Jesus geht dir auf deiner Lebensbahn voraus und wird dir den Weg ebnen. Deshalb lege heute deine Hand in Gottes Hand und glaube an seine Führung und Richtungsweisungen. Jesus Christus ist der Weg zu deinem Vater, zu neuen Ideen und zu den Lösungen deiner Probleme. Gott segne dich!

31. Januar

*[Der Herr] befreite mich. So viel bin ich ihm wert! Psalm 18,20*

**Sprich heute diese Offenbarung aus:**

*Der Herr befreit mich, denn ich* DEIN NAME *bin ihm überaus wertvoll!*

**Du bist richtig kostbar!** Es gibt Dinge im Leben, die uns einengen oder sogar regelrecht gefangen nehmen können: Süchte, Krankheiten, Ängste, Zorn oder Minderwertigkeitsgefühle. Gerade auch in unserem Zuhause können wir uns eingeengt fühlen. Vielleicht gibt es Dinge in deinem Leben, von denen keiner was weiß, und hinter verschlossener Tür geschehen Dinge, die dich sehr traurig machen. Heute möchte ich dir zusprechen, dass im Namen Jesu jede Gefangenschaft aufgebrochen werden kann! Manchmal stellen sich Hindernisse auf unseren Lebensweg, sodass Projekte oder Visionen einfach nicht zum Ziel geführt werden können. Du darfst heute wissen, dass Gott die Kraft hat, jedes Gefängnis zu öffnen. Er kann alle Fesseln durchbrechen und dich vollständig befreien. Du bist für Gott unglaublich wichtig und außerordentlich kostbar in seinen Augen! Deshalb lässt er dich niemals in Gefangenschaft sitzen. Lass dich von Gott persönlich in die Freiheit führen. Lass ihn deinen Zorn in Gelassenheit verwandeln oder deine Angst in Zuversicht. Gott segne dich!

**1. Februar**

*Mit dir, mein Gott, kann ich über Mauern springen.* Psalm 18,30b

**Sprich heute dieses Bekenntnis aus:**

*Ich* DEIN NAME *kann mit dir, Gott, jetzt über diese Mauer springen!*

**Mit Gott sind alle Dinge möglich!** Vielleicht stehst du heute vor einem Berg, der unbezwingbar erscheint. Vor dir türmt sich eine Mauer auf, die aus menschlicher Sicht nicht überschritten werden kann. Erinnere dich in dieser Situation an deinen Gott. Der Vater im Himmel ist kein Gott, der irgendwo in der Ferne ist. Er ist dein persönlicher Gott! Deshalb schreite heute durch dein Zuhause und sprich es laut aus: Gott ist *mein* Gott! Als ich mit dem Schreiben dieses Buches begann, wusste ich, dass ich das Skript nicht bis zum geplanten Termin schaffen werde. Es war ein Ding der Unmöglichkeit. Doch dann habe ich im Gespräch mit Gott herausgefunden, welche Berufung und welcher Segen auf diesem Buch liegen. So habe ich angefangen zu schreiben und erlebt, wie Gott mit mir über diese Mauer gesprungen ist. Wenn Gott dir einen Auftrag gibt, dann gibt er dir alles Notwendige, um diesen Auftrag zum Ziel zu führen. Wenn wir die Dinge tun, die Gott für uns vorbereitet hat, dann werden alle Dinge möglich.

2. Februar

*Freut euch mit den Fröhlichen!*
*Weint aber auch mit den Trauernden!*
*Römer 12,15*

**Sprich heute diesen Vers über dir aus:**

*Ich* DEIN NAME *freue mich heute mit den Fröhlichen und weine mit den Traurigen.*

**Wer seine Nächsten verstehen lernt, der bringt Geborgenheit und Liebe in sein Zuhause!** Oft rasen wir durch unseren Alltag. Wir eilen zur Arbeit und erledigen mit Tunnelblick unsere Aufgaben und Pflichten. In unserer Betriebsamkeit können wir unsere Mitmenschen schnell vergessen. Die Leistung kommt oft vor der Beachtung unseres Nächsten. Heute ermutige ich dich, deinen Fokus von deiner Arbeit auf die Menschen zu richten. Lass dir heute von Gott zeigen, welche Menschen dich brauchen. Mache Pausen und nutze diese Zeit, um mit Menschen zu sprechen. Lache mit deinen Freunden. Vergiss nicht: Lachen ist gesund! Und entdecke auch die traurigen Menschen in deinem Zuhause und spende ihnen Trost und Ermutigung. Deine Anteilnahme wird ein Segen sein! Und erinnere dich auch immer wieder daran, dass Gott persönlich mit *dir* mitfühlt.

3. Februar

*Er macht mich gewandt und schnell, lässt mich laufen und springen wie ein Hirsch. Selbst auf steilen Felsen gibt er mir festen Halt. Psalm 18,34*

**Sprich heute diese Wahrheit aus:**

*Du, Vater, machst mich* DEIN NAME *heute gewandt und schnell. Du lässt mich laufen und springen und gibst mir auch den nötigen Halt!*

**Wer die Hilfe des Höchsten in Anspruch nimmt, wird neue Meilensteine setzen.** Manche Menschen denken, dass Gott ein alter Mann ist, der, wenn überhaupt, nur für die Menschen im letzten Jahrhundert von Bedeutung war. Doch Gott ist ewig jung und stark und hat *heute* Interesse daran, dein Leben zu verschönern und dir großartige Hilfe zu leisten. Er hält für unsere kleinsten und größten Alltagsaufgaben eine Menge an Verstärkung und Antrieb für uns bereit! Deshalb lege deinen heutigen Tag in Gottes Hände. Erwarte seine Kraft, seine Weisheit und seine Gunst. Gott hat die besten Ideen für deine heutigen Aufgaben. Er möchte uns wirklich segnen. So habe ich beispielsweise betend darauf vertraut, dass Gott die Verbreitung meiner Bücher segnen wird. Mein Andachtsbuch »Liebe dein Leben jeden Tag« geht demnächst in die fünfte Auflage. Das Gleiche kann Gott auch mit deinen Projekten tun.

4. Februar

*Ladet alle eure Sorgen bei Gott ab,*
*denn er sorgt für euch.*
*1. Petrus 5,7*

**Sprich heute diese Zusage über deinem Leben aus:**

*Ich* DEIN NAME *lade heute meine Sorgen bei dir, Gott, ab, denn du sorgst für mich.*

**Wer seine Sorgen bei Gott deponiert, wird sein Haus mit Leichtigkeit und Fröhlichkeit erfrischen!** Meine Tochter kann an meinem Blick erkennen, wenn ich gerade über meine Sorgen nachdenke. Dann sagt sie zu mir: »Mama, was ist los? Was denkst du?« Es handelt sich um die Augenblicke, in denen ich zweifle, traurig bin oder einfach einen Riesenberg Arbeit vor meinem inneren Auge sehe. Wenn wir uns jedoch Sorgen machen, nützt uns das gar nichts. Im Gegenteil: Wir stressen uns, verärgern unsere Mitmenschen und vergeuden kostbare Zeit, indem wir unseren Gedanken freien Lauf lassen. Meist führen sie uns nur in düstere Tiefen. Gott macht dir heute ein Angebot: Du darfst deine Sorgen komplett abgeben! Er will sich um sie kümmern. Er macht das für dich! Deshalb lass alles los, vertraue deinem Gott und glaube, dass er jedes Gefängnis durchbrechen kann. Er hat Möglichkeiten, die du jetzt nicht sehen kannst. Lass dich von Gottes Wundern überraschen und gehe mit Leichtigkeit und Fröhlichkeit durch dein Haus.

5. Februar

*Er gebe dir, was du von Herzen wünschst, was du dir vorgenommen hast, lasse er gelingen! Psalm 20,5*

**Sprich heute diese Wahrheit aus:**

*Gott wird mir* DEIN NAME *geben, was mein Herz sich wünscht. Er lässt mein geplantes Projekt gelingen.*

**Gott legt wunderbare Ideen in unsere Herzen, die durch seine segnende Kraft zum Aufblühen gebracht werden!** Gibt es Dinge, die in deinem Herzen schlummern? Oder hast du gerade eine gute Idee umgesetzt? Gott gibt jedem Menschen Ideen ins Herz. Leider denken Christen oft, dass diese Herzenswünsche nur von ihnen selbst stammen und deswegen nicht verwirklicht werden dürfen. Ich ermutige dich, das heute zu überdenken. Gott legt Ideen in dein Herz, weil er dich ausgewählt hat, diese schönen Projekte umzusetzen! Vielleicht schlägt dein Herz für arme Menschen, eine Geschäftsidee oder eine Familienparty? Du hast heute die Chance, deine Ideen in ein Projekt zu verwandeln. Setze die ersten Meilensteine und fange an, Gottes Plan mit ihm zusammen umzusetzen. Alles, was Gott für dich vorbereitet hat, wird ein Segen sein. Meistens gehören auch Geduld und Ausdauer dazu. Deshalb gib nicht auf und vertraue Gottes Stimme in deinem Herzen. Er ist mit dir!

6. Februar

*Mit Glück und Segen hast du ihn überschüttet und ihm eine goldene Krone aufs Haupt gesetzt. Psalm 21,4*

**Sprich heute diese Wahrheit über deinem Leben aus:**

*Ich* DEIN NAME *bin so dankbar, denn du, Vater, hast mich mit Glück und Segen überschüttet. Ich bin das Kind des höchsten Königs.*

**Königskinder werden täglich mit Glück und Segen überschüttet!** Wünscht du dir auch manchmal, in einem prachtvollen Königsschloss zu wohnen, mit Blick auf den wunderschönen Schlossgarten und einer wertvollen Krone auf deinem Kopf? Dann gibt es heute eine gute Nachricht für dich: Du bist das Kind des Königs der Könige, ein Königskind. Aus diesem Grund kannst du dich aufrichten und mit geradem Rücken durch deinen Alltag gehen. Deine Erbschaft steht fest. Das ewige Königreich Gottes steht dir zur Verfügung und bereits jetzt hast du Zugang dazu. Durch Jesus ist es in diese Welt und durch den Heiligen Geist sogar in dich hinein gekommen. Du hast Kontakt in die himmlische Welt und das Privileg, Gottes Kraft für den heutigen Tag in Anspruch zu nehmen. Der Segen, mit dem Gott uns überschütten möchte, muss nicht und soll nicht erarbeitet werden. Er ist Gottes unverdientes Geschenk für dich, deine Familie, deine Arbeit und alle anderen Bereiche deines Lebens.

**7. Februar**

*Unsere Vorfahren haben dir vertraut, und du hast ihnen immer wieder geholfen.* Psalm 22,5

**Sprich heute folgende Wahrheit über dir aus:**

*Immer wieder haben Menschen dir vertraut und du hast ihnen geholfen. Genauso wirst du auch mir* DEIN NAME *helfen!*

**Vertraue auf Gott, er steht dir zur Seite!** In der Bibel können wir von so vielen Menschen lesen, die Gottes Kraft erfahren haben. Gott hat das Volk Israel mitten in der Wüste mit Wasser und Brot versorgt, er hat Daniel in der Löwengrube beschützt und David Gunst gegeben, um den über drei Meter großen Goliath zu besiegen. Ebenso hat Jesus sich um viele Menschen gekümmert. Er hat Blinde sehend, Kranke gesund und sogar Tote wieder lebendig gemacht. Vielleicht kennst du auch Menschen in deinem Umfeld, die Wunder mit Gott erlebt haben, weil sie Gott vertrauten. Ich selber konnte immer wieder sehen, wie Gott durch mein Gebet Menschen geheilt hat. Dasselbe möchte Gott durch dein Gebet tun! Die Grundvoraussetzung dafür ist dein Vertrauen in Gott. Vertraue seiner großartigen Macht und glaube, dass er heute ein Wunder in deinem Haus tun kann! Gottes Gunst und seine übernatürliche Kraft stehen dir zur Seite. Er wird dich überraschen!

8. Februar

*Der Herr ist mein Hirte.*
*Nichts wird mir fehlen.*
*Psalm 23,1*

**Sprich heute diese Wahrheit in deine Lebenssituation hinein:**

*Jesus, du bist mein* DEIN NAME *Hirte, deshalb wird mir gar nichts fehlen!*

**Wer Gott kennt, dem wird nichts fehlen!** Kommen dir die folgenden Aussagen bekannt vor? »Sobald ich Geld habe, werde ich mir meinen Wunsch erfüllen!« Oder: »Wenn ich verheiratet bin, werde ich glücklich sein!« Oder: »Wenn ich erst mal meine Ausbildung abgeschlossen habe, werde ich alles haben, was ich brauche!« Gott sieht das ganz anders! Er ist heute dein Hirte und bei ihm ist alles, was dein Herz sich wünscht. Tiefes und echtes Glück ist allein in seiner Gegenwart zu finden. Gott selber möchte dich führen und leiten. Er möchte dich zu frischen Quellen führen und dich überaus gut versorgen. Beiße dich nicht an Dingen fest, sondern schau in Gottes Augen und lege deine Hand in Gottes Vaterhand. Er kann materielle und immaterielle Wünsche erfüllen, Türen öffnen, Projekte in Schwung bringen, Beziehungen zum Positiven verändern oder auch deinen kranken Körper aufrichten. Glaube an die Kraft Gottes in deinem Alltag. Erwarte heute eine übernatürliche Veränderung, die dich Meilen nach vorne bringen wird. Gott segne dich!

9. Februar

*Wenn es jemandem von euch an Weisheit fehlt, soll er Gott darum bitten, und Gott wird sie ihm geben.*
*Jakobus 1,5a*

**Sprich heute diese Wahrheit in dein Leben:**

*Ich* DEIN NAME *bitte Gott um Weisheit und er wird sie mir geben!*

**Wer Gott um etwas bittet, wird reich beschenkt werden!** Wie oft fehlt es selbst Christen an Weisheit. Sie sprechen verletzende Worte, suchen den eigenen Vorteil oder verurteilen Menschen hinter deren Rücken. Du hast die Chance, göttliche Weisheit in deinem Leben zu kultivieren. Gerade in deinem Zuhause ist Weisheit so wichtig. So ermutige ich dich, göttliche Weisheit zu empfangen. Bitte Gott um das Geschenk der Weisheit, damit du die richtigen Entscheidungen treffen, das Richtige zur richtigen Zeit sagen und Lösungen für die schwierigsten Probleme finden kannst. Vertraue darauf, dass Gott Weisheit für dich bereithält. Er möchte, dass du ihn darum bittest. Deshalb bestelle dir heute eine Portion göttlicher Weisheit und erlebe, wie du in Gottes Kraft deine Hürden überwinden wirst. Ich bin überzeugt, Gott wird dir Gunst und großartige Erkenntnisse schenken. Gott segne dich!

10. Februar

*Die Erde und alles, was darauf ist, gehört dem Herrn. Psalm 24,1a NLB*

**Sprich heute diese Wahrheit über deinem Leben aus:**

*Meinem* DEIN NAME *Gott gehört die ganze Erde und alles, was auf ihr ist!*

**Alles, was auf unserer Erde ist, gehört dem allmächtigen Gott!** Vielleicht wünschst du dir seit längerem ein schönes Grundstück oder eine tolle Wohnung. Bedenke dabei, dass alles, was auf dieser Erde ist, deinem Gott gehört. Kürzlich habe ich gesehen, wie meine Freunde mit zwei kleinen Kindern in einer kleinen Dachwohnung ohne Aufzug lebten. Es war ihnen viel zu eng und die Kinder hatten viel zu wenig Raum zum Spielen und Toben. So haben wir gemeinsam gebetet, dass Gott für diese Familie ein Einfamilienhaus vorbereitet. Ich betete mit den Worten: »Bitte Vater, suche ein Schmuckstück von oben aus!« Nach kurzer Zeit konnte die Familie auf wundersame Weise ein wunderschönes und für sie perfekt zugeschnittenes Einfamilienhaus kaufen! Ihre neuen Nachbarn meinten: »Viele Leute in unserem Dorf wollten dieses Haus erwerben, aber keiner konnte erfahren, dass es zu verkaufen war.« Gott hat dieses Haus für diese Familie ausgewählt und reserviert. Genauso möchte Gott für dich Türen öffnen und dir den perfekten Wohnraum schenken. Bete dafür!

11. Februar

*Herr, zeige mir, welchen Weg ich einschlagen soll, und lass mich erkennen, was du von mir willst!* Psalm 25,4

**Sprich heute dieses Gebet:**

*Herr, zeige mir* DEIN NAME, *welchen Weg ich jetzt einschlagen soll. Lass mich erkennen, was du von mir willst.*

**In Weisheit möchte dir Gott seinen vorbereiteten Weg aufzeigen!** Im Leben müssen wir immer wieder Entscheidungen treffen: ob am Arbeitsplatz, in der Familie oder in Bezug auf Finanzen. Denke dabei daran: Gott hat dir den Geist der Weisheit geschenkt. Vertraue ihm, denn er hat jeden Tag die besten Richtungsweisungen für dich. Er hat den Überblick und hat schon jeden Tag deines zukünftigen Lebens gesehen. Er weiß, wie du dich fühlst und wie es dir in deinem Herzen geht. Er kann deine Unsicherheit verstehen und kennt alle deine Ängste. Deshalb vertraue dich deinem Gott an – er kennt den Weg und hat schon alles für dich vorbereitet. Er möchte dich seinen Weg erkennen lassen. Deshalb suche im Gebet, in der Nähe Gottes, die richtigen Entscheidungen. Es ist ihm eine Ehre, wenn er dich beraten und anleiten darf. Deshalb höre auf seine Stimme und vertraue darauf, dass er dich wunderbar führt!

12. Februar

*Der Herr zieht die Menschen, die ihn ernst nehmen, ins Vertrauen. Er lässt sie wissen, wozu er einen Bund mit seinem Volk geschlossen hat. Psalm 25,14*

**Sprich heute diese Wahrheit über deinem Leben aus:**

*Der Herr zieht mich* DEIN NAME *ins Vertrauen, denn ich nehme ihn ernst.*

**Gott will uns Einblick in seine geheimen Pläne geben.** Gott wünscht sich eine enge Beziehung mit dir. Er sehnt sich danach, dass du mit ihm Zeit verbringst, mit ihm sprichst und auf ihn hörst. Deshalb ermutige ich dich, dein Herz zu öffnen und Gottes Gegenwart zu suchen. Erzähle deinem Vater im Himmel, was dich beschäftigt, und erwarte eine klare Kommunikation mit ihm. Er möchte wissen, was du denkst, wie du fühlst und was du in deinem Leben noch tun möchtest. Vertraue Gott alle deine Pläne an und höre auf seine Ideen. Er hält verborgene Weisungen für dich bereit. Deshalb glaube an Gottes Freundschaft zu dir. Er möchte dich liebend gern in Verborgenes einweihen. Er hält Überraschungen für dich bereit, die dein Leben unglaublich bereichern und erfüllen werden. Deshalb nimm dir heute Zeit und bringe deinem Gott Respekt und Anerkennung entgegen. Bete ihn an, bejuble seine Majestät und erwarte einen Einblick in Tiefes und Verborgenes.

13. Februar

*Ich will alles vergessen, was hinter mir liegt, und schaue nur noch auf das Ziel vor mir. Philipper 3,13b*

**Sprich heute diese Wahrheit über dir aus:**

*Ich* DEIN NAME *will alles vergessen, was hinter mir liegt, und ich schaue nur noch auf das Ziel vor mir.*

**Wer seinen Blick wieder nach vorne richtet, bringt Frieden und Glück in sein Zuhause.** Immer wieder beobachte ich Menschen, die in ihren Beziehungen auf altem Ballast sitzen bleiben. Sie bringen immer wieder alte Geschichten auf den Tisch und können verziehene Fehler nicht loslassen. Das bringt Unfriede und Unruhe in ein Zuhause. Die Bibel fordert dich heute auf, die Vergangenheit hinter dir zu lassen. Es ist gut, wenn man über die Vergangenheit nachdenkt, Dinge aufarbeitet und negative Erlebnisse verarbeitet. Aber dann ist die Zeit gekommen, alles bei Jesus abzulegen und auch dort zu lassen. Wer nicht vergeben und loslassen will, wird unglücklich bleiben, denn die daraus entstehende Bitterkeit wird ihn krank machen. Konzentriere dich auf Jesus, denn in seiner Kraft kannst du vergeben, von ihm Heilung empfangen und wieder nach vorn blicken. Wer seinen Nächsten wirklich aus tiefstem Herzen vergibt, wird seine Beziehungen stärken und ein friedliches Beieinandersein fördern.

## 14. Februar

*Um eines habe ich den Herrn gebeten; das ist alles, was ich will: Solange ich lebe, möchte ich im Hause des Herrn bleiben. Psalm 27,4a*

**Sprich heute diese Offenbarung aus:**

*Solange ich* DEIN NAME *lebe, darf ich im Hause des Herrn bleiben!*

**Wer Gott vertraut, der erlebt eine tiefe Sehnsucht nach der Nähe von Gott!** Der Vater im Himmel möchte mit jedem Menschen in engem Kontakt sein. Gott ist kein Gott, der irgendwo in der Ferne lebt. Er wünscht sich Nähe und Heimat, ein Leben wie mit einer Großfamilie unter einem Dach. Gott ist durch seinen Heiligen Geist bei dir eingezogen und er hat dir Liebe und Kraft zu geben. Lass dich auf enge Gemeinschaft mit ihm ein und genieße seine Gegenwart. Auch in Zeiten der Unsicherheit und des Zweifels lass dich nicht davon abbringen. Manchmal müssen wir Dinge durchstehen und mit Ausdauer durchhalten. Doch in diesen Momenten vertraue darauf, dass Jesus Christus der Sohn Gottes ist, der dich hält und zu einem ewigen Zuhause führt. Seine Liebe zu dir wird niemals aufhören.

**15. Februar**

*Herr, du gibst Frieden dem, der sich fest an dich hält und dir allein vertraut!*
*Jesaja 26,3*

**Sprich heute diese Zusage über deinem Leben aus:**

*Herr, du gibst mir* DEIN NAME *Frieden, denn ich halte mich an dich und ich vertraue dir allein.*

**Wer Gott vertraut, der wird in jeder Lebenssituation den Frieden finden!** Unruhe im Herzen kann richtig anstrengend werden. Vielleicht fühlst du dich gerade aufgewühlt. Probleme am Arbeitsplatz, Sorgen über Familienmitglieder oder Unsicherheit in den Finanzen können uns den Frieden rauben. Wir denken immer wieder an die ungelösten Probleme und bekommen den Kopf nicht frei.

Gott möchte dir exakt für diese Situationen vollkommenen Frieden schenken. Es ist einfach, glücklich und ruhig zu sein, wenn das Leben in geordneten Bahnen verläuft. Die Herausforderung ist viel mehr, den Frieden auch in schwierigen Lebenslagen zu finden. Aber diesen tiefen Frieden kannst du dir heute von Gott schenken lassen. Übergib deine Sorgen in Gottes Hand. Bitte Gott um Erkenntnis und Weisheit für deine Probleme und dann triff mutig alle nötigen Entscheidungen. Ich bin überzeugt, danach wirst du tiefen inneren Frieden in deinem Zuhause begrüßen dürfen. Gott segne dich!

**16. Februar**

*Vertraue auf den Herrn! Sei stark und mutig, vertraue auf den Herrn!*
*Psalm 27,14*

**Sprich heute diesen Vers als Segen über dir aus:**

*Ich* DEIN NAME *bin stark und mutig, denn ich vertraue auf den Herrn!*

**Wer Gott vertraut, der wird mutig neue Meilensteine setzen!** Gott ist bereit, dich in deinem Leben freizusetzen und dir Gunst zu schenken. Vertrauen bedeutet, dich komplett in die Hand Gottes fallen zu lassen und zu glauben, dass Gott dich nach vorne bringt. Vielleicht fühlst du dich heute kraftlos oder dir fehlt es an Zuversicht. Vielleicht haben Menschen dich klein gemacht oder du denkst manchmal, dass du nicht viel zu bieten hast. Gott ist aber komplett anders. Er möchte Mut und Zuversicht in dein Leben gießen. Er nimmt dich an der Hand und sagt zu dir: »Komm, steh auf, ich glaube an dich! Du wirst es schaffen!« Egal, was du heute bewältigen musst oder welche Aufgaben dir zu schaffen machen. Du hast einen Gott an deiner Seite, der dir Mut verleiht und mit dir vorangeht. Deshalb zweifle nicht länger, sondern glaube an deinen starken Gott. Lass dich in seine Hand fallen und dich von ihm durch den Tag tragen. Er wird das Entscheidende für dich erledigen. Gott ist mit dir!

17. Februar

*Was die Zeit auch bringen mag, es liegt in deiner Hand.* Psalm 31,16

**Sprich heute diese Wahrheit über deinem Leben aus:**

*Was die Zeit mir* DEIN NAME *auch bringen wird, alles liegt in Gottes Hand.*

**Alles liegt in Gottes guter Vaterhand!** Manchmal wäre es interessant, wenn wir einen Blick in die Zukunft werfen könnten. Wie sieht unsere Familie oder unser Leben in zehn Jahren aus? Was wird geschehen, wenn ich älter werde? Wir kennen unsere Zukunft nicht. Dinge können plötzlich geschehen: Menschen können krank werden oder sterben. Arbeitsplätze können sich verändern oder die Umstände in unserem Land können unsicherer werden. Die Bibel lehrt uns jedoch, dass wir uns nicht zu fürchten brauchen. Alles liegt in Gottes Hand. Selbst wenn schwierige Dinge in deinem Leben passieren, darfst du trotzdem wissen, dass Gott derselbe bleibt. Er hat alles im Blick und er hat schon längst gewusst, wie dein Leben verlaufen wird. Niemals würde er etwas übersehen. Täglich schenkt Gott dir Leben, es liegt in seiner Hand. Deshalb vertraue ihm und glaube an seine gute Wegweisung. Niemand kann dich aus Gottes Hand reißen und niemals kannst du tiefer fallen als in seine Hand. Gott segne dich!

18. Februar

*Lass mich deine Nähe erfahren, ich gehöre doch zu dir! Psalm 31,17a*

**Sprich heute diese wunderbare Zusage über dir aus:**

*Ich* DEIN NAME *werde deine Nähe erfahren, denn ich gehöre zu dir.*

**Wer an Gott glaubt, der wird seine Nähe tief in seinem Herzen erleben.** Gott ist ein Gott der Herzen. Er liebt es, wenn er uns Menschen in unseren Herzen begegnen darf. Die Bibel lehrt uns: Wer an Gott glaubt, der ist sein Kind. Genau wie ein Vater seine Kinder auf den Schoss nimmt, so möchte Gott uns seine Nähe spürbar werden lassen. Vielleicht fühlst du dich momentan erschöpft und wünscht dir etwas Zuneigung. Gott ist kein statischer Gott, der uns nur mit Abstand oder gar mit erhobenem Zeigefinger etwas sagen möchte. Er ist ein Gott der Herzen, der dir nahe sein will. Er schließt dich in seine Arme und drückt dich fest. Er sagt dir heute, dass er dich liebt und dir seine Nähe zeigen möchte. Er möchte dir Erkenntnisse ins Ohr flüstern und dir liebevoll über den Kopf streicheln. Er hat doch schon die ganze Woche gesehen, was du alles gemacht hast, und weiß, wie deine Gefühle Achterbahn gefahren sind. Er kennt dich durch und durch. Genieße seine Nähe, schöpfe Kraft daraus. Das wird auch die Menschen um dich herum segnen.

19. Februar

*Seid stark und mutig, alle, die ihr dem Herrn vertraut! Psalm 31,25*

**Sprich heute diese Worte aus und stärke dich damit:**

*Ich* DEIN NAME *bin stark und mutig, weil ich dem Herrn vertraue!*

**Wirklich mutige Menschen haben ein tiefes Vertrauen auf Gott!** Vor einigen Tagen hast du bereits einen Psalm zum Thema Vertrauen in dein Leben gesprochen. Heute lesen wir schon wieder einen ähnlichen Psalm. Ich habe mich sogar gefragt, ob der Vers in diesem Andachtsbuch doppelt vorkommt. Es ist aber nicht derselbe Vers. Psalm 27 und Psalm 31 sprechen beide beinahe denselben Inhalt aus. Dies deutet darauf hin, wie wichtig diese Aussage ist. Gott weiß ganz genau, wie schnell wir mutlos und schwach werden können. Aus diesem Grund ermutigt er uns mehrmals. Und auch ich ermutige dich: Sei wirklich mutig! Nicht aus eigener Kraft und nicht aus eigenem Antrieb – dies würde nur in einer Enttäuschung enden. Nein, dieser Mut und diese Stärke entstehen aus der Tatsache, dass Gott mit dir ist! Lass dich heute in seine Hand fallen und lass dir von ihm zeigen, wie du aus seiner Kraft agieren kannst. Er hat die Macht und die Kraft, heute übernatürlich in dein Leben einzugreifen und kann Unmögliches möglich machen.

20. Februar

*Liebt den Herrn, alle, die ihr ihm gerne dient! Psalm 31,24a*

**Sprich heute diesen Vers als Segen über deinem Leben aus:**

*Ich* DEIN NAME *liebe den Herrn und diene ihm gern!*

**Wer Gott liebt, hinterlässt wunderschöne Segensspuren!** Wie schön ist es, dass du Gott liebst! Es gibt so viele Menschen, denen Gott ziemlich egal ist. Aber du hast dich entschieden, deinen Gott zu lieben. Herzlichen Glückwunsch zu dieser genialen Entscheidung! Du bist dabei, Segensspuren auf dieser Erde zu hinterlassen. Alles, was du tun wirst, ist ein Dienst an Gott. Nur vergiss nicht: Gott hat dich zuerst geliebt! Er sehnt sich danach, seine Liebe durch uns, seine Kinder, an jedem Ort sichtbar zu machen. Deshalb ermutige ich dich, deinen Fokus zu überprüfen. Du kannst den ganzen Tag im Dienst des Herrn stehen, aber dich selbst von Gott ungeliebt fühlen und deswegen unzufrieden sein. Jesus hat ein anderes Leben geführt. Er wusste, dass sein Vater ihn liebt, und aus dieser Liebe heraus handelte er, und genau diesem Vorbild kannst du nacheifern! Du hast die Chance, heute das Gute auf dieser Welt zu tun, weil du weißt, dass Gott dich liebt und weil seine Liebe durch dich fließt und sichtbar werden kann. Ich bin überzeugt, mit diesem Fokus wirst du einen großartigen Segen ausstreuen. Gott segne und stärke dich!

21. Februar

*Ihr werdet genau das ernten,*
*was ihr gesät habt.*
*Galater 6,7b*

**Mache dir heute diese Wahrheit bewusst und sprich sie aus:**

*Ich* DEIN NAME *werde genau das ernten, was ich gesät habe.*

**Wer nicht aufhört, das Gute zu säen, der wird nach einiger Zeit einen großartigen Reichtum ernten.** Jeden Tag kannst du aus Gottes Kraft Gutes in deinem Umfeld aussäen. Insbesondere zuhause kann man Segensspuren oder Fußstapfen der Verletzung hinterlassen. Alles, was du aussprechen oder tun wirst, hat seine Konsequenzen. Deine negativen Worte haben eine Ausstrahlung und Wirkung, genau wie deine positiven Worte und liebevollen Taten.

So gib heute Acht auf deine Aussaat. Begegne deinen Mitmenschen mit liebevollen Worten, umgib deine Nächsten mit Wertschätzung und trage den Frieden in dein Haus. Du hast die Chance, heute etwas Gutes auszustreuen! Tue es, denn deine Mitmenschen werden die Atmosphäre, die sich dadurch ergibt, lieben, und sie werden von deiner Liebe angesteckt werden. Gott segne dich!

22. Februar

*Dann passt auf, was ihr redet:*
*Lügt nicht und verleumdet niemanden!*
*Psalm 34,14*

**Segne dich mit der folgenden Aussage:**

*Ich* DEIN NAME *passe auf, was ich rede. Ich werde nicht lügen und niemanden verleumden.*

**Wer positive Worte verbreitet, der wird sein Haus mit Segen füllen.** Negative Worte haben eine unglaublich große Zerstörungskraft. An jedem Tag kannst du dich für positive oder negative Worte entscheiden. Fluchen und Verleumdung bringen Verletzungen, Bindungen und Traurigkeit mit sich. Das Leben wird durch solche Aussprüche kompliziert und unangenehm. Es liegt an dir, welche Stimmung du heute verbreiten möchtest – in deiner Familie, an deinem Arbeitsplatz oder in deiner Nachbarschaft. Deshalb entscheide dich heute bewusst, bei Lügenreden oder negativem Geschwätz nicht mitzumachen! Du hast die Kraft des Heiligen Geistes in dir und deshalb die Möglichkeit, dem Negativen zu widerstehen. Ich ermutige dich, einen Gegentrend zu setzen und heute auf Jesus zu blicken und die frohe Botschaft zu verkünden. Es gibt nichts Schöneres, als positive Worte zu verbreiten. Ich bin überzeugt, der Segen wird dadurch in deinem Haus zur vollen Entfaltung kommen.

23. Februar

*Von seinem Thron blickt er nieder auf alle Völker der Erde.*
*Psalm 33,14*

**Sprich heute diese Wahrheit aus:**

*Gott blickt vom Thron auf alle Völker – und auch auf mich* DEIN NAME.

**Gott hat jederzeit seinen Blick liebevoll auf dich gerichtet!** Es gibt keine Sekunde, in der Gott nicht an dich denken würde. Er liebt es, wenn er dich beobachten kann. Er schaut vom Himmel und er sieht dich ganz genau. Dabei richtet er seinen Blick nicht nur auf dich, sondern auf alle Menschen. Sein liebevoller Blick ist in Australien, in Afrika, in Amerika und auch auf deinem Zuhause. Er kennt dein Haus, deinen Garten und vor allem dein Herz. Er liebt es, wenn er den Menschen in ihren Herzen begegnen kann. Deshalb reagiere heute auf den Blick deines Vaters im Himmel. Gib ihm eine Antwort. Er möchte mit dir sprechen, dir zuhören und dir ganz viel Gutes tun. Jederzeit ist Gott bereit, dich zu unterstützen. Deshalb begib dich heute in seine Gegenwart. Nimm dir Zeit und lass dich von Gott inspirieren. Gott ist immer noch viel größer, als du es dir vorstellen kannst. Gott segne dich!

24. Februar

*Er [Gott] gibt den Menschen die Fähigkeit zum Denken und Handeln; über alles, was sie tun, weiß er Bescheid.*
*Psalm 33,15*

**Sprich heute diese Wahrheit über deinem Leben aus:**

*Gott gibt mir* DEIN NAME *die Fähigkeit zum Denken und Handeln. Er weiß alles über mich.*

**Wer seine Projekte mit Gottes Kraft durchdringen lässt, wird Segen erleben!** Manche Menschen denken, dass Gott lediglich am Sonntag in der Kirche oder bei einem persönlichen Bibelstudium etwas zu sagen hat. Dem ist aber nicht so! Er sieht dich am Arbeitsplatz, er kennt alle deine Gedanken. Er kennt deine Ängste, deine Zweifel und auch deine Freuden. Deshalb arbeite in jedem Bereich mit Gott zusammen. Er hat dir die Fähigkeiten zum Denken und zum Handeln geschenkt. Alles, was du überhaupt anpacken kannst, verdankst du deinem Gott. Deshalb übergib ihm die Kontrolle über deine Vorhaben. Er steht an deiner Seite und möchte dir die besten Tipps und Richtungsweisungen für alle deine Arbeiten geben. Selbst wenn es sich nur um ein kleines Projekt wie einen Einkauf in der Stadt handelt, darfst du Gott die Führung überlassen. Ich bin überzeugt, er wird dir auch dabei Gunst und Kraft geben.

25. Februar

*Der Engel des Herrn stellt sich schützend vor alle, die Gott ernst nehmen, und bringt sie in Sicherheit. Psalm 34,8*

**Sprich heute diese Zusage über deinem Leben aus:**

*Der Engel des Herrn stellt sich schützend vor mich* **DEIN NAME** *und bringt mich in Sicherheit.*

**Gott sendet immer wieder seine Engel, um dir Sicherheit und Schutz zu schenken!** Beziehungen und Umstände können sich von einer Sekunde auf die andere verändern. Dann machen uns vielleicht Gefühle von Unsicherheit oder Unentschlossenheit zu schaffen. Aber denk daran: In genau diesem Moment sendet Gott seine Engel für dich aus. Engel sind keine statischen Krippenfiguren oder Fantasiewesen mit schönen silbernen Flügeln. Sie sind von Gott gesandte Wesen, die sich schützend vor dich stellen. Wie ein Schutzwall treten sie deinem Feind entgegen. Deshalb rechne heute mit Gottes Engeln in deinem Leben und erwarte Gottes schützende Hand. Vertraue darauf, dass du bei Jesus in Sicherheit bist. Er steht wie ein Fels und wird dir eine starke Grundlage geben, die auch in der heutigen Welt ein festes Fundament ist, denn er ist und bleibt derselbe, gestern, heute und in alle Ewigkeit.

26. Februar

*Hört niemals auf zu beten.*
*1. Thessalonicher 5,17*

**Sprich heute diesen Bibelvers über dir aus:**

*Ich* DEIN NAME *höre niemals auf zu beten.*

**Die Stimme des Höchsten ist im Gebet erkennbar.** Wie geht es deinem Gebetsleben? Redest du regelmäßig mit deinem Gott? So schnell können wir jemandem sagen: »Ich werde für dich beten!« Doch wie sieht dies ganz praktisch aus? Ich ermutige dich, das Gebet zu einer Gewohnheit zu machen.

In der Bibel lesen wir von Daniel. Er hat dreimal pro Tag am offenen Fenster gebetet – nicht aus Routine, sondern weil er den Herrn von ganzem Herzen liebte! So ermutige ich auch dich, niemals mit dem Gebet aufzuhören. Bete immer wieder, und zwar nicht, weil du müsstest, sondern weil du deinem liebenden Gott von Herzen begegnen möchtest. Je mehr du Gottes Nähe suchst, desto tieferen Einblick wirst du in seine Geheimnisse bekommen. Deshalb übe dich im Hören auf ihn. Suche dir dazu eine ruhige Ecke in deinem Haus und genieße täglich die Gegenwart Gottes. Der Herr segne dich!

27. Februar

*Du bist die Quelle – alles Leben strömt aus dir. In deinem Licht sehen wir das Licht. Psalm 36,10*

**Sprich heute diese Wahrheit in dein Leben hinein:**

*Gott ist meine* DEIN NAME *Quelle. Alles Leben strömt aus Gott und in seinem Licht sehe ich* DEIN NAME *das Licht.*

**Wer die höhere Kraftquelle entdeckt, wird Liebe und Stärke verbreiten!** Gott selbst ist die Quelle. Bei ihm finden wir Stärke und Ermutigung. Viele Menschen auf dieser Erde sind entmutigt und kraftlos. Sie sehen Dunkelheit, weil sie das Licht nicht entdecken können. Gott ist jedoch die wunderschöne, erfrischende und sprudelnde Quelle des Lebens. Bei ihm sind die größte Kraft und das schönste Licht zu finden. Deshalb hast du heute die Chance, von dieser Quelle zu profitieren. Stärke dich an ihr und lass ihr frisches Wasser in dein Leben fließen. Dann kannst du von diesem Quellwasser an deine Nächsten weitergeben. Aus dieser Quellkraft kannst du deine Familie leiten, deinen Kindern Weisung geben und deinen Ehepartner von ganzem Herzen lieben. Deshalb trinke täglich aus dieser Quelle und lass dich von Gottes Liebe inspirieren. Ich bin überzeugt, dein Zuhause wird ebenfalls zu einer Quelle der Kraft, weil Menschen dort eine wunderbare Atmosphäre und Liebe spüren und Ermutigung und Stärkung finden werden.

**28. Februar**

*Verlass dich auf den Herrn*
*und tue Gutes!*
*Psalm 37,3a*

**Segne dich mit dieser Wahrheit und sage:**

> *Ich* DEIN NAME *verlasse mich auf den Herrn und tue Gutes!*

**Gott weiß es zu schätzen, wenn wir auf dieser Welt Gutes tun.** Warst du auch schon einmal frustriert, weil du immer wieder Gutes getan und dafür keine Wertschätzung und Anerkennung bekommen hast? Vielleicht bist du ein gutmütiger Mensch und hilfst anderen, wo du nur kannst. Du tust viel Gutes in deiner Familie und suchst immer nach dem Positiven. Aber langsam bist du müde geworden, denn keiner sagt dir dafür danke. Heute möchte ich dir sagen, dass Gott dir dankt! Alles, was du an Gutem getan hast, war nicht vergebens! Die Bibel lehrt uns, Gutes zu tun. Doch die Kunst dabei ist, dass wir uns auf den Herrn verlassen und von *ihm* die Belohnung und den Dank erwarten. Gott wünscht sich Menschen, die durch seinen Geist das Gute auf dieser Welt tun, und er sieht jeden Handgriff! Deshalb bleibe dran, halte durch und beschenke die Welt mit göttlicher Liebe. Gott hat sich alles notiert und deine Segensspuren werden in Ewigkeit festgehalten sein. Gott segne dich!

29. Februar

*Durch Christus haben wir Frieden.*
*Epheser 2,14a*

**Sprich heute diese Wahrheit über dir aus:**

*Durch Christus habe ich* DEIN NAME *Frieden.*

**Wer in Christus verwurzelt ist, wird an jedem Ort Frieden verbreiten!** Es wäre doch so schön, wenn Kriege, Terror und Streit endlich ein Ende hätten. Niemand kann verstehen, warum sich IS-Kämpfer in die Luft sprengen, Länder gegeneinander kämpfen und Raketen abgeschossen werden. Mein Schwiegervater hat mir kürzlich erzählt, wie er sich während der Bombenangriffe im 2. Weltkrieg auf dem Dachboden im Stall versteckt hat. Es war furchterregend. Die Menschen wünschen sich Frieden und dennoch beginnen sie immer wieder Streit. Du hast heute die Chance, den tiefen inneren Frieden, den du durch Jesus Christus hast, zu verbreiten. Durch seine Gnade kannst du eine innige und friedliche Beziehung mit Gott genießen und diesen Frieden auch an deine Mitmenschen verteilen. Je mehr Raum du diesem Frieden gibst, desto mehr muss der Streit weichen und stattdessen werden Liebe, Anerkennung und Friede in deine Beziehungen fließen. Jesus selbst ist dein Friede.

1. März

*Sei geduldig und warte darauf, dass der Herr eingreift! Psalm 37,7a*

**Sprich heute diesen Vers als Segen über deinem Leben aus:**

*Ich* DEIN NAME *bin geduldig und warte darauf, dass der Herr eingreift.*

**Wer geduldig warten kann, der wird Gottes kraftvolles Wirken sehen!** Das ist nicht immer so einfach. Manchmal können wir einfach nicht mehr warten, weil es uns bis in die Zehenspitze kitzelt. Ungeduldige Menschen machen sich oft unbeliebt und können mit ihrer Art andere Menschen vor den Kopf stoßen oder verletzen. Lass dich von Gottes Geist anleiten, wie seine Geduld in deinem Leben sichtbar werden kann, denn Geduld ist ein Teil der Frucht des Geistes. Sie darf wachsen. Ich selber habe immer wieder erlebt, wie Gott meine Geduld belohnt hat. Beispielsweise musste ich an meinem Arbeitsplatz als Religionslehrerin auf ein größeres Arbeitspensum warten. Ich konnte das Warten kaum mehr aushalten und habe mich in meiner Ungeduld bereits nach anderen Jobs umgeschaut – jedoch erfolglos. Danach habe ich einfach gewartet und gebetet. Und siehe da, das Warten hat sich gelohnt! Gott hat überraschend eine Tür geöffnet, die bis zu diesem Zeitpunkt unmöglich hätte geöffnet werden können. Bleibe immer geduldig und vertraue deinem Gott, der Unmögliches möglich machen kann.

2. März

*Freue dich über den Herrn;*
*er wird dir alles geben, was du dir*
*von Herzen wünschst. Psalm 37,4*

**Sprich heute diese wunderbare Zusage über dir aus:**

*Ich* DEIN NAME *freue mich über den Herrn, denn er wird mir geben, was mein Herz sich wünscht.*

**Gott möchte deine Herzenswünsche erfüllen!** Gibt es Dinge in deinem Leben, die du dir von Herzen wünschst? Dann gibt es eine gute Nachricht für dich! Gott hat deine Herzenswünsche schon längst gesehen. Er kennt deine Sehnsüchte. Ich habe mir zum Beispiel gewünscht, dass meine Kinder mit meinem Mann Musik machen. Der Schlüssel für dieses Projekt war für mich mein Mann, denn er ist ein guter Musiker. So betete ich immer wieder dafür, dass es so zustande kommen würde. Doch plötzlich sagten meine Kinder: »Mama, uns fehlt der Bassspieler in unserer Band!« Daraufhin ließ ich mir zu Weihnachten einen Bass schenken – und heute übe ich für unsere Familienband. Und weißt du was? Es macht mir total viel Spaß! Gott erfüllt uns unsere Wünsche, dabei ist es aber wichtig, auf seine Stimme zu hören und zu erkennen, wo und wie er mit uns zusammenarbeiten möchte. Ich wünsche dir viel Freude, wenn du deine Projekte auf Gottes Weise verwirklichst. Gott segne dich!

**3. März**

*Menschen, die Gott segnet,*
*werden das Land besitzen.*
*Psalm 37,22a*

**Sprich heute diese Wahrheit aus:**

*Gott wird mich* DEIN NAME *segnen und ich werde Land besitzen!*

**Gottes Segen bereichert dein Leben!** Dank Jesus darfst du täglich Gottes Segen für deine Familie, dein Haus und für dich persönlich in Anspruch nehmen. Lass den göttlichen Segen in dein Leben fließen und glaube an eine Gebietserweiterung. Dein Gebiet kann beruflich, familiär oder auch finanziell erweitert werden. Wichtig dabei ist, auf Gott zu vertrauen und von ihm den Segen zu erwarten. Früher dachte ich immer, dass ich als Pastorenfrau nicht allzu viel besitzen dürfe. Im Gegenteil, ich sollte eher ein bisschen zu wenig haben. Aber diese Ansicht entspricht nicht Gott. Er möchte jede Person überreich beschenken. Gott ist nicht kleinlich oder armselig. Er möchte uns Leben im Überfluss schenken! Natürlich sollen wir ein Leben mit Maß führen, aber es muss nicht kleinlich und geizig sein, denn Gott ist sehr großzügig und er möchte uns segnen. Deshalb glaube an den Segen Gottes und genieße all das Gute in deinem Leben. Genau dann wirst du auch großzügig an andere weitergeben können.

4. März

*Rufe zu mir, dann will ich dir antworten und dir große und geheimnisvolle Dinge zeigen, von denen du nichts weißt!*
*Jeremia 33,3*

**Sprich heute diesen Bibelvers über deinem Leben aus:**

*Ich* DEIN NAME *rufe zu Gott und er wird mir antworten. Er wird mir große und geheimnisvolle Dinge zeigen!*

**In der Gegenwart Gottes finden sich Lösungen selbst für die schwierigsten Probleme!** Stehst du manchmal auch wie der Ochs vorm Berg? Vielleicht grübelst du gerade über eine Lösung für ein Problem nach. Manchmal verstehen wir nicht, warum es den Kindern nicht gut geht oder warum gewisse Menschen komisch auf uns reagieren. Immer wieder gibt es Hindernisse oder Beziehungsschwierigkeiten, die sich uns in den Weg stellen. Setze dich heute auf dein Sofa und nimm dir Zeit, um dein Problem mit Gott zu besprechen. Du hast den Geist der Weisheit und der Erkenntnis in dir und Jesus ist an deiner Seite. So rede mit ihm, als würde er gleich neben dir sitzen. Schon seit du auf dieser Erde lebst, steht er jeden Tag neben dir und möchte dir Geheimnisse eröffnen. Er weiß, warum es deinen Kindern nicht gut geht, und er hat schon längst den Durchblick, was deine Beziehungsprobleme betrifft. So beziehe Gott mit ein und bitte ihn um Rat. Du darfst darauf vertrauen, dass er dir antworten wird.

5. März

*Alle, die Gott vertrauen,*
*werden das Land besitzen*
*und es für immer bewohnen.*
*Psalm 37,29*

**Sprich heute diese Zusage über deinem Leben aus:**

*Ich* DEIN NAME *vertraue Gott, deshalb werde ich das Land besitzen und es für immer bewohnen.*

**Wer Gott vertraut, wird ein ewiges Zuhause haben.** Immer wieder begegne ich Menschen, die so leben, als würden sie für immer auf dieser Erde bleiben. Diese Welt ist jedoch nur eine kurzzeitige Bleibe für uns Menschen. Wenn es hochkommt, werden wir 80 bis 90 Jahre auf diesem Planeten Erde leben. Danach muss jeder ihn verlassen und niemand kann irgendetwas mitnehmen. Doch wer an Jesus Christus glaubt, der wird bis in alle Ewigkeit leben. Jesus hat für uns Christen im Himmel Wohnungen vorbereitet und unser himmlischer Vater erwartet uns in seinem Königreich. Darum dürfen wir uns freuen! Ich denke oft über den Tod nach und kann sagen, dass ich bereit wäre, zu sterben, denn auf mich wartet ein wunderschönes, ewiges Land zusammen mit meinem König Jesus.

**6. März**

*Hoffe auf den Herrn und tue, was er dir sagt! Dann wirst du zu Ehren kommen.*
*Psalm 37,34a*

**Sprich heute diese Wahrheit in dein Leben:**

*Ich* DEIN NAME *hoffe auf den Herrn und tue, was er mir sagt.*

**Das Hoffen auf Gott hat positive Auswirkungen!** Gibt es Momente, in denen du die Hoffnung aufgegeben hast? Sehr schnell können wir unsere Hoffnung verlieren, weil wir unseren Blick auf das Negative richten. Deshalb ermutige ich dich heute, deinen Blick auf Gott auszurichten. Setze deine Hoffnung auf Gott und vertraue ihm. Vielleicht spürst du in deinem Herzen einen Auftrag von ihm. Doch du tust es nicht, weil du die Hoffnung aufgegeben hast. Vielleicht haben auch Menschen bereits dumme Sprüche über deine Ideen oder deinen Auftrag gemacht und dich entmutigt. Aber lass den Kopf nicht hängen und gib nicht auf! Denn du würdest etwas Wunderschönes verpassen. Schöpfe heute neue Hoffnung und vertraue auf das, was Gott in dein Herz gelegt hat. Er hat die Dinge vorbereitet, die er zusammen mit dir umsetzen möchte. Und sei gewiss: Wer Gottes Willen tut, der wird zu Ehren kommen. Gott segne und stärke dich!

**7. März**

*Wenn ihr aber fest mit mir verbunden bleibt und euch meine Worte zu Herzen nehmt, dürft ihr von Gott erbitten, was ihr wollt; ihr werdet es erhalten.*
*Johannes 15,7*

**Sprich heute diese Zusage über deinem Leben aus:**

*Wenn ich* DEIN NAME *aber fest mit Gott verbunden bleibe und seine Worte zu Herzen nehme, dann darf ich Gott bitten und ich werde es von ihm erhalten.*

**Die Gebete der Kinder Gottes werden vom Vater persönlich immer mit größter Sorgfalt bearbeitet!** Wenn du an Jesus Christus glaubst, dann bist du für immer mit Gott verbunden. Niemand kann dieses versiegelte Band der Verbundenheit lösen. Aus diesem Grund darfst du heute getrost deine Anliegen zu Gott bringen. Strecke ihm deinen Mangel entgegen und glaube an seine Versorgung und Fürsorge. Gottes Barmherzigkeit und seine Liebe zu dir bleiben für immer bestehen. Genieße heute deine Verbundenheit mit deinem Gott und wisse, dass er seine Freundschaft zu dir nicht auflöst. Ich ermutige dich, dir eine gemütliche Ecke in deinem Zuhause zu suchen und Zeit mit deinem Gott zu verbringen. Der Herr segne dich!

8. März

*Aber alle, die sich dir anvertrauen, werden vor Freude jubeln! Wer dich als Retter kennt und liebt, wird immer wieder rufen: »Groß ist der Herr!« Psalm 40,17*

**Sprich heute diesen Segen über deinem Leben aus:**

*Ich* DEIN NAME *vertraue dir und werde vor Freude jubeln! Ich kenne dich als Retter und liebe dich, deshalb rufe ich: »Groß ist der Herr!«*

**Wer sich Gott anvertraut, wird mit Leichtigkeit und Freude beschenkt werden!** Fragst du dich manchmal, wo deine Freude geblieben ist? Oder gibt es Situationen in deinem schönen Zuhause, in denen die Stimmung kippt und jegliche Freude verloren geht? Erinnere dich in diesen Momenten an den großen Gott, den du kennst. Er ist voller Liebe und hat durch seinen Sohn Jesus Christus die vollkommene Rettung auf diese Erde gebracht. Jesus hat den vollständigen Preis bezahlt, daran gibt es nichts mehr zu rütteln! Für jeden menschlichen Fehler wurde bereits am Kreuz bezahlt und somit bist du befreit. Jeder Mensch, der an den Sohn Gottes glaubt, kann diese Gnade in Anspruch nehmen. Die Anklage und das Urteil der Verdammung gegen dich sind somit aufgehoben, weil Jesus Christus den Sieg errungen hat! Daher darfst du dich von Herzen an der Gnade Gottes freuen und damit die negative Stimmung aus deinem Haus verbannen!

**9. März**

*Bleibt nicht bei der Vergangenheit stehen! Schaut nach vorne, denn ich will etwas Neues tun!*
*Jesaja 43,18b-19a*

**Sprich heute diesen Vers als Segen über dir aus:**

*Ich* DEIN NAME *bleibe nicht bei der Vergangenheit stehen! Ich schaue nach vorne, denn Gott will etwas Neues tun!*

**Wer einen Neuanfang wagt, den wird Gott positiv überraschen!** Viele Familien scheitern, weil sie immer wieder alte Fehler aufwärmen und nicht aufhören können, die Vergangenheit in den Mittelpunkt zu stellen. In jeder Familie, in jedem Zuhause werden Fehler gemacht und Herzen verletzt. Keine Familie ist perfekt. Aber jedes Zuhause hat die Chance, die Vergangenheit hinter sich zu lassen und einen Neuanfang zu machen! Deshalb ermutige ich dich, immer wieder den Frieden zu suchen und dich heute für deine Fehler zu entschuldigen und Gott dein Herz heilen zu lassen, wo du selbst verletzt wurdest. Selbst wenn deine Gefühle etwas anderes sagen, kannst du mit seiner Hilfe einen Strich unter die Vergangenheit ziehen und nach vorne blicken. Erinnere dich daran, dass Gott dir zuerst vergeben hat. Dann wirst du sehen, dass Vergebungsbereitschaft auch in dein Herz einzieht, die deine Familie segnen und wiederherstellen wird!

10. März

*Nichts kann er davon mitnehmen, wenn er stirbt; was er angehäuft hat, folgt ihm nicht ins Grab.* Psalm 49,18

**Sprich heute folgende Wahrheit aus:**

*Nichts kann ich* DEIN NAME *mitnehmen, wenn ich sterbe; was ich angehäuft habe, folgt mir nicht ins Grab.*

**Irdischer Reichtum wird auf der Erde zurückbleiben, doch geistliche Schätze werden verewigt!** Hast du dir auch schon überlegt, wie du diese Welt einmal verlassen möchtest? Welche wertvollen Schätze wirst du hinterlassen? Vielleicht besteht dein Besitz aus Häusern, Autos und einer Menge Geld. Das ist schön und du sollst es genießen. Bedenke jedoch: Alle diese irdischen Güter kannst du nicht mit ins Grab nehmen. Du wirst alles zurücklassen müssen. Jemand anders wird in deinem Zuhause wohnen und eine andere Person wird mit deinem Auto fahren. Im Himmel gibt es aber auch Reichtümer. Vielleicht hast du keine leiblichen Kinder, doch du hast die Chance, geistliche Kinder zu haben. Es sind die Menschen, für die du gesorgt hast und die du in ihrem geistlichen Leben begleitet hast. Jeder Dienst im Reich Gottes hat Ewigkeitswert, darum lohnt es sich, in sein Reich zu investieren. Gott segne dich dabei!

## 11. März

*Du freust dich, wenn ein Mensch von Herzen aufrichtig und ehrlich ist; verhilf mir dazu, und lass mich weise handeln!*
*Psalm 51,8*

**Sprich heute diese Wahrheit in dein Leben:**

*Du freust dich, wenn ich* DEIN NAME *von Herzen aufrichtig und ehrlich bin; du verhilfst mir dazu, und lässt mich weise handeln.*

**Aufrichtigkeit ist Herzenssache!** Alle unsere Handlungen entstehen in unserem Herzen. Darum ist unsere Herzenseinstellung entscheidend wichtig. Gott selber möchte unsere Herzen prägen. Er ist wie ein Trainer, der uns liebevolle Weisung geben möchte. Aber dies kann nur in einer engen Verbindung gelingen. Gott sehnt sich nach einer innigen Beziehung mit dir. Er möchte dir helfen, dein Leben ehrlich und aufrichtig zu leben. Er kennt deine tiefsten Gedanken und selbst die Schattenseiten deines Lebens. Doch du darfst wissen, dass Jesus am Kreuz dafür bezahlt hat, und seine Gnade hat dir nicht nur vergeben, sondern lehrt dich auch, in Aufrichtigkeit und Ehrlichkeit zu leben. Mit dieser Einstellung wirst du, aus einer tiefgründigen Beziehung zu Gott heraus, in göttlicher Weisheit Entscheidungen treffen und ein Leben führen, wie es Gott gefällt.

12. März

*Denn Gott hat uns versprochen:*
*»Ich lasse dich nicht im Stich, nie wende ich mich von dir ab.« Hebräer 13,5b*

**Sprich heute diese Zusage über deinem Leben aus:**

*Denn Gott verspricht mir* DEIN NAME, *dass er sich niemals von mir abwenden wird.*

**Selbst in den schwierigsten Stunden des Lebens ist Gott ganz nah an unserem Herzen!** Vielleicht hast du dich in den letzten Monaten eher von Gott abgewendet. Möglicherweise hast du große Fehler gemacht oder dein Lügengebäude ist zusammengestürzt und du stehst nun vor einem Trümmerhaufen. Menschen machen Fehler. Die Frage ist, wie wir mit unseren Fehlern umgehen. Vielleicht zweifelst du momentan an Gottes Liebe zu dir und du fragst dich ernsthaft, ob Gott dich vielleicht fallen lassen wird. Die Bibel gibt dir die Antwort: Nein, niemals lässt Gott dich im Stich! Durch die Gnade von Jesus Christus bleibst du weiterhin mit seinem Herzen verbunden. Jesus hat dir am Kreuz alle Fehler vergeben und somit hört Gottes Liebe zu dir nicht mehr auf. Es gibt keine Verdammnis für dich, also empfange heute Gottes Vergebung und danke ihm dafür! Bekenne auch deinen Mitmenschen deine Fehler und lass dir von Gott neue Freiheit für dein Herz schenken. Gott bleibt an deiner Seite!

13. März

*Ich aber darf wachsen und gedeihen wie ein Ölbaum, der im Schutz des Tempels grünt. Für alle Zeiten weiß ich mich geborgen, weil Gott mir gnädig ist.*
*Psalm 52,10*

**Sprich heute diese Wahrheit über deinem Leben aus:**

*Ich* DEIN NAME *darf wachsen und gedeihen wie ein Ölbaum, der im Schutz des Tempels grünt. Für alle Zeiten weiß ich mich geborgen, weil Gott mir gnädig ist.*

**Der Höchste gibt dir den nötigen Schutz, damit dein Leben aufblühen kann!** Wer an Gott glaubt, der lebt in einem besonderen Schutz. Oftmals vergessen wir Christen, welche Privilegien wir eigentlich haben. Wie ein Ölbaum im Schutz des Tempels darfst du aufblühen. Das ist großartig! Manchmal gibt es Menschen oder Umstände, die unsere Persönlichkeit oder unsere Projekte niederhalten wollen. Doch Gott möchte, dass du in deinem Leben aufblühen kannst. Du hast eine Berufung. Dein Gebiet soll erweitert werden und deine Projekte sollen sich ausweiten. Ich ermutige dich, diesen Schutz und diese Geborgenheit in Anspruch zu nehmen! Lass dich nicht von den Umständen irritieren, sondern schreite in Zuversicht durch dein Leben. Gottes Gnade ruht für alle Zeiten auf dir, und er möchte dein Leben in jedem Bereich zum Erfolg führen – zu seiner Ehre!

14. März

*Ich weiß: Gott ist mein Helfer,*
*er setzt sich für mich ein.*
*Psalm 54,6*

**Sprich heute diese Gewissheit über deinem Leben aus:**

*Ich* DEIN NAME *weiß: Gott ist mein Helfer, er setzt sich für mich ein.*

**Gott geht mit dir und er wird dir helfen!** Manchmal vergessen wir, dass Gott uns in jeder Situation behilflich sein möchte. Wir schreien oft erst, wenn der Notstand eingetreten ist. Gott wünscht sich aber eine ganz andere Beziehung zu uns. Er möchte dir jederzeit helfen. Er ist bei dir, wenn du in der Küche arbeitest, wenn du dein Schlafzimmer aufräumst oder wenn du auf dem Weg ins Büro bist. Er ist immer mit dir und es gibt für ihn nichts Schöneres, als dir helfen zu dürfen. Er kennt deine Arbeitsaufträge und er weiß, wie du deine Projekte am schnellsten vorantreiben kannst. Er sieht deinen Wäscheberg, und auch dein Beziehungschaos ist ihm bestens bekannt. Deshalb mache dir bewusst, welchen starken Helfer du an deiner Seite hast! Er kennt alle Details und hat übernatürliche Kraft, die dich zum Erfolg bringen wird. Empfange Gottes Kraft und lass seine Hilfe deinen Alltag bestimmen. Ich bin überzeugt, du wirst in Weisheit dein Leben meistern und sichtbare Segensspuren werden folgen. Gott segne dich überreich!

15. März

*Du zählst alle meine Klagen und sammelst alle meine Tränen in einem Gefäß, ja, du hast jede einzelne in deinem Buch festgehalten.* Psalm 56,9 NLB

**Sprich heute diese Wahrheit aus:**

*Herr, du siehst meinen* DEIN NAME *Kummer. Jede meiner Tränen hast du gesammelt und aufgeschrieben.*

**Lass dich heute trösten, denn liebevoll sammelt Gott alle deine Tränen**! Wir kennen einen Gott voller Emotionen. Es ist ihm nicht egal, wie es dir geht. Er sieht deine Traurigkeit. Stell dir vor: Gott hat jede Träne von dir eingesammelt. Damals, als du mit dem Fahrrad gestürzt bist, oder in den letzten Wochen, als du von einem geliebten Menschen Abschied nehmen musstest. Gott war da. Schnell vergessen wir, wenn Menschen weinen oder traurig waren. Wir haben ihnen vielleicht einen lieben Blick zugeworfen oder ihnen ein Taschentuch geschenkt. Aber Gott geht viel tiefer. Er sammelt die Tränen auf. Das bedeutet, die Tränen werden aufbewahrt. So kostbar bist du für ihn! Sei gewiss: Er hat jede Träne gesehen, auch die, die du in deinem Zuhause hinter verschlossener Tür vergossen hast, und er möchte dich heute seinen Trost erfahren lassen. Erzähl ihm von deiner Traurigkeit, Enttäuschung oder Wut, und erlebe, wie sein Friede dich erfüllt.

16. März

*Wo du wohnst, möchte auch ich für immer bleiben – dort, in deinem Heiligtum. Bei dir suche ich Zuflucht wie ein Küken unter den Flügeln seiner Mutter.* Psalm 61,5

**Sprich heute diese Zusage über deinem Leben aus:**

*Wo du wohnst, darf auch ich* DEIN NAME *für immer bleiben – dort, in deinem Heiligtum. Bei dir suche und finde ich Zuflucht wie ein Küken unter den Flügeln seiner Mutter.*

**Beim Höchsten finden Menschen sichere Geborgenheit.** Jeder Mensch sehnt sich nach einem sicheren Ort. Aber gerade mit Blick auf die heutige, politisch heikle Weltlage sind viele Menschen verunsichert und haben Angst. Ein Ort der ungetrübten Sicherheit ist kaum mehr auffindbar. Es gibt jedoch einen Ort, den kein Mensch in Unruhe versetzen kann, und das ist Gottes Gegenwart! Sich in ihr zu bergen, bedeutet Ruhe und felsenfeste Sicherheit! Gott bleibt stabil und lässt sich durch nichts ins Wanken bringen. Sein ewig feststehendes Zuhause kann durch niemanden angegriffen werden. Es handelt sich um die himmlische Zuflucht, die jedem Menschen, der an Jesus Christus glaubt, zur Verfügung steht. Deshalb ermutige ich dich, jederzeit Zuflucht in seiner Gegenwart zu suchen. An diesem Ort wirst du Frieden, Ruhe und Ermutigung finden!

17. März

*Schaut nach vorne, denn ich will etwas Neues tun! Es hat schon begonnen, habt ihr es noch nicht gemerkt? Jesaja 43,19a*

**Sprich heute diesen Bibelvers über dir aus:**

*Ich* DEIN NAME *schaue nach vorne, denn Gott will etwas Neues tun.*

**Wer seinen Blick nach vorne richtet, der wird sehen, wie Gott Neues tut.** Wir Menschen wärmen gerne alte Geschichten auf oder reiten immer wieder auf schlechten Eigenschaften unserer Mitmenschen herum. Gerade in einem Zuhause können Menschen sich mit gegenseitigen Anklagen richtig verrückt machen. Die Bibel lehrt uns, nach vorne zu schauen. Deshalb richte heute deinen Blick geradeaus. Betrachte die Zukunft und schaue voller Hoffnung nach vorne. Für Gott ist die Vergangenheit kein Problem. Er ist daran interessiert, Neues zu schaffen. Sogar aus einem Schrotthaufen kann er etwas wunderschönes Neues machen! Das Geheimnisvolle daran ist, dass wir selber oft gar nicht bemerken, wie Gott schon längst mit seiner Arbeit begonnen hat. Vertraue darauf, und glaube an die Neuschaffung von wunderbaren Dingen in deinem Leben. Gott segne dich!

18. März

*Wenn ich nachts in meinem Bett liege,*
*denke ich über dich nach, meine*
*Gedanken sind dann nur bei dir.*
*Psalm 63,7*

**Segne dich heute mit diesen Worten:**

*Wenn ich* DEIN NAME *nachts im Bett liege, denke ich über dich nach, meine Gedanken sind dann nur bei dir.*

**Gedanken über Gott bringen erholsame Ruhe in deinen Schlaf**. Mit welchen Gedanken liegst du abends im Bett? Denkst du über all das Negative des Tages nach oder darüber, was du alles verpasst hast? Der Psalmschreiber denkt in seinem Schlafzimmer über seinen Gott nach. Ich finde das eine geniale Idee und ich bin überzeugt, es hat ihm einen ruhigen und gemütlichen Schlaf verliehen! Deshalb ermutige ich dich, mit Gedanken an Gott einzuschlafen. Vielleicht kannst du es zu einem Ritual machen und abends noch einige Verse aus der Bibel lesen. Gottes Wort ist beruhigend und gibt uns Sicherheit. Es fokussiert unseren Blick auf Gott und lässt uns zu tiefer Ruhe kommen. Genau das brauchen wir in unserer hektischen Zeit! Wie schön, wenn wir mit göttlichen Gedanken einschlafen können. Am Morgen kannst du den neuen Tag in seine Hände legen und ihn in tiefem Vertrauen auf Gott beginnen. Ich bin überzeugt, das wird Ruhe und Gelassenheit in dein Zuhause bringen.

19. März

*Weil du Gebete erhörst,*
*kommen die Menschen zu dir.*
*Psalm 65,3*

**Sprich heute diese Wahrheit über deinem Leben aus:**

*Weil du Gebete erhörst, komme ich* DEIN NAME *zu dir.*

**Gott kümmert sich um jedes Gebet!** Vielleicht beschäftigen dich momentan Sorgen wie Beziehungsprobleme, Krankheit oder Arbeitslosigkeit. Du hast die Chance, dafür zu beten. Gott hört jedes Gebet und beginnt sofort mit der Arbeit. Die letzten neun Monate war ich ernsthaft krank. Viele Menschen haben während dieser Zeit für mich gebetet, was mir unglaublich viel Kraft und Mut gegeben hat! Als Familie wurden wir mit diesen Gebeten durch die schwere Zeit getragen. Ich hätte mir gewünscht, dass Gott mich sofort heilen würde. Aber es hat seine Zeit gedauert. Erst nach neun Monaten war ich wieder ganz gesund. Doch während unseres Wartens ist Gott an der Arbeit. Er schaut nicht einfach zu, sondern kümmert sich um unser Anliegen. Deshalb gib das Beten niemals auf. Glaube an die Kraft Gottes, die durch dein Gebet wirken wird. Selbst wenn du den Erfolg nicht sofort siehst, darfst du Gott vertrauen und glauben, dass er durch dein Gebet in Situationen eingreift.

20. März

*Mit deiner Kraft hast du die Berge gebildet, deine Macht ist allen sichtbar.*
*Psalm 65,7*

**Sprich heute diese Offenbarung aus:**

*Mit deiner Kraft hast du die Berge gebildet, deine Macht ist mir* DEIN NAME *sichtbar.*

**Die wunderschönen Berge zeigen Gottes majestätische Macht!** Wie schön ist es, wenn wir eine Berglandschaft genießen können. In der großartigen Natur können wir Gottes Macht entdecken. Auf unserem Planeten Erde finden wir Wasserfälle, wunderschöne Felder, Seen, Tiere und eben die majestätischen Berge. Gott hat wirklich die genialsten Ideen, um uns seine Macht und die Schönheit seiner Werke zu zeigen. Gott hat diese Schönheit in sechs Tagen erschaffen und uns eine Welt gezaubert, die uns immer wieder ins Staunen versetzt. Ich bin echt begeistert! Bemerkenswert ist dabei: Gott hat die Berge *mit seiner Kraft* gebildet. Gleichzeitig ist die Erde durch sein Wort entstanden. Das bedeutet, Gottes Wort hat Kraft. Er sprach: »Es werde Licht!«, und es wurde Licht! Deshalb ermutige ich dich, die Kraft von Gottes Wort in dein Leben und dein Zuhause hineinzusprechen. Je mehr du das tust, desto stärker wird Gottes Macht sichtbar werden. Probiere es aus und erlebe Gottes Wunder.

21. März

*Gott, sei uns gnädig und segne uns!*
*Psalm 67,2a*

**Sprich heute diesen Vers als Segen über deinem Leben aus:**

*Gott, du bist mir* DEIN NAME *gnädig und segnest mich.*

**Wer Gottes Segen ausspricht, wird positiv überrascht werden!** Gottes Worte haben eine große Kraft. Unser Vater im Himmel fordert uns auf, den Segen Gottes auszusprechen. Meine Eltern haben uns Kinder jeden Tag gesegnet. Bereits als kleines Mädchen erlebte ich somit die Kraft Gottes in meinem Leben. Ich ermutige dich, täglich den Segen Gottes über deiner Familie, deinem Haus, deinem Arbeitsplatz und über deinen Haustieren auszusprechen. Segnen bedeutet, das Gute hervorzubringen. Oft vergessen wir, unsere Familie zu segnen. Doch darin liegt eine wirklich unbeschreibliche Kraft, die durch nichts zu ersetzen ist! Vielleicht kannst du dir dazu eine Hilfe überlegen. Ein Ritual könnte dich täglich an den Segen Gottes erinnern. Zum Beispiel kannst du deine Kinder segnen, bevor sie aus dem Haus gehen. Oder du kannst deinen Mann segnen, wenn er sich von dir verabschiedet. Dein Zuhause und dich selber könntest du bei den ersten Gedanken am Morgen segnen sowie dir bewusst machen, dass ihr unter Gottes Schutz steht. Ich bin überzeugt, dass du damit großartige Segensspuren hinterlassen wirst.

22. März

*Ich bin der Weinstock, und ihr seid die Reben. Wer bei mir bleibt, so wie ich bei ihm bleibe, der trägt viel Frucht.*

*Johannes 15,5*

**Sprich heute dieses Versprechen über deinem Leben aus:**

*Wenn ich* DEIN NAME *in Jesus Christus bleibe, werde ich viel Frucht tragen.*

**Gute Frucht entsteht aus der innigen Verbundenheit mit Gott.** Im biblischen Sinn besteht gute Frucht aus Liebe, Geduld, Freude, Treue und Frieden. Wie schön, wenn diese Dinge in unserem Leben sichtbar werden. Aus eigener Kraft können wir sie jedoch nicht hervorbringen. Denn wenn wir das versuchen, geht uns die Liebe füreinander schnell verloren. Wir werden ungeduldig oder gar treulos.

So ermutige ich dich heute, diesen Versuch aufzugeben und darauf zu vertrauen, dass du in Jesus Christus bist und dass er dich bei sich hält. Liebe und Geduld entstehen nicht einfach so. Sie sind die Frucht des Heiligen Geistes: Er selbst bringt sie hervor und du hast die Chance, in seiner Kraft diese Liebe zu leben und damit Menschen in deinem Zuhause und an deinem Arbeitsplatz zu segnen.

23. März

*Den Einsamen gibt er ein Zuhause, den Gefangenen schenkt er Freiheit und Glück. Psalm 68,7a*

**Sprich heute diese Zusage über deinem Leben aus:**

*Gott gibt mir* DEIN NAME *ein Zuhause, meine Gefangenschaft verwandelt er in Freiheit.*

**Einsame Herzen finden bei Gott ein wunderschönes Zuhause.** Es gibt Momente, in denen wir uns allein fühlen. Vielleicht ist dein Partner oft unterwegs, du fühlst dich bei einer Aufgabe alleingelassen oder Menschen haben dich verlassen. Einsamkeit drückt auf unsere Stimmung und erzeugt Gefühle des Unbehagens. Jeder wünscht sich, von Freunden umgeben zu sein, oder ein Zuhause der Liebe und Annahme – aber das ist nicht immer gegeben. Du hast heute die Chance, deine Einsamkeit zu deinem Gott zu bringen. Jesus selber fühlte sich manchmal einsam. Am Kreuz fühlte er sich sogar von seinem Vater verlassen. Ich ermutige dich, in deinen einsamen Momenten die Gegenwart Gottes zu suchen. Gott sieht dein Herz. Er kennt deine beengenden Gefühle. Und Gott kann jede Gefangenschaft in Freiheit verwandeln! Er möchte dir jetzt begegnen, deine Leere mit Liebe ausfüllen und dir ein friedliches Zuhause schenken. Lasse dich in Gottes Arme fallen und genieße seine Gegenwart. Ich bin überzeugt, Glück und Freiheit werden zurückkommen.

24. März

*Du führst mich nach deinem Plan und nimmst mich am Ende in Ehren auf.*
*Psalm 73,24*

**Sprich heute diese Wahrheit über deinem Leben aus:**

*Gott führt mich* DEIN NAME *nach seinem Plan und er nimmt mich am Ende in Ehren auf.*

**Die beste Wegweisung schenkt uns der Vater im Himmel!** Gott hat einen wunderbaren Plan für dein Leben. Er hat bereits alle deine Tage in seinem Buch aufgeschrieben und weiß haargenau, welcher Weg der beste für dich ist. Deshalb lass dich heute an die Hand nehmen – Gott möchte dich Schritt für Schritt führen. Auch wenn du den Weg noch nicht bis zum Ende sehen kannst und vielleicht unsicher bist, so hat Gott doch den Masterplan. Er kennt jede Wegbiegung und ihm sind alle Kreuzungen bestens bekannt. Er weiß, was dein Herz sich wünscht, und er möchte dich unterwegs zum Aufblühen bringen. Selbst wenn du dich um die Zukunft sorgst, lässt dich Gott niemals los und führt dich bis zu seinem wunderschönen Ziel. Jesus hat in seinem Königreich bereits eine Wohnung für dich vorbereitet, ganz nah am Vaterherz Gottes! Menschen aus allen Nationen werden an diesem Ort friedlich und glücklich zusammen sein. Bis du dort ankommst, genieße dein Leben auf dieser Erde!

**25. März**

*Macht euch keine Sorgen! Ihr dürft Gott um alles bitten. Sagt ihm, was euch fehlt, und dankt ihm! Philipper 4,6*

**Sprich heute dieses Bibelwort über deinem Leben aus:**

*Ich* DEIN NAME *mache mir keine Sorgen. Ich darf Gott um alles bitten. Ich sage ihm, was mir fehlt, und ich danke ihm.*

**Wer seine Sorgen bei Gott abgibt, der wird mit Leichtigkeit durch den Tag gehen!** Gibt es Dinge, über die du dir den Kopf zerbrichst? Hast du vielleicht schlecht geschlafen und weißt einfach nicht, in welche Richtung es gehen wird? Sorgen können uns richtig stark beschäftigen. Die Bibel lehrt dich heute, dir keine Sorgen zu machen. Je mehr Sorgen du dir machst, desto mehr Lebenskraft und Freude wirst du verlieren. Es ist nicht deine Aufgabe, dich zu sorgen. Deshalb erinnere dich heute an deinen Vater im Himmel. Du kennst einen großartigen Gott, bei dem du deine Sorgen abgeben und sagen darfst, was du brauchst. Er hat dich nicht vergessen. Erzähle ihm deine Not und danke ihm, dass er sich darum kümmern wird. Wer seine Anliegen dankend vor Gott bringt, der wird innerlich ruhig werden, weil er das Gute bereits sehen kann. Du darfst wissen: Gott wird dich versorgen, denn du bist sein geliebtes Kind!

26. März

*Nach mir sollst du verlangen, und ich werde dich sättigen, ja, ich schenke dir Segen im Überfluss! Psalm 81,11b*

**Sprich heute dieses Bekenntnis aus:**

*Nach Gott werde ich* DEIN NAME *verlangen. Er wird mich sättigen und er wird mir Segen im Überfluss schenken.*

**Die tiefe Sehnsucht nach Gott wird jedes Herz überaus glücklich machen!** Wie oft sehnen wir uns nach Liebe und Geborgenheit. Wir wünschen uns ein Zuhause voller Verständnis und Glücksgefühle. Genau das hält Gott in seiner Gegenwart für uns bereit. Er hat mehr als genug Liebe, Kraft und Geborgenheit für dich. Deshalb mache dir heute Gottes Gegenwart bewusst. Er ist da! Strecke Gott dein Herz entgegen, er möchte es sättigen! Deine Sehnsüchte, deine Wünsche und deine Vorlieben werden in seiner Gegenwart erfüllt werden. Sättigen bedeutet *überfüllen* und *mehr als genug bekommen.* Gott gibt dir nicht nur eine kleine Kostprobe, sondern *sättigt* dein Herz mit Liebe, Kraft und Ruhe! Jederzeit ist Gott dazu bereit, dich zu beschenken und dir viel mehr zu geben, als du bräuchtest. Deshalb erkenne, dass er dir ganz nah ist, und lass es dir bei ihm gut gehen.

27. März

*Herr, du Gott über Himmel und Erde! Wie sehr liebe ich deinen Tempel – den Ort, an dem du wohnst! Psalm 84,2*

**Sprich heute diesen Lobpreis aus:**

*Herr, du Gott über Himmel und Erde! Wie sehr liebe ich* DEIN NAME *deinen Tempel – den Ort, an dem du wohnst.*

**Es gibt nichts Schöneres, als Zeit in der Gegenwart Gottes zu verbringen!** Gott hat seinen Sohn Jesus Christus auf diese Erde gesandt. Gott selbst wohnte unter uns. Etwas später hat er seinen Heiligen Geist auf die Menschen dieser Erde ausgegossen. Jeder Gläubige ist ein Tempel des Heiligen Geistes, weil Gott in seinem Herzen wohnt. Deshalb müssen wir nicht mehr zum Tempel reisen, um Gott zu begegnen. Gott wohnt in uns, und wir können seine Gegenwart in jedem Moment und an jedem Ort erleben! Erkenne und genieße seine Gegenwart in deinem Arbeitszimmer, in der Küche oder auch an deinem Arbeitsplatz. Weil der Heilige Geist in dir lebt, wohnt Gott genau da, wo du gerade bist. Ich bin überzeugt, das wird dein Leben verändern. Gottes Gegenwart ist heilig und inspirierend. Seine Nähe und Gnade bewirken, dass du anders handelst und redest. Wie schön, wenn uns in jeder Sekunde die Präsenz seiner Gegenwart bewusst wird.

28. März

*Glücklich sind alle, die in deinem Tempel wohnen dürfen! Jederzeit können sie dich loben! Psalm 84,5*

**Sprich heute diese Wahrheit aus:**

*Glücklich bin ich* DEIN NAME, *denn jederzeit kann ich dich loben!*

**Jede Form der Anbetung macht unsere Herzen glücklich!** Gott selber wohnt in der Anbetung. Seine Gegenwart ist besonders stark, wenn Menschen ihn anbeten. So ermutige ich dich, Gott täglich die Ehre zu erweisen. Du kannst deinen Gott jederzeit und auf vielfältige Weise anbeten - mit einem Gebet, einem Lied, einem Tanz, einem Gemälde oder etwas anderem, was in deinem Herzen ist. Für Gott spielt es keine Rolle, in welcher Form wir ihn anbeten. So ermutige ich dich, auf deinem Arbeitsweg, in der Küche oder in deiner Garage ein Lied anzustimmen. Du kannst auch einfach mal niederknien und Gott mit einem Gebet die Ehre erweisen. Sage ihm danke für all das Gute in deinem Leben. Erzähle ihm, wie sehr du ihn magst und wie glücklich du über seine Gegenwart bist. Ich bin überzeugt, Anbetung wird dich richtig glücklich machen. Denn in diesen Momenten richtest du deinen Blick weg von deinem Alltag und hin auf den König der Könige!

29. März

*Was für ein herrlicher Augenblick, wenn ein Bote über die Berge kommt, der eine gute Nachricht bringt! Jesaja 52,7a*

**Sprich heute dieses Bibelwort aus und erfreue dich daran:**

*Was für ein herrlicher Augenblick, wenn heute ein Bote zu mir* DEIN NAME *über die Berge kommt.*

**Jede Ermutigung bringt einen Lichtblick in unsere Schwierigkeiten!** Wenn sich Berge von Herausforderungen um uns herum auftürmen, können wir plötzlich den Überblick verlieren. Es sind Lebensmomente, in denen es drunter und drüber geht und wir keinen klaren Plan haben, wie wir da wieder rauskommen sollen. Vielleicht ist sogar dein ganzes Zuhause durcheinander, weil die Probleme auch Auswirkungen auf deine Familie haben. In diesen Momenten ist es wunderbar, wenn jemand eine Ermutigung für uns hat. Gott selbst ist die größte Ermutigung! Er möchte über deinen Sorgenberg zu dir herüberkommen und dich erfrischen. Durch sein Wort kann neue Stärke in dein Leben kommen. Deshalb studiere die Bibel und lass durch Gottes Wort Kraft in dein Leben fließen. Und durch Gottes Kraft kannst auch du wieder ein Freudenbote sein und Ermutigung in andere Häuser bringen. Gott segne dich!

30. März

*Aber du bist ein gnädiger und barmherziger Gott. Deine Geduld ist groß, deine Liebe und Treue kennen kein Ende.*
*Psalm 86,15*

**Sprich heute diese wunderbare Wahrheit über deinem Leben aus:**

*Aber du bist mein* DEIN NAME *gnädiger und barmherziger Gott. Deine Geduld mit mir ist groß, deine Liebe und deine Treue kennen kein Ende.*

**Gottes Barmherzigkeit ist unaufhörlich!** Menschen können so viel Unbarmherzigkeit in dieser Welt verbreiten: zerstörerische Worte, Kriege, Terror, Mobbing. Doch Gottes Herz ist voller Barmherzigkeit. Er erbarmt sich über uns Menschen, er zeigt seine Liebe durch seinen Sohn Jesus Christus. Seine Gnade ist viel größer, als wir uns jemals vorstellen könnten. Wir Menschen können einander gnadenlos verurteilen, aber Gottes Gnade und Liebe hören niemals auf. Es ist ein Privileg, diesen Gott zu kennen und seine Liebe in Anspruch nehmen zu dürfen. Deshalb ermutige ich dich heute, einfach dankbar zu werden, denn Gott ist freundlich und geduldig. Sei dir heute der Vergebung Gottes gewiss - für jeden Moment, in dem du Menschen verurteilt oder benachteiligt hast. Seine barmherzige Vergebung und Gnade werden dein Denken und Handeln verwandeln.

31. März

*Herr, solange es Menschen gibt, bist du unsere Zuflucht! Psalm 90,1*

**Sprich heute diese Zusage aus:**

*Herr, solange es Menschen gibt, bist du meine* DEIN NAME *Zuflucht.*

**Gott bietet jedem Menschen ein sicheres Zuhause!** Wie schön ist es, wenn wir uns in Sicherheit wissen dürfen. Doch unsere Welt ist aus den Fugen geraten – die Medien führen es uns jeden Tag vor Augen: Ganze Gebiete werden überschwemmt, Erdbeben zerstören Häuser, Terrorkämpfer sprengen Menschenmengen in die Luft, der Menschenhandel nimmt überhand, und die Liste ließe sich noch fortsetzen. Es gibt jedoch einen wunderbaren und sicheren Zufluchtsort. Gott bleibt trotz dieser Geschehnisse immer derselbe! Er steht fest und wackelt keinen Millimeter. Seine Liebe und Treue bleiben bestehen. Deshalb darfst du dich heute sicher wissen. Gott hält dich fest, diese Zuversicht darfst du genießen. Jederzeit findest du im Schatten des Allmächtigen und unter seinem Flügel Schutz. Gott bietet dir Hilfe, Sicherheit und Zuverlässigkeit. Sein souveräner Schutz endet niemals. Gottes Zufluchtsort, der er selber ist, bleibt bis in alle Ewigkeit bestehen und kann von keiner Naturgewalt und keinem Menschen angegriffen oder zerstört werden! Gott segne dich!

## 1. April

*Mach uns bewusst, wie kurz unser Leben ist, damit wir endlich zur Besinnung kommen! Psalm 90,12*

**Sprich heute dieses Gebet:**

*Mach mir* DEIN NAME *bewusst, wie kurz mein Leben ist, damit ich endlich zur Besinnung komme!*

**Erledige heute die Dinge, die Gott dir aufs Herz legt!** Hat deine Großmutter auch immer wieder gesagt: »Das Leben geht so schnell vorbei!«? Ich dachte damals immer: »Ach Oma, mein Leben hat doch erst gerade begonnen, und es wird noch lange dauern!« Doch heute sehe ich: Unser Leben kann plötzlich zu Ende sein. Menschen sterben oft überraschend, die einen früher, die anderen später. Bereits fünf Klassenkameraden von mir sind verstorben. Ihr Leben war kurz. Heute möchte ich dich motivieren, über deine zukünftige Lebenszeit nachzudenken. Was möchtest du noch erreichen? Wo möchtest du in zehn Jahren sein? Vielleicht hast du ein schönes Zuhause, einen guten Job und bist ganz zufrieden. Das ist schön! Aber was möchtest du noch sehen? Welche Berufung, welcher Auftrag oder Wunsch steckt noch in deinem Herzen? Vielleicht ist es heute dran, einen Besuch zu machen, eine Familienparty zu organisieren oder ein Projekt aus der Schublade zu holen. Frage den Heiligen Geist um Rat, er wird dich darin gerne leiten.

**2. April**

*Geht liebevoll miteinander um,
so wie auch Christus euch seine Liebe
erwiesen hat. Epheser 5,2a*

**Sprich heute dieses Bibelwort über deinem Leben aus:**

*Ich* DEIN NAME *gehe liebevoll mit meinen Nächsten um, denn Christus hat mir seine Liebe erwiesen.*

**Alles, was du brauchst, ist Liebe und ein großes Herz!** Kürzlich hat meine Tochter eine Zeichnung mit dem Spruch »All what you need is love and a cat!« gemacht. Dieses Kunstwerk hat sie an der Tür aufgehängt. Wie schön ist es, wenn die Liebe ein Haus regiert! Wir alle wünschen uns einen liebevollen Umgang miteinander. Jeder möchte Komplimente, Hilfe, Anerkennung, Zärtlichkeit und Wertschätzung bekommen. Denn dann fühlen wir uns geliebt und getragen. Du hast die Chance, die Liebe auszuleben, die Christus dir geschenkt hat, und damit einen Unterschied in deinem Zuhause zu machen. Liebe deine Nächsten! Selbst wenn du heute lieber selber von anderen Menschen verwöhnt werden würdest, richte deinen Blick von dir weg, hin auf Jesus und damit hin auf andere Menschen. Nicht weil du sonst Strafe erwarten müsstest, sondern weil du dich von Jesus Christus tief geliebt weißt. Ergreife heute die Liebe Jesu und verändere damit deine Welt zum Positiven. Gott segne dich!

3. April

*Wer unter dem Schutz des Höchsten wohnt, der kann bei ihm, dem Allmächtigen, Ruhe finden.* Psalm 91,1

**Sprich heute diese Wahrheit über deinem Leben aus:**

*Ich* DEIN NAME *wohne unter dem Schutz des Höchsten, dort werde ich Ruhe finden.*

**Tiefe Entspannung lässt sich in der Gegenwart Gottes finden.** Wir leben in einer Welt voller Stress, Konflikte und Hektik. Das macht uns unruhig und lässt unsere Gedanken im Kreis drehen. Weil wir solchen Einflüssen täglich ausgesetzt sind, brauchen wir so dringend einen Ort der Ruhe. Jeder Mensch muss sich bewusst werden, wie wichtig es ist, immer wieder auszuruhen und den Stresslevel sinken zu lassen. Immer mehr Menschen leiden an einem Burnout oder benötigen Schlafmittel, weil sie sich nicht mehr entspannen können. Gott selbst bietet uns den perfekten Ort der Entspannung. Deshalb ermutige ich dich, bei ihm Ruhe zu suchen. Vielleicht kannst du einfach mal durch den tiefen Wald spazieren, dort Sauerstoff einatmen und dir Gottes Gegenwart, Liebe und Güte bewusst machen und spüren. Gott hat die Natur zur Entspannung für uns geschaffen. Deshalb drehe heute mindestens eine Runde um dein Zuhause und genieße die frische Luft und deinen Gott, der bei dir ist. Ich bin überzeugt, dein Stresslevel wird sinken. Gott segne dich!

4. April

*Denn ich allein weiß, was ich mit euch vorhabe: Ich, der Herr, werde euch Frieden schenken und euch aus dem Leid befreien.*
*Jeremia 29,11a*

**Sprich heute diese Zusage über deinem Leben aus:**

*Gott allein weiß, was er mit mir* DEIN NAME *vorhat: Er wird mir Frieden schenken und mich aus meinem Leid befreien.*

**Täglich möchte Gott Menschen aus ihrem Leid befreien!** Vielleicht leidest du momentan an einer Krankheit oder du kennst Menschen in deinem Umfeld, die es schwer haben. Solche Lebensumstände sind sehr herausfordernd, denn sie rauben uns Kraft und können uns verzweifeln lassen. Schmerzen nagen an unseren Nerven und laugen uns aus. Ich habe selber solche Zeiten durchlebt. Doch hast du gewusst, dass Gott die Fähigkeit hat, jede Krankheit zu heilen? Er hat einen guten Plan für dein Leben und er möchte dir immer wieder seine Wunder zeigen! Ergreife heute diese Gewissheit und glaube an die Heilungskraft Gottes! Erwarte, dass er durch dein Gebet in deinem Leben und im Leben deiner Mitmenschen eingreifen wird. Gott ist voller Liebe, und seine Hilfsbereitschaft steht dir zur Verfügung. Halte daran fest und erlebe heute ein Wunder in deinem Haus!

5. April

*Wenn er zu mir [Gott] ruft,*
*antworte ich ihm.*
*Psalm 91,15a*

**Sprich heute diese Zusage aus:**

*Wenn ich* DEIN NAME *zu Gott rufe, dann antwortet er mir.*

**Wer Gott anruft, der wird früher oder später die Antwort bekommen!** Manchmal wäre es doch richtig schön, wenn wir einen Brief vom Himmel bekommen könnten, nicht wahr? Plötzlich würden wir einen Umschlag in unserem Briefkasten finden und Gott hätte uns darin geschrieben, was wir zu tun haben, welche Entscheidung wir treffen sollen oder wie unsere Zukunft aussehen wird. Glücklich würden wir vom Briefkasten in unser Haus hüpfen, denn endlich hätte sich alles geklärt. Gott möchte eine innige Beziehung mit dir. Er sehnt sich tatsächlich danach, dass du ihn anrufst. Du kannst ihm heute alle deine Herzenswünsche erzählen, und weißt du was? Er möchte dir antworten! Vielleicht findest du nicht gerade einen Brief im Briefkasten, aber er möchte dir in jedem Fall antworten. Manchmal dauert es, bis seine Antwort kommt, aber sie wird kommen – durch Menschen, durch die Bibel, durch Umstände, durch einen Traum oder auch durch seine Stimme in deinem Herzen. Erwarte, dass Gott spricht!

**6. April**

*Doch wer Gott liebt, gleicht einer immergrünen Palme, er wird mächtig wie eine Zeder auf dem Libanongebirge.*
*Psalm 92,13*

**Sprich heute diese Wahrheit über deinem Leben aus:**

*Ich* DEIN NAME *liebe Gott, deshalb gleiche ich einer immergrünen Palme!*

**Gottes Gegenwart macht Menschen auch im hohen Alter jung und frisch.** Vor einiger Zeit flirtete ein fremder Mann mit mir. Er machte mir Komplimente und lächelte mich an. Er meinte, dass ich sehr gut aussehe und lobte mich in den höchsten Tönen. Dann fragte er mich: »Frau Schmid, warum sehen Sie für Ihr Alter noch so gut aus?« Ich antwortete ihm prompt: »Das ist ganz einfach: Ich lese jeden Tag die Bibel. Genau das macht frisch und jung!« Der Mann schaute mich mit offenem Mund an, und sogleich war der Flirt vorbei. Ich bin überzeugt, dass Gottes Wort eine großartige Kraft hat, die uns Menschen erfrischt. Wir werden täglich belebt und in uns wird eine große Begeisterung freigesetzt. Dies hat unverkennbare Auswirkungen auf unser Leben. Deshalb suche dir einen schönen Platz in deinem Haus und lese dort täglich einen Abschnitt aus der Bibel. Lass dich von Gottes Wahrheit und seinem Geist stärken und werde zu einer standfesten Palme, die jedem Wetter trotzen kann.

7. April

*Werft euch vor ihm nieder, wenn er in seiner Größe und Macht erscheint! Die ganze Welt soll vor ihm erzittern!*
*Psalm 96,9*

**Sprich heute über dir aus:**

*Ich* DEIN NAME *werfe mich vor Gott nieder, denn er ist groß und mächtig!*

**Gottes Herrlichkeit lässt jeden Menschen auf die Knie fallen!** Gott hat uns seine großartige Macht und majestätische Herrlichkeit bereits gezeigt. Er hat in sechs Tagen die Erde erschaffen und uns eine wunderschöne Welt geschenkt. Wir können die Natur genießen und seine Herrlichkeit darin erkennen. Auch hat er seinen Sohn Jesus Christus in die Welt gebracht. Gott ist die Liebe und durch Jesus Christus hat er uns seine Liebe gezeigt. Durch sein Sterben am Kreuz hat er uns das größte Geschenk gemacht: seine unverdiente Gnade. Durch Jesus Christus gibt es keine Verdammnis mehr, die Anklage ist vorbei und wir Menschen werden in alle Ewigkeit in der Familie Gottes wohnen. Wie schön ist es doch, zur Familie Gottes zu gehören und ein ewig feststehendes Zuhause zu kennen! Es ist ein unverdientes Geschenk, und darum können wir nicht anders als vor unserem liebenden Gott vor Dankbarkeit auf die Knie zu gehen. Bete deinen Gott heute an und sag ihm, wie dankbar du für Jesus bist.

8. April

*Gottes Wort ist voller Leben und Kraft.*
*Hebräer 4,12a*

**Sprich heute diese Wahrheit aus und erkenne sie an:**

*Gottes Wort ist auch für mich* DEIN NAME *voller Leben und Kraft.*

**Gottes Wort kann jede tote Beziehung wieder zum Leben erwecken!** Vielleicht stehst du momentan vor großen Herausforderungen in deinen Beziehungen. Irgendwie kannst du mit gewissen Leuten einfach nicht mehr sprechen, weil eine Blockade zwischen euch gekommen ist. Oder die Kommunikation mit einem deiner Kinder ist schwierig geworden. Vielleicht bist du schon länger verheiratet und wünscht dir wieder eine innigere Beziehung mit deinem Partner. Gottes Wort ist voller Leben und Kraft. So sprich heute kraftvolle Bibelworte in deine angeknacksten Beziehungen hinein! Vertraue deinem Gott, dass er jede Schwierigkeit zum Positiven verändern kann. Er kann schwierige Beziehungen mit Leben erfrischen und neue Kraft in die Kommunikation geben. Rechne heute mit Gottes Weisheit und seiner Hilfe für den Umgang mit deinen Nächsten. Erwarte ein Wunder und glaube an eine tiefgreifende Neubelebung deiner Ehe. Ich bin überzeugt, in Gottes Kraft wirst du die Atmosphäre in deinem Haus verändern und den Zugang zu den Herzen deiner Nächsten wiederfinden! Gott segne dich!

9. April

*Ja, freut euch über den Herrn und dankt ihm! Erinnert euch, was der heilige Gott für euch getan hat! Psalm 97,12*

**Sprich heute diesen Bibelvers über deinem Leben aus:**

*Ja, ich* DEIN NAME *freue mich über den Herrn und ich danke ihm. Ich erinnere mich, was Gott alles für mich* DEIN NAME *getan hat.*

**Dankbarkeit macht glücklich!** Wir lehren unsere Kinder: »Sag schön danke!« Wir Erwachsenen jedoch vergessen häufig, danke zu sagen. Als Jesus die zehn Aussätzigen heilte, kam nur einer zurück und bedankte sich. Die Bibel lehrt uns aber, dass Dankbarkeit richtig glücklich macht. Deshalb ermutige ich dich: Erinnere dich heute an all das Gute in deinem Leben. Gott hat dich reich beschenkt! Je mehr Dankbarkeit du in dein Leben bringst, desto glücklicher wirst du werden. Du kannst damit beginnen und dich heute bei jedem Familienmitglied bedanken. Schaffe eine Kultur der Dankbarkeit. Es gibt viel Grund, dankbar zu sein. Zuallererst steht das, was Jesus für uns getan hat, und meistens gibt es auch noch andere Gründe: Gesundheit, Frieden, Nahrung, Freundschaft, Talente und vieles mehr. Du hast heute die Chance, einen Unterschied zu machen, indem du Dankbarkeit lebst.

**10. April**

*Erkennt, dass der Herr unser Gott ist! Er hat uns zu seinem Volk gemacht, ihm gehören wir! Er sorgt für uns wie ein Hirte für seine Herde.* Psalm 100,3

**Sprich heute diese Wahrheit über deinem Leben aus:**

*Ich* DEIN NAME *erkenne, dass der Herr mein Gott ist. Ich gehöre zu ihm! Er sorgt für mich* DEIN NAME *wie ein Hirte für seine Herde.*

**Gottes Kinder haben besondere Privilegien!** Gott hält total viel Liebe für uns Menschen bereit. Er möchte für dich sorgen. Vielleicht gibt es Dinge, die du momentan nicht selber lösen kannst. Oder es gibt Situationen, die du eigentlich anpacken solltest, aber dir fehlt die Energie dazu. Gott ist wie ein Hirte, der für seine Schafe sorgt. Ein Schafhirte führt seine Herde zu frischen Weideplätzen und zu sauberen Wasserquellen. Gute Fürsorge ist sein Herzensanliegen. Vielleicht hast du irgendwo einen Mangel, dann möchte Gott diesen Mangel ausfüllen. Er will dir den Weg zeigen. Sein Herz schlägt für dich und es ist ihm total wichtig, wie es dir geht. Er kennt dein Herz in der Tiefe! Du gehörst zu ihm und niemand kann dich aus seiner Hand reißen. Nichts kann dich jemals von seiner Liebe trennen. Deshalb erkenne heute deinen guten Gott und lass dich von ihm inspirieren.

**11. April**

*Denn der Herr ist gut zu uns, seine Gnade hört niemals auf, für alle Zeiten hält er uns die Treue.* Psalm 100,5

**Sprich heute diese wundervolle Zusage über dir aus:**

*Denn der Herr ist gut zu mir* DEIN NAME, *seine Gnade hört niemals auf, für alle Zeiten hält er mir die Treue.*

**Menschen werden dich enttäuschen, doch Gott lässt dich niemals fallen!** Jeder Mensch, auch die, die dir am nächsten stehen, werden dich früher oder später enttäuschen. Menschen machen nun mal Fehler: Versprechen werden nicht eingehalten, Freunde enttäuschen dich mit einem bestimmten Verhalten oder gute Leute tun nicht, wovon sie wissen, dass sie es sollten. Wenn wir nur auf Menschen schauen, werden wir bald enttäuscht werden. Aber Gott ist ganz anders. Er ist die Treue selbst und steht fest wie ein Fels in der Brandung. Deshalb richte deinen Blick auf Gott und vertraue allein ihm. Lass dich von seinem Geist prägen, der in dir das Wesen Jesu hervorbringt. Dann wird auch dein Leben seine Treue widerspiegeln. Ich bin überzeugt, das wird in deinem Zuhause eine wunderbare Atmosphäre erzeugen. Deine Nächsten werden durch dich Gottes Liebe und Treue spüren und glücklich werden.

12. April

*Ja, er vergibt mir meine ganze Schuld*
*und heilt mich von allen Krankheiten!*
*Psalm 103,3*

**Sprich heute diese Wahrheit über deinem Leben aus:**

*Ja, Jesus hat mir* DEIN NAME *am Kreuz die Schuld vergeben und auch meine Krankheit auf sich genommen.*

**Gott kann jede Krankheit heilen!** Vielleicht bist du gerade krank oder fühlst dich erschöpft. Ich selber war in diesem Jahr neun Monate lang krank. Meine Kraft ging verloren und ich konnte nur noch mit halber Geschwindigkeit durch das Leben gehen. Zeiten der Krankheit sind herausfordernd. Denn die Krankheit schwächt nicht nur körperlich, sondern sie nagt auch an unserer Psyche. Oftmals war ich genervt, weil ich einfach Schmerzen hatte. Ich konnte die Arbeit kaum mehr bewältigen und ich musste mich hinlegen. Genau diese Momente sind gefährlich für unser geistliches Leben. Wir beginnen zu zweifeln und können anfangen, Gott anzuklagen. Wenn wir krank sind, dürfen wir aber wissen, dass Gott jederzeit jede Krankheit heilen kann. Er hat die Macht und die Herrlichkeit, jede Krankheit in Gesundheit zu verwandeln. Deshalb ermutige ich dich, wegen deiner Krankheit zu beten. Glaube an die Heilungskraft Gottes! Gott kann und will dich heilen. Deshalb gib nicht auf und erwarte deine Heilung.

13. April

*Der Herr, euer Gott, ist in eurer Mitte; er ist stark und hilft euch! Von ganzem Herzen freut er sich über euch.*
*Zefanja 3,17a*

**Sprich heute diese Zusage über deinem Leben aus:**

*Der Herr, mein* DEIN NAME *Gott, ist in meiner Mitte; er ist stark und hilft mir! Von ganzem Herzen freut er sich über mich.*

**Gott wohnt bei dir und ist begeistert von dir!** Du kannst dir gar nicht richtig vorstellen, wie riesengroß Gottes Freude ist, wenn er an dich denkt. Du bist eine wertvolle Perle in seinen Augen. Dein Vater im Himmel liebt dich nicht nur, sondern ist mehr als begeistert von dir! Er lässt dir die höchste Wertschätzung und seine ungeteilte Zuwendung zukommen. Gott ist in deiner Mitte. Das bedeutet, er ist mitten in deiner Lebenssituation und interessiert sich für dich. Er möchte dir beistehen und helfen. Seine helfende Hand ist jederzeit vollumfänglich für dich da. Danke deinem Gott für seine Gegenwart in dir und deinen vier Wänden und erwarte in jeder Lebenssituation Gottes barmherzige Hilfe. Gott segne dich!

14. April

*Denn so hoch, wie der Himmel über der Erde ist, so groß ist seine Liebe zu allen, die ihm mit Ehrfurcht begegnen. Psalm 103,11*

**Sprich heute diese wunderbare Wahrheit aus:**

*Denn so hoch, wie der Himmel über der Erde ist, so groß ist Gottes Liebe zu mir* DEIN NAME*!*

**Gottes Liebe ist unermesslich groß!** Menschliche Liebe kann richtig schön sein. Wenn zum Beispiel ein Liebespaar frisch verliebt ist, funkeln die Sterne und die Schmetterlinge fliegen im Bauch. Doch menschliche Liebe kann auch sehr schnell vergehen. Paare, die sich einst innig geliebt haben, können sich trennen und Väter, die ihre Kinder einst liebten, können ihre Nachkommen mit brutalen Worten aus dem Haus jagen. Gott ist ganz anders. Er *ist* die Liebe, und diese Liebe reicht vom Himmel bis unter dein Hausdach! Es gibt keine größere Liebe als Gottes ungeteilte Liebe zu uns Menschen. Die Bibel zeigt uns sogar, dass Gott uns zuerst geliebt hat. Dies bedeutet, du musst Gott keinen Beweis deiner Liebe erbringen, damit er dich liebt. Er nimmt dich so an, wie du bist. Seine ungeteilte Liebe gilt dir jeden Moment. Selbst wenn du nicht so gehandelt hast, wie du eigentlich wolltest. Die liebende Gnade nimmt dich immer wieder neu in die Arme, denn sie ist ewig.

**15. April**

*O Herr, welch unermessliche Vielfalt zeigen deine Werke! Sie alle sind Zeugen deiner Weisheit, die ganze Erde ist voll von deinen Geschöpfen.* Psalm 104,24

**Sprich heute diesen Lobpreis aus:**

*O mein* DEIN NAME *Herr, welch unermessliche Vielfalt zeigen deine Werke! Sie alle sind Zeugen deiner Weisheit!*

**Gott hat unsere Natur unermesslich vielfältig geschaffen!** Manchmal staunen wir über eine Person, weil sie gerade eine bahnbrechende Erfindung gemacht hat. Vielleicht wird sie sogar mit einem Nobelpreis ausgezeichnet. Die größte Weisheit, die alles übertrifft, liegt jedoch bei unserem Vater im Himmel. Vom kleinsten Käfer bis zur majestätischen Giraffe, vom winzigsten grünen Blatt bis zur mächtigen Palme, von der süßesten Quelle bis zum gigantischen Wasserfall kommt alles aus seiner schöpferischen Hand. Gott ist in seiner Kreativität unübertrefflich! Und wir dürfen sie genießen! Deshalb gehe heute nach draußen, mach einen Spaziergang, genieße die grünen Wiesen oder erhole dich im Wald. Entdecke Gottes Weisheit in der Natur und wisse, dass er selbst die Weisheit **ist**. Er lebt mit seinem Geist der Weisheit auch in dir und möchte Kreativität und Ideen in dir freisetzen. Danke ihm dafür und erlebe seine schöpferische Weisheit in deinen Projekten oder der Gestaltung deines Zuhauses.

16. April

*Seid glücklich, dass ihr zu ihm, dem heiligen Gott, gehört! Ja, alle, die den Herrn suchen, sollen sich freuen! Psalm 105,3*

**Sprich heute diesen Vers als Segen über deinem Leben aus:**

*Ich* DEIN NAME *bin glücklich, dass ich zu Gott gehöre! Ja, ich* DEIN NAME *suche und finde den Herrn und werde mich freuen.*

**Wahre Freude lässt sich in der Gegenwart Gottes finden!**
Oft geht unsere Freude verloren. Wir sind vielleicht gerade als Familie zusammen und haben eigentlich alles, was wir brauchen: genug zu essen, ein schönes Haus und Gesundheit. Doch dann sagt jemand ein falsches Wort und die Stimmung kippt um in einen Streit. Menschliches Glücksempfinden ist oft nicht von Dauer. Deshalb erwarte die Freude nicht von deinen Familienmitgliedern oder Habseligkeiten, sonst wirst du immer wieder enttäuscht werden. Gott hingegen macht uns das Angebot einer wirklich tiefen Freude. Ich ermutige dich, Gott zu suchen und in seiner Gegenwart zu verweilen – dort wirst du echte Freude finden. Lass dich zum Beispiel durch Lieder in die Gegenwart Gottes führen. Schaue auf Jesus und lass dich von ihm inspirieren. Du gehörst zu ihm und du hast einen Ehrenplatz in der Hand des Vaters. Genieße Gottes Gegenwart und lass dich von ihr stärken. Die Freude wird damit zurückkommen.

17. April

*Fragt nach dem Herrn, und rechnet mit seiner Macht, wendet euch immer wieder an ihn! 1. Chronik 16,11*

**Sprich heute diesen Vers aus:**

*Ich* DEIN NAME *frage nach dem Herrn und rechne mit seiner Macht. Immer wieder darf ich mich an ihn wenden!*

**Gott liebt es, wenn du deine Bitten zu ihm bringst!** Vielleicht hast du mit Beten bereits aufgebeben. Oder du hast aufgehört zu glauben, dass Gott in deinem Leben noch ein Wunder tun wird. Doch es lohnt sich, mit Ausdauer zu beten. Gott kommt selten zu früh, aber niemals zu spät. Vielleicht sind deine Träume geplatzt oder du bist krank geworden. Was auch immer dich beschäftigt, erinnere dich an Gottes Macht. Jesus Christus ist der Sohn Gottes und er hat die Macht im Himmel und auf Erden. Dieser Jesus lebt in dir und er hat die Macht, das Unmögliche möglich zu machen. Wo du aufgegeben hast zu beten, da fange heute wieder an! Mache einen Neustart, halte an Gottes Macht fest und glaube daran, dass seine Kraft sich durch dein Gebet entfaltet. Der Herr segne dich!

18. April

*Er holte sie aus den finsteren Gefängnissen und riss ihre Fesseln entzwei.* Psalm 107,14

**Sprich heute diese Wahrheit aus:**

*Gott hat mich* DEIN NAME *aus den finsteren Gefängnissen geholt und meine Fesseln entzweigerissen.*

**Gottes Freiheit steht für dich bereit.** Es gibt Momente im Leben, in denen es richtig finster aussehen kann. Wir werden traurig und verstehen nicht mehr, was eigentlich mit uns passiert. Aber du brauchst keine Angst zu haben, denn Gott ist mit dir! Der Heilige Geist kennt dich durch und durch, und Jesus selber ist das Licht, der sein Licht in jede Dunkelheit bringen kann und will. Vielleicht fühlst du dich wie in einem Gefängnis. Dann lass dir von Gottes Geist zeigen, dass Jesus Christus dieses Gefängnis durch sein Opfer am Kreuz bereits durchbrochen hat, und lass dich von seiner Liebe in die Freiheit führen. Durch Gottes Kraft werden Fesseln entzweigerissen und Holzpflöcke gelöst. Deshalb glaube an die Befreiungskraft Gottes und erlebe heute Freiheit für dein Herz!

19. April

*Glücklich ist, wer dem Herrn in Ehrfurcht begegnet … Bei einem solchen Menschen sind Reichtum und Wohlstand zuhause. Unerschütterlich und treu hält er zu Gott.* Psalm 112,1.3

**Sprich heute dieses Bekenntnis aus:**

*Ich* DEIN NAME *bin glücklich, weil ich Gott in Ehrfurcht begegne. Bei mir sind somit Reichtum und Wohlstand zuhause. Unerschütterlich und treu halte ich zu Gott.*

**Ewiger Reichtum findet sich in der Beziehung zu Gott.** Gibt es Momente, in denen du dir mehr Geld und Reichtum wünschst? Bist du vielleicht manchmal sogar eifersüchtig auf andere? Es ist schön, wenn Menschen reich sind. Sie dürfen dies auch von Herzen genießen. Ich möchte dir aber zu bedenken geben, dass in der Beziehung zu Gott ein unglaublich wertvoller Reichtum liegt, den dir keiner wegnehmen kann! Gott sehnt sich nach Menschen, die ihm in Ehrfurcht begegnen und seine Liebe kennen. Menschen, die seine Gegenwart als kostbar empfinden, weil sie wissen, dass sie seine Herrlichkeit erfahren. Du hast heute die Chance, dankbar vor deinem Gott niederzuknien und voller Staunen seiner Majestät und Gnade zu begegnen! In seiner Gegenwart findest du tiefe Freude und er schenkt dir einen Reichtum in dein Herz, der alle Reichtümer dieser Welt übersteigt!

20. April

*Der Herr denkt an uns*
*und wird uns segnen.*
*Psalm 115,12a*

**Sprich heute diese Wahrheit über deinem Leben aus:**

*Der Herr denkt an mich* DEIN NAME *und wird mich segnen.*

**Gott denkt an dich!** Es gibt immer wieder Momente, in denen wir unseren Gott nicht so richtig spüren können. Dann kann es passieren, dass wir zweifeln und verunsichert werden. Negative Gedanken über Gottes Existenz und seine Liebe tauchen auf, und je länger wir darüber nachdenken, desto mehr ziehen uns diese Gedanken in die Tiefe. Die Bibel sagt uns, dass Gott täglich an uns denkt. Und wenn die Bibel dies sagt, dann ist es Wahrheit und es gibt daran gar nichts zu rütteln! Gott hat dich im positiven Sinne im Visier, er kennt deine Zweifel und Fragen. Er sieht, wie du ringst und mit negativen Gedanken kämpfst. Dabei bleibt dein Vater im Himmel total entspannt und spricht dir zu: »Ich denke wirklich an dich! Ich schätze und liebe dich!« Gott möchte dich heute mit seinem Segen überschütten. Er hält mehr Gunst, mehr Liebe, mehr Salbung und mehr Einfluss für dich bereit. Deshalb vertraue ihm und lass dich von ihm stärken. Erwarte heute ein Zeichen von Gottes Liebe. Der Vater weiß, wie er dir begegnen muss, damit du in neuer Frische durch den Tag gehen kannst.

21. April

*Vergesst nicht:*
*Wir selbst sind der Tempel*
*des lebendigen Gottes.*
*2. Korinther 6,16b*

**Sprich heute diese Wahrheit aus:**

*Ich* DEIN NAME *vergesse es nicht: Ich bin der Tempel des lebendigen Gottes.*

**Fitness und gesunde Ernährung bereichern die Lebensqualität!** Immer wieder vergessen wir Menschen, uns sportlich zu betätigen und wirklich gesund zu ernähren. Unser Körper ist aber der Tempel des Heiligen Geistes – Gott wohnt in dir! Deshalb pflege diesen Wohnraum als ein kostbares Geschenk! Bewege dich heute nach draußen und mache einen Spaziergang in der Natur. Achte außerdem auf eine gesunde Ernährung. Wenn dir das schwerfällt, dann bitte Gott, dir das Wollen und das Vollbringen zu schenken. Ich bin überzeugt, dies wird dein Leben leichter machen. Außerdem gibst du auf diese Weise Gott die Ehre, weil du seinen Wohnraum achtest und wertschätzt. Gott segne dich!

**22. April**

*Vor Kummer weine ich hemmungslos. Richte mich wieder auf, wie du es versprochen hast! Psalm 119,28*

**Sprich heute diese Zusage über dir aus:**

*Wenn ich* DEIN NAME *vor Kummer hemmungslos weine, richtest du mich wieder auf, wie du es versprochen hast!*

**Immer wieder gibt es Momente, in denen wir einfach nur traurig sind.** Vielleicht haben wir einen geliebten Menschen verloren oder unser Leben läuft gerade nicht so, wie wir uns das vorgestellt haben. Wie schön ist es dann, wenn wir ein Zuhause haben, in dem wir hemmungslos weinen können. Ein Ort, an dem Menschen einander in den Arm nehmen und sich gegenseitig trösten. Gott sind unsere Tränen wichtig und er kann verstehen, wenn wir ihnen einfach mal freien Lauf lassen. Wenn wir weinen können, werden unsere Herzen befreit und alles, was sich angestaut hat, kann wieder abfließen. In deinen traurigen Momenten ist Gott ganz nah an deinem Herzen und er flüstert dir zu: »Ich bin mit dir traurig! Lass dich von mir berühren!« Gott nimmt sich Zeit und er tröstet dich liebevoll. Er ist mehr als bereit, dir neue Kraft zu geben und dich wieder aufzurichten!

23. April

*Zwei haben es besser als einer allein, denn zusammen können sie mehr erreichen. Prediger 4,9*

**Sprich heute diesen Bibelvers aus:**

*Mit jemandem zusammen kann ich* DEIN NAME *mehr erreichen.*

**Wer lernt, im Team zu arbeiten, der wird das Größere erreichen.** Es gibt immer wieder Einzelkämpfer auf dieser Welt. Es sind Menschen, die versuchen, die Welt allein zu erobern oder eigenständig ein Projekt durchzuziehen. Gerade auch in deinem Zuhause kannst du als Team oder als Einzelkämpfer unterwegs sein. Die Bibel lehrt uns über die Kraft, die in einem Team liegt.

Gott selber ist im Team unterwegs: Gott, der Vater, der uns liebt; Gott, der Sohn, der für uns am Kreuz gestorben ist; Gott, der Heilige Geist, der unser Tröster und Begleiter ist. Du hast das Privileg, von diesem Dreierteam zu profitieren! Gemeinsam sind sie eins und vereinen dadurch eine unglaublich große Kraft in sich. Genauso hast auch du die Chance, im Team mit anderen Menschen kraftvoll zu sein: mit deinem Partner, mit deiner Familie, mit deiner Gemeinde. Gemeinsam seid ihr richtig stark. Gott segne dich und dein Team!

**24. April**

*Er gibt auf dich Acht, wenn du aus dem Hause gehst und wenn du wieder heimkehrst. Jetzt und für immer steht er dir bei! Psalm 121,8*

**Sprich heute diese Wahrheit in dein Leben hinein:**

*Der Herr gibt auf mich* DEIN NAME *Acht, wenn ich aus dem Hause gehe und wenn ich wieder heimkehre. Jetzt und für immer steht er mir* DEIN NAME *bei.*

**Rund um die Uhr wird dein Hauseingang von Gottes Liebe bewacht!** Dieser Vers aus der Bibel hat mich echt von den Socken gehauen. Stell dir dieses Bild vor: Gott steht täglich an deinem Hauseingang! Wenn du frühmorgens aus dem Haus gehst, wünscht er dir einen guten Tag. Wenn du abends nach Hause kommst, erwartet er dich schon sehnsüchtig und hält neue Kraft für dich bereit. Gott gibt täglich auf dich Acht. Es ist ihm nicht egal, wie es dir geht. Menschen können lieblos und unaufmerksam aneinander vorbeigehen, sogar im eigenen Zuhause. Doch Gott ist anders! Er liebt es, wenn er dich als Erster begrüßen darf und für dich sorgen kann. Er ist wie ein Gentleman, der dir die Tasche trägt und den Mantel abnimmt. Er steht ständig an deiner Seite, ist für deine Anliegen bereit und liebt dich so sehr, dass er dich wie eine kostbare Perle im Auge behält. Diese Gesellschaft darfst du genießen!

25. April

*Wer dem Herrn vertraut, ist wie der Berg Zion; er steht fest und unerschütterlich.*
*Psalm 125,1b*

**Sprich heute diese Zusage über deinem Leben aus:**

*Weil ich* DEIN NAME *dem Herrn vertraue, bin ich wie der Berg Zion; ich stehe fest und unerschütterlich.*

**Wer in der Tiefe seines Herzens Gott vertraut, der steht fest und sicher.** Vieles in der heutigen Zeit ist unsicher geworden. Instabile Familien, unsichere Arbeitsplätze wie auch seltsame Wetterverhältnisse lassen uns echt ins Nachdenken bringen. Stabilität ist ein Wert, der immer mehr verloren geht. Doch die Bibel lehrt uns, dass, wer auf den Herrn vertraut, fest und unerschütterlich steht. Als Christ kannst du deshalb einen Unterschied in dieser Welt machen! Der Schlüssel liegt im tiefen Vertrauen zu deinem Gott. Deshalb intensiviere deine Beziehung mit Gott und dein Vertrauen auf ihn. Halte dich wirklich in jedem Bereich an ihm fest. Gib ihm deine Hand und glaube an seine Macht und Herrlichkeit. Dies ist ein wichtiger Fokus, auf den du dich täglich besinnen kannst. Ich bin überzeugt, dies wird positiven Einfluss auf deine Umgebung haben.

26. April

*Was du dir erarbeitet hast, wirst du auch genießen können. Es geht dir gut, und das Glück ist auf deiner Seite.*

*Psalm 128,2*

**Sprich heute diese Wahrheit über deinem Leben aus:**

*Was ich* DEIN NAME *mir erarbeitet habe, werde ich auch genießen können. Es geht mir gut, und das Glück ist auf meiner Seite.*

**Gott hat dir Hände geschenkt, damit du damit etwas bewirken kannst.** Er hat einen wunderbaren Plan für dein Leben und er hat Dinge vorbereitet, die du umsetzen darfst. Vielleicht macht es dir Spaß, Projekte zu leiten, einen Garten zu bepflanzen, Kerzen zu gießen oder Texte zu schreiben. Gott hat eine Leidenschaft und ein Können in dich hineingelegt. Deshalb beginne heute mit der Arbeit und bewerkstellige mit deinen Händen, was Gott für dich vorbereitet hat. Du darfst dich freuen, es soll dir richtig Spaß machen! Vielleicht gibt es auch Begabungen, die du noch nicht entdeckt hast oder die zugeschüttet wurden. Grabe diese Talente aus und tue mutig, was Gott dir aufs Herz gelegt hat. Gott segne dich!

27. April

*Ich setze meine ganze Hoffnung auf den Herrn; voller Sehnsucht warte ich darauf, dass er zu mir spricht. Psalm 130,5*

**Sprich heute diesen Bibelvers aus:**

*Ich* **DEIN NAME** *setze meine Hoffnung auf den Herrn; voller Sehnsucht warte ich darauf, dass er zu mir spricht.*

**Wer sehnsüchtig den Höchsten erwartet, der wird ihm kraftvoll begegnen!** Wer kennt sie nicht, diese tiefe Sehnsucht im Herzen? Wir können sehnsüchtig auf einen Menschen oder auf ein bestimmtes Ereignis warten. Jeder Mensch kennt diese Sehnsucht. Ich kann mich erinnern, als mein Mann zwei Wochen nach Amerika reiste. Die ersten fünf Minuten dachte ich noch, wie schön es ist, dass er mal aus dem Haus ist. Doch schon zehn Minuten später habe ich ihn sehr vermisst. Vierzehn Tage später erwartete ich ihn sehnsüchtig am Flughafen. Genauso stellt Gott sich das in unserer Beziehung zu ihm vor. Er selbst ist leidenschaftlich und hoch motiviert, um mit dir in Kontakt zu treten. Er vermisst dich und hat eine tiefe und aufrichtige Sehnsucht nach dir. Er möchte zu dir sprechen. Deshalb setze deine Hoffnung heute auf ihn. Glaube an eine übernatürliche und kraftvolle Begegnung mit deinem Gott. Erwarte eine Richtungsweisung, eine Vision, einen Traum oder eine Ermutigung von deinem Vater im Himmel.

**28. April**

*Bewältigt eure Aufgaben mit Fleiß, und werdet nicht nachlässig. Lasst euch ganz von Gottes Geist durchdringen, und dient Gott, dem Herrn. Römer 12,11*

**Sprich heute diesen Segen über dir aus:**

*Ich* DEIN NAME *bewältige meine Aufgaben mit Fleiß. Ich lasse mich von Gottes Geist durchdringen und diene Gott.*

**Wer mit Ausdauer die von Gott vorbereiteten Aufgaben erfüllt, der wird erfolgreich zum Ziel kommen.** Gott hat für dich total viele geniale Aufgaben vorbereitet. Er hat dazu bereits Ideen, Talente und Energie in dich hineingelegt. So ermutige ich dich heute, deine göttlichen Aufgaben auf dieser Erde zu entdecken! Finde Gottes Plan für dich und beginne mit der Arbeit, gerade auch in deinem Zuhause. Manchmal braucht es etwas Mut und Durchhaltewillen, denn nicht jede Aufgabe geht locker vom Hocker. Wenn du aber deinen Fokus auf Gott gerichtet hältst und dich vom Heiligen Geist leiten lässt, wirst du mit Sicherheit zum Erfolg kommen. Beginne im Kleinen und lass dich von Gott zum Größeren befördern. Gib nur nicht auf und halte durch! Gott ist mit dir!

29. April

*Dankt ihm, dem Herrn über alle Herren,*
*seine Gnade hört niemals auf!*
*Er vollbringt große Wunder, er allein.*
*Psalm 136,3.4a*

**Sprich heute diese wunderbare Wahrheit aus:**

*Ich* DEIN NAME *danke Gott, dem Herrn über alle Herren, seine Gnade hört niemals auf! Er vollbringt große Wunder, er allein.*

**Wer Gottes Gnade verstanden hat, kann nicht anders, als dankend auf die Knie zu fallen.** Wie schön ist es, wenn wir die Größe Gottes erkennen können. Gottes Gnade ist unaufhörlich. Ja, die Gnade ist das Beste, was wir auf dieser Welt überhaupt antreffen können. Immer wieder beginnt Gott mit dir von neuem. Du brauchst dich nicht länger zu sorgen, denn du bist durch Jesus Christus gerecht gesprochen. Er hat den vollständigen Preis am Kreuz bezahlt. Du hast durch die Gnade von Jesus Christus den direkten Zugang in die Arme Gottes. Das ist großartig! Heute kannst du vor diesem wunderbaren Gott auf die Knie gehen und ihm einfach danken. Dankbarkeit kann auch ein guter Wert in deinem Zuhause werden. Denn je mehr du dich bei deinen Mitmenschen bedankst, desto mehr Wertschätzung verbreitest du und desto positiver prägst du dein Umfeld, denn Dankbarkeit weist auf Gottes Wesen hin.

30. April

*Als ich zu dir um Hilfe schrie, hast du mich erhört und mir neue Kraft geschenkt.* Psalm 138,3

**Sprich heute diese Zusage über dir aus:**

*Wenn ich* DEIN NAME *zu dir um Hilfe schreie, erhörst du mich und schenkst mir neue Kraft.*

**Wer Gott um Hilfe bittet, der wird mehr als genug Kraft bekommen.** Manchmal liegt zuhause ein Berg von Arbeit vor uns: Die Wäsche stapelt sich, der Müll muss entsorgt und die Betten sollten frisch bezogen werden. Überweisungen müssten getätigt werden und die Verwandten verdienen auch mal wieder einen Besuch. Ebenso kann uns der Arbeitsplatz oder die Erziehung der Kinder eine Menge Kraft kosten. In diesen Momenten dürfen wir uns an Gottes Kraftquellen erinnern. Der Vater im Himmel hält Stärke für dich bereit. Er weiß, wo deine Kraft verloren gegangen ist. Lass dich deshalb bewusst von Gottes Gegenwart stärken und dir neue Energie schenken. Vielleicht bist du auch krank geworden. Auch dann hält Gott für dich eine großartige Stärkung bereit. Du hast heute die Möglichkeit, Kraft und Stärke in deine Knochen, Muskeln und Nerven zu beten. Benenne deine schwachen Körperstellen im Gebet und lass göttliche und wohltuende Kraft in die tiefsten Ecken deines Körpers fließen. Der Herr segne dich!

**1. Mai**

*Ob ich gehe oder liege – du siehst mich,*
*mein ganzes Leben ist dir vertraut.*
*Psalm 139,3*

**Sprich heute diese Zusage über dir aus:**

*Ob ich* DEIN NAME *gehe oder liege – du siehst mich, mein ganzes Leben ist dir vertraut.*

**Jederzeit ist Gott liebevoll an deiner Seite!** Ich finde dies schon eine enorm beeindruckende Sache, wenn ich daran denke, wie Gott uns Menschen ständig im Blick hat. Egal, ob du heute auf deinem Sofa liegst, in deinem Garten eine schöne Grillparty vorbereitest oder dich auf eine gemütliche Wanderung begibst – Gott sieht alles. Er ist immer voll dabei. Auch wenn du am heutigen Feiertag zur Arbeit musst, ist Gott mit dabei. Selbst wenn du in der Nacht in deinem Bett liegst und tief schläfst, ist Gott aktiv und wacht über deinen Schlaf. Er ist verlässlich und ständig an deiner Seite. Bei all dem wirft er dir nicht nur einen kurzen Blick zu, sondern dein ganzes Leben ist ihm vertraut. Das bedeutet, Gott ist persönlich an dir interessiert. Er fragt nicht nur aus Anstand, wie es dir geht, sondern ist voller Liebe an deinem Ergehen interessiert. Du kannst mit Gott über *alles* sprechen. Er möchte sich in der Tiefe und ganzheitlich um dein Leben kümmern.

2. Mai

*Herr, du machst die Finsternis um mich hell, du bist mein Licht.*
*2. Samuel 22,29*

**Sprich heute diese Zusage über deinem Leben aus:**

*Herr, du machst die Finsternis um mich* DEIN NAME *hell, du bist mein Licht!*

**In jeder Lebenslage möchte Gott uns Menschen begegnen!** Manchmal können wir in unserem Leben den Weg nicht mehr so genau erkennen. Hindernisse stellen sich in den Weg und wir fühlen uns im Dunkeln. Es sind die Momente, in denen wir nicht mehr klar sehen können. Es legt sich eine Schwere auf unser Leben und wir möchten uns am liebsten im Schlafzimmer unter der Decke verkriechen. Kennst du solche dunklen Stunden? Fühlst du dich manchmal traurig oder gar leicht depressiv?

Jesus sagt von sich selber: »Ich bin das Licht!« Ja, Jesus ist das Licht, und exakt dieses Licht kann in jede Dunkelheit klar scheinende Helligkeit bringen! Wende dich in den dunklen Stunden an deinen Gott und sprich im Namen Jesu Licht in deine Situation! Das wird die Dunkelheit vertreiben. Empfange die Liebe von Jesus Christus, denn er liebt dich in jeder Situation und bleibt immer an deiner Seite. Gott segne dich!

3. Mai

*Hilf mir, so zu leben, wie du es willst, denn du bist mein Gott! Führe mich durch deinen guten Geist! Dann werde ich erleben, wie du mir Hindernisse aus dem Weg räumst. Psalm 143,10*

**Sprich heute diese Zusage über deinem Leben aus:**

*Du hilfst mir* DEIN NAME*, so zu leben, wie du es willst, denn du bist mein Gott! Du führst mich durch deinen guten Geist! Ich darf erleben, wie du mir Hindernisse aus dem Weg räumst.*

**Gott hat die Kraft, jedes Hindernis aus dem Weg zu räumen!** Manchmal erleben wir, wie sich uns Hindernisse, wie zum Beispiel schulische Probleme oder finanzielle Schwierigkeiten, in den Weg stellen. Das kann sehr anstrengend sein. Aber denke heute an deinen Gott. Er ist dein Vater im Himmel und hat das große Interesse, deine Hindernisse aus dem Weg zu räumen. Wenn wir nicht mehr weiter wissen, dann hat Gott immer noch eine neue Idee und schafft es, den Weg frei zu machen! Aus diesem Grund hast du heute die Chance, dein Anliegen zu Gott zu bringen. Manchmal müssen wir Geduld haben, bis etwas geschieht. Aber Gott hat den perfekten Plan und macht keine Fehler. Deshalb wirf dein Vertrauen nicht weg – es wird sich auszahlen!

4. Mai

*Der Herr ist gut zu allen und schließt niemanden von seinem Erbarmen aus, denn er hat allen das Leben gegeben.*
*Psalm 145,9*

**Sprich heute diese Wahrheit über deinem Leben aus:**

*Der Herr ist gut zu mir* DEIN NAME *und er schließt auch mich von seinem Erbarmen nicht aus, denn er hat allen das Leben gegeben.*

**Die perfekte Gerechtigkeit finden wir bei Jesus Christus!**
Oft werden Menschen von anderen ausgeschlossen, klein gemacht und durch negatives Reden verletzt. Gerade an Schulen ist Mobbing ein großes Thema. Doch Gott schließt niemanden aus. Bei ihm ist die perfekte Gerechtigkeit. Kein Mensch fällt bei ihm untendurch. Alle sind herzlich willkommen. Genau so hat auch Jesus gelebt! Er war zu allen Menschen gut und hat die Menschen am Rande der Gesellschaft sogar besonders berücksichtigt. Das möchte er auch durch dich tun. Beispielsweise könntest du Menschen aus schwierigen sozialen Umständen in dein Zuhause einladen, ihnen etwas zu essen anbieten oder sie mit einer Tasse Tee verwöhnen. Ich bin überzeugt, du würdest den Alltag dieser Mitmenschen unglaublich bereichern. Lass dir heute vom Heiligen Geist das Gute zeigen und setze es in seiner Kraft um, denn du kennst einen Gott, der unglaublich gut zu dir ist.

**5. Mai**

*Denn die ganze Heilige Schrift*
*ist von Gott eingegeben.*
*2. Timotheus 3,16a*

**Sprich heute diese Zusage über dir aus:**

*Gott hat die ganze Heilige Schrift eingegeben, damit ich* DEIN NAME *davon profitieren kann.*

**Wer Gottes Wort in sein Leben spricht, der wird übernatürliche Kraft erfahren!** Bei manchen Leuten liegt die Bibel irgendwo verstaubt in einem Bücherregal im Wohnzimmer oder gar in einem Nebenzimmer. Wo das Wort Gottes nicht beachtet wird, geht eine große Kraft verloren. Gottes Wort hat nämlich übernatürliche Kraft, denn die gesamte Bibel wurde von Gott eingegeben. Denke heute mal genau darüber nach. Die Bibel stammt somit direkt aus dem Herzen Gottes! Daher gebe ich dir heute den Rat, Gottes Wort mit großem Respekt zu lesen. Stärke dich jeden Morgen mit Worten aus der Bibel und lass ihre Kraft in dich hinein fließen. Stärke damit auch deine Familie und dein Haus. Du kannst Verse in deinem Zuhause auch laut aussprechen. Vergiss nicht: Worte haben Macht! Genieße heute jede Ermutigung durch Gottes Wort. Der Herr segne dich!

6. Mai

*Der Herr macht die Blinden wieder sehend und richtet die Niedergeschlagenen auf.* Psalm 146,8a

**Sprich heute dieses Versprechen Gottes über deinem Leben aus:**

*Der Herr macht mich* DEIN NAME *wieder sehend und richtet mich wieder auf.*

**Gott öffnet blinde Augen und stellt Niedergeschlagene wieder auf die Beine!** Manchmal laufen wir wie mit geschlossenen Augen durch die Gegend. Wir sehen die Realität nicht mehr oder merken gar nicht, in welchem Zustand wir uns eigentlich befinden. Gott möchte unsere Augen öffnen und uns einen klaren Blick schenken! Du hast heute die Chance, deine Augen von Gott öffnen zu lassen. Bitte ihn um einen scharfen Blick und einen glasklaren Durchblick. Vielleicht benötigst du für deine Aufgaben Weisheit. Gott schafft es, jedes Durcheinander zu entwirren und Klarheit hineinzubringen! Erwarte heute das Eingreifen Gottes und lass dich von göttlicher Weisheit leiten. Auch wenn du niedergeschlagen und müde bist, wird dir Gott helfen. Er streckt dir seine Hand entgegen und hilft dir, wieder aufzustehen. Gott hält Vitamine und Kraftquellen für dich bereit. Deshalb lass ihn deine Müdigkeit in Energie verwandeln.

7. Mai

*Ich aber und meine Familie, wir wollen dem Herrn dienen. Josua 24,15b*

**Sprich heute diesen Vers als Segen über deinem Leben aus:**

*Ich* DEIN NAME *und meine Familie wollen dem Herrn dienen.*

**Wer Gott liebt, wird andere Menschen für den Glauben begeistern!** Jeder Mensch hat die Wahl, ob er Gott dienen möchte oder nicht. Gott wünscht sich Helfer, die freiwillig in seinem Reich mitarbeiten. Er sucht überall nach Menschen, die seine Liebe auf dieser Erde repräsentieren. Du kannst dich entscheiden, dies mit deiner ganzen Familie zu tun. Erst gestern hat mir eine Schülerin im Religionsunterricht erzählt, wie ihr Papa ihr jeden Abend eine Geschichte aus der Bibel erzählt. Dieser Vater baut Reich Gottes! Der Dienst beginnt in der eigenen Familie. So ermutige ich dich, in deiner Familie zu beten, die Bibel zu lesen und somit Gottes Reich zu bauen. Entscheide dich immer wieder für den Dienst und auch für den Besuch deiner Kirchengemeinde. Ergreife am Sonntagmorgen die Initiative und gehe mit deiner Familie in den Gottesdienst. Du hast die Chance, Vorbild zu sein und mit deinem Lebensstil deine Familie für Jesus zu begeistern. Aber vergiss dabei nicht, dich selbst immer wieder von Gottes Liebe und Kraft erfüllen zu lassen, denn nur so kannst du etwas weitergeben, das Bestand hat.

8. Mai

*Diesen Tag hat er zum Fest gemacht,*
*lasst uns fröhlich sein und jubeln!*
*Psalm 118,24*

**Sprich heute diesen Vers als Segen über dir aus:**

*Diesen Tag hat Gott zum Fest gemacht. Ich* DEIN NAME *werde fröhlich sein und jubeln!*

**Wer kleine und große Siege feiern kann, wird Freude erleben!** An diesem Tag haben die Menschen im Alten Testament im Tempel Gott gefeiert. Sie hatten Grund dazu, denn Gott hat ihnen den Sieg geschenkt. Ich ermutige dich, heute die Siege Gottes zu feiern. Gott sehnt sich danach, dass wir ihn feiern. Deshalb pflege einen Lebensstil des Feierns. Du hast allen Grund dazu! Immer wieder sage ich zuhause zu meinen Kindern: »Kommt, jetzt machen wir ein Festessen!« Wenn jemand eine Prüfung geschafft, eine gute Nachricht bekommen oder ein Familienmitglied einen neuen Freund gefunden hat – immer dann verwandeln wir unser Abendessen prompt in ein Festessen! Wir sollten das Leben viel mehr feiern und dabei richtig fröhlich sein. Deshalb lass dir was einfallen und beginne, Kleinigkeiten in deinem Zuhause zu feiern. Manchmal reicht auch einfach ein Getränk, mit dem du auf den Sieg anstoßen kannst. Vielleicht könntest du heute spontan ein paar Freunde einladen und mit ihnen ein kleines Fest feiern. Gott segne dich!

9. Mai

*Wer aber auf mich hört, lebt ruhig und sicher, vor keinem Unglück braucht er sich zu fürchten. Sprüche 1,33*

**Sprich heute diese Wahrheit über deinem Leben aus:**

*Ich* DEIN NAME *höre auf Gott, deshalb kann ich ruhig und sicher leben. Ich brauche mich vor keinem Unglück zu fürchten.*

**Wer in enger Beziehung mit Gott lebt, braucht sich vor nichts zu fürchten!** Gott möchte seine Beziehung zu dir intensivieren. Er liebt dich über alles und möchte ganz nah an deinem Herzen sein. Er wünscht sich eine innige Kommunikation. Durch sein Wort und seinen Geist gibt er dir die besten Richtungsweisungen für dein Leben. Das größte Geschenk, das er dir gemacht hat, ist sein Sohn Jesus Christus. Durch diese Gnade bist du freigesprochen und Anklage hat in deinem Herzen keinen Platz mehr. Du bist befreit! Diese großartige Gnade wird in dir bewirken, dass du Gott aus tiefstem Herzen liebst. Und je mehr du dieses Geschenk der Gnade verstanden hast, desto mehr wirst du liebevoll Gottes Weisungen ausführen. Nicht, weil du müsstest oder dazu gezwungen würdest – vielmehr als deine Antwort auf Gottes ungeteilte Liebe zu dir. Die Gnade, die Jesus Christus selbst ist, ist mehr wert als ein Sechser im Lotto und sorgt dafür, dass du ruhig und sicher leben kannst.

10. Mai

*Er allein gibt Weisheit, und nur von ihm kommen Wissen und Urteilskraft.*
*Sprüche 2,6*

**Sprich heute diese Zusage über deinem Leben aus:**

*Gott allein gibt mir* DEIN NAME *Weisheit, und nur von Gott kommen Wissen und Urteilskraft.*

**Bete, bis Gottes Lösung auf den Tisch kommt!** Manchmal stehen wir in Lebenssituationen, in denen wir Entscheidungen treffen müssen. Welchen Weg sollen wir einschlagen oder welches Projekt sollen wir starten? Was können wir tun, damit wir finanziell besser klarkommen? Fragen über Fragen stellen sich im Laufe unseres Lebens. Die Bibel nennt uns Gott selbst als die Lösung, denn er ist die Weisheit! Deshalb baue nicht auf deine eigene Urteilskraft, sondern frage nach Gottes Lösungen. Er kennt den besten Weg und möchte dir seine Idee aufzeigen. In diesen Lebenssituationen lege ich mich meistens ins Bett in meinem Schlafzimmer. Dann schließe ich die Augen und lege Gott alle Fragen offen hin. Ich höre, ich suche nach einem Bild vor meinem inneren geistlichen Auge und lese in der Bibel. Meistens kommt nicht sofort eine Antwort. Aber auch dann bin ich mir sicher, dass Gott sprechen wird. Ich rede mit meinem Mann und gemeinsam liegen wir Gott in den Ohren, bis eine Lösung kommt. Und wenn sie kommt, ist sie perfekt!

11. Mai

*Verlass dich nicht auf deine eigene Urteilskraft, sondern vertraue voll und ganz dem Herrn! Sprüche 3,5*

**Sprich heute diesen Vers als Segen über deinem Leben aus:**

*Ich* DEIN NAME *verlasse mich nicht auf meine eigene Urteilskraft, sondern vertraue voll und ganz dem Herrn.*

**Wer sich in Gottes Hand fallen lässt, der wird göttliche Liebe spüren.** Manchmal versuchen Menschen, Dinge zu beurteilen, die sie eigentlich gar nicht wissen können. Sie machen sich ein flüchtiges Bild von einer Situation, bei der sie selbst gar nicht dabei waren, und geben dann ihren Kommentar ab. Wir Menschen neigen generell dazu, viel zu schnell Urteile zu fällen. Gott ist ganz anders. Er kann urteilen, denn er hat den glasklaren Durchblick in jeder Sache. Er kann hinter die Kulissen schauen und sieht jedes menschliche Herz. Nichts bleibt ihm verborgen. Selbst was hinter vorgehaltener Hand gesprochen wird, ist ihm bestens bekannt. Ich gebe dir heute zu bedenken, dich nicht auf deine eigene Urteilskraft zu verlassen, sondern Gott zu vertrauen. Er sieht dein Leben und er kennt deinen Lebensplan. Jeder Tag deiner Zukunft ist ihm bestens bekannt. Er weiß, wo du dich in zehn Jahren befinden wirst, und er weiß, was dich gestern so traurig gemacht hat. Vertraue deshalb Gott dein Leben an und lass dich von seiner liebenden Vaterhand leiten.

**12. Mai**

*Er hat mit seinem Tod am Kreuz diesen Willen Gottes erfüllt; und deshalb gehören wir durch sein Opfer ein für alle Mal zu Gott. Hebräer 10,10*

**Sprich heute diese wunderbare Zusage über dir aus:**

> *Jesus Christus hat mit seinem Tod am Kreuz den Willen Gottes erfüllt; und deshalb gehöre ich* DEIN NAME *ein für alle Mal zu Gott.*

**Wer an Jesus Christus glaubt, gehört mit Sicherheit zur Familie Gottes!** Es war Gottes Absicht, seinen Sohn Jesus Christus als Retter auf die Erde zu senden. Jesus Christus hat durch seinen Opfertod am Kreuz den Willen Gottes vollbracht. Der Sohn Gottes hat sein Leben gegeben, damit Menschen gerettet werden können. Heute darfst du dich freuen, denn wenn du an Christus glaubst, gehörst du ein für alle Mal zu Gott und niemand kann dich mehr von Gottes Liebe trennen! Deshalb genieße heute die Beziehung mit deinem Vater im Himmel, der dir täglich Gutes tut. Zweifle nicht länger an deiner Kindschaft. Du bist geliebt und das Erbe des Himmels ist dir garantiert. Vielleicht kannst du heute einfach mal in der Badewanne oder auf dem Sofa entspannen und darüber nachdenken, wie wunderbar die Gnade durch Jesus Christus für dich ist! Ich bin mir sicher, das wird dich mit großer Freude und großem Frieden erfüllen.

13. Mai

*Glücklich der Mensch, der weise und urteilsfähig geworden ist! Er ist reicher als jemand, der Silber und Gold besitzt.*

*Sprüche 3,13-14*

**Sprich heute diese Zusage über deinem Leben aus:**

*Ich* DEIN NAME *bin glücklich, weil ich weise und urteilsfähig geworden bin. Damit bin ich reicher als jemand, der Silber und Gold besitzt.*

**Weisheit ist kostbarer als Silber und Gold!** Wie schnell können wir in einem Gespräch ein unpassendes Wort sagen und unsere Mitmenschen tief verletzen. Genau das nennt die Bibel das Gegenteil von Weisheit. Ein Mensch, der weise ist, schafft es, zur richtigen Zeit das richtige Wort zu sagen. Er überlegt sich die Dinge gut und spricht mit Vorsicht und Scharfsinn. Ich weiß nicht, ob du dir bewusst bist, welche wunderbare Stimmung ein weiser Mensch in seinem Zuhause verbreitet? Die Bibel beschreibt Weisheit sogar als größeren Reichtum als Silber und Gold. Weisheit ist somit extrem wertvoll. Du hast die Chance, Weisheit in deinem Leben großzuschreiben. Bitte Gott um den Geist der Weisheit und lass dich von ihm erfüllen! Danach kannst du dich in Gesprächen von diesem guten Geist leiten lassen.

14. Mai

*Wenn jemand deine Unterstützung braucht und du ihm helfen kannst, dann weigere dich nicht. Sprüche 3,27*

**Segne dich mit den folgenden Worten:**

*Wenn jemand meine* DEIN NAME *Unterstützung braucht und ich ihm helfen kann, dann werde ich es tun.*

**Wer zurückstehen kann, wird glücklich werden!** Oft bin ich irgendwo in meinem Zuhause beschäftigt. Vielleicht bin ich gerade dabei zu kochen, einen Text zu schreiben oder die Veranda zu putzen. In diesen Momenten bin ich vertieft in meine Arbeit und werde nur ungern gestört. Doch meistens braucht in genau diesen Momenten jemand aus der Familie meine Hilfe. Ein Kind möchte etwas fragen oder mein Mann braucht meine Unterstützung. Früher bin ich in solchen Situationen ausgerastet, weil mein Blick nur auf meine Arbeit gerichtet war. Ich machte zuerst die Arbeit und hatte danach eventuell noch Zeit und Nerven, um zu helfen. Heute lebe ich das ganz anders. Ich habe gelernt, meine Arbeit auf die Seite zu legen und die Bedürfnisse meiner Mitmenschen zu berücksichtigen. Jesus selber hat sich immer wieder unterbrechen lassen und seinen Mitmenschen geholfen. Aus seiner Kraft heraus kannst du einen Unterschied machen und deine Mitmenschen überraschend unterstützen. Ich bin überzeugt, dies wird Freude in dein und ihr Leben bringen.

15. Mai

*Doch ich segne jeden,*
*der mir ganz und gar vertraut.*
*Jeremia 17,7*

**Sprich heute diese Wahrheit über deinem Leben aus:**

*Gott segnet mich* DEIN NAME, *weil ich zu ihm gehöre.*

**Gott beschenkt seine Leute jeden Tag!** Gott hat heute so viel Gutes für dich bereit. Er ist ein Gott der Barmherzigkeit und der Zuwendung. Jeden Tag ist er bei dir, wenn du in deinem Zuhause lebst und deine Arbeit verrichtest. Er ist bei dir, wenn du im Sportraum deine Übungen machst; er ist bei dir, wenn du am Herd stehst und kochst; er ist bei dir, wenn du gerade deine Kinder ins Bett bringst. Jeden Moment, solange dein Herz schlägt, möchte Gott dich segnen und mit Gutem beschenken. Sei deshalb heute dankbar und erwarte den Segen Gottes für deine Arbeit, für deine Freizeit, für deine Kindererziehung und für deine Beziehungen.

Du musst nicht erst eine Leistung erbringen oder einen Preis bezahlen, um den Segen Gottes zu bekommen. Nein, Gott segnet jeden Menschen, egal, woher er kommt und was für eine Vergangenheit er hat – auch dich! Gott möchte nur eines von dir: dass du ihm vertraust. So setze dein Vertrauen auf deinen Vater im Himmel und glaube an seinen wunderbaren Segen für dich und dein Haus!

16. Mai

*… die Wohnung der gerechten Menschen segnet er.*
*Sprüche 3,33b* NLB

**Sprich heute diese Zusage über deinem Leben aus:**

*Gott hat mich* DEIN NAME *durch Christus gerecht gemacht, darum segnet er mich.*

**Wer mit Gott verbunden ist, der wird gesegnet.** Durch die Tat von Jesus Christus sind wir gerecht gemacht und uns steht eine innige und liebevolle Beziehung zu Gott offen. Aus diesem Grund ist der Segenskanal geöffnet. Gunst, Kraft, Hilfe und Förderung für dein Leben stehen dir zur Verfügung. Gott wünscht sich nichts mehr, als dass wir auf seine Liebe mit Liebe antworten, ihm vertrauen und – durch Liebe motiviert – seinen Weisungen folgen.

So zum Beispiel auch beim Thema Geld, denn dabei können in einem Zuhause viele Schwierigkeiten entstehen. Eine Studie zeigt, würden Familien nur 200 Dollar mehr verdienen, gäbe es deutlich weniger Scheidungen. Ich ermutige dich, heute dein Geld in Gottes Hände zu legen und von Gott zu erwarten, dass er es segnet. Bitte Gott um Gunst und Weisheit für deinen Finanzplan. Lass dich in deinen finanziellen Entscheidungen vom Geist Gottes führen und leiten. Gott will dein Leben in allen Bereichen überreich segnen!

17. Mai

*Mein Sohn, höre auf meine Worte;*
*dann wirst du lange leben.*
*Sprüche 4,10*

**Sprich heute diese Wahrheit über deinem Leben aus:**

*Ich* DEIN NAME *bin Gottes Kind und ich höre auf seine Worte. Daher werde ich lange leben.*

**Zuhören steigert die Lebensqualität!** In der heutigen Zeit versuchen wir, unser Leben mit Medikamenten zu verlängern. Wir probieren, uns mit Sport und gesunder Ernährung fit zu halten. Das ist alles wichtig und gut. Aber die entscheidende, übernatürliche Kraft für dein Leben findest du allein in Gottes Wort. Deshalb höre auf Gottes Wort. Oftmals schaffen wir es nicht, richtig zuzuhören. Bei vielen Menschen zuhause gibt es Missverständnisse, weil man einander nicht zuhört. Deshalb denke heute über dein Zuhören nach. Kannst du deinem Gott zuhören? Schenkst du deinen Nächsten ein offenes Ohr? Wenn du lernst, deinen Mitmenschen aufmerksam zuzuhören, wirst du damit viele unnötige Missverständnisse aus dem Weg räumen. So ermutige ich dich heute, deinem Gott und deinen Mitmenschen aufmerksam zuzuhören. Es geht nicht immer um dich, auch dein Gegenüber will gehört werden. Lass dich davon inspirieren und du wirst sehen, wie sich deine Lebensqualität verbessern wird.

18. Mai

*Freue dich doch an deiner eigenen Frau! Ihre Liebe ist wie eine Quelle, aus der immer wieder frisches Wasser sprudelt.*
*Sprüche 5,15*

**Sprich heute diese Wahrheit aus:**

*Ich* DEIN NAME *freue mich an meinem Ehepartner. Seine Liebe ist wie eine Quelle, aus der immer wieder frisches Wasser sprudelt.*

**Wer Freude verschenkt, wird frische Quellen entdecken!** Wir lieben es, beschenkt und beachtet zu werden. Und genau das tut Gott für uns. Doch in einer menschlichen Beziehung funktioniert es gerade umgekehrt. Wer anderen Menschen Gutes tut, der darf erleben, wie diese Menschen aufblühen und glücklich werden. Das ist der Schlüssel für ein gemütliches und inspirierendes Zuhause. Deshalb gebe ich dir den Rat, heute das Gute an deinen Mitmenschen zu entdecken und dich dann so richtig darüber zu freuen! Teile ihnen mit, was du an ihnen magst, oder überrasche sie mit einem kleinen Geschenk. Erinnere dich dabei immer daran: Der Vater im Himmel hat dich mit seiner Liebe bereits reich beschenkt und stärkt dich damit. Aus dieser Liebe heraus kannst du deinen Mitmenschen heute mit Freude und Liebe begegnen. Ich bin überzeugt, das wird dein Haus mit Segen und Wohlwollen überfluten.

19. Mai

*Die Erziehung deiner Eltern ist wie ein Licht, das dir den richtigen Weg weist.*
*Sprüche 6,23a*

**Sprich heute diesen Vers als Segen über dir aus:**

*Die Erziehung meiner* DEIN NAME *Eltern ist wie ein Licht, das mir den richtigen Weg weist.*

**Konsequente Grenzen sind richtig kostbar!** Manche klagen über eine strenge Erziehung. Andere jammern darüber, wie ihre Kinder sich nicht einordnen können. Erziehung ist ein großes Thema, und es gibt keine wirkliche Ausbildung für Eltern. Aber die Bibel gibt immer wieder Hinweise, wie wir Kinder gut erziehen können. Deine Erziehung soll ein Licht sein. Aber wie? Das Wichtigste in der Erziehung ist deine Liebe zu deinen Kindern. Wer aus göttlicher Liebe erzieht, wird seine Kinder aufblühen sehen. Deshalb ermutige ich dich, deinen Kindern in Liebe klare Regeln zu geben und diese dann auch mit Konsequenz durchzuziehen. Jedes Kind wird deine Grenzen testen, denn es will wissen, ob du sie aufrechterhalten wirst. Kinder brauchen deine Grenzen, denn mit ihrer eigenen Entscheidung sind sie maßlos überfordert. So gebe ich dir den Hinweis, deine Kinder in großer Liebe, klarer Strenge und mit einer verbindlichen Konsequenz zu erziehen. Ich bin überzeugt, du wirst ihnen damit ein wunderbares Licht auf den Lebensweg mitgeben.

## 20. Mai

*Wer mich liebt, richtet sich nach dem, was ich ihm gesagt habe. Auch mein Vater wird ihn lieben, und wir beide werden zu ihm kommen und immer bei ihm bleiben.*
*Johannes 14,23*

**Sprich heute diese wundervolle Wahrheit aus:**

*Ich* DEIN NAME *liebe Jesus und der Vater im Himmel liebt mich. Gott und Jesus werden zu mir* DEIN NAME *kommen und immer bei mir bleiben.*

**Wer an Jesus Christus glaubt, der bleibt für immer mit Gott verbunden!** Manchmal verlassen Menschen uns: Väter verlassen ihre Familien, Freunde ziehen weg oder Menschen sterben. Abschied nehmen ist oft sehr schmerzhaft und macht uns traurig. Oft können wir auch nicht verstehen, warum uns jemand verlassen muss.

Gott hat einen komplett anderen Blickwinkel! Er wird dich niemals verlassen. Er ist ständig an deiner Seite. Er begleitet dich auf dieser Erde und du wirst später bei ihm im Himmel sein. Er bietet dir eine ewige Gemeinschaft. Er geht mit dir zur Arbeit, er ist bei dir zuhause und ist auch ganz nah an deiner Seite, wenn Schwierigkeiten dich überfallen. Er wird dich für alle Ewigkeit nicht verlassen, sondern bietet dir ein sicheres und ewiges Zuhause.

21. Mai

*Alle Weisheit beginnt damit, dass man Ehrfurcht vor Gott hat. Den heiligen Gott kennen, das ist Einsicht! Sprüche 9,10*

**Sprich heute diese Wahrheit aus:**

*Meine Weisheit beginnt damit, dass ich* DEIN NAME *Ehrfurcht vor Gott habe. Den heiligen Gott kennen, das ist Einsicht!*

**Gott zu kennen ist das Beste, was dir im Leben passieren kann!** Die meisten von uns sind begeistert, wenn sie einer berühmten Persönlichkeit begegnen können. Ich kann mich erinnern, wie ich einmal meinen Lieblingsfußballer am Flughafen getroffen habe. Ich musste sofort ein Bild mit ihm machen. Gott kennenlernen zu dürfen, ist jedoch noch viel aufregender! Er ist der König der Könige. Durch die Gnade von Jesus Christus kannst du eine persönliche Beziehung mit ihm leben. Deshalb begib dich heute in Gottes Gegenwart. Lerne ihn dadurch immer besser kennen und lass dich heute von ihm zu Weisheit inspirieren! Weisheit bedeutet, das Richtige zur richtigen Zeit zu tun. Je mehr Zeit du mit deinem Gott verbringst, desto tiefer wirst du in die Beziehung zu ihm eintauchen und erkennen, wie wunderbar gut er ist. Deshalb lebe dein Glaubensleben nicht als Pflichtübung, sondern tauche tief in die Gegenwart Gottes ein, weil du Gottes Weisheit und Liebe erfahren möchtest.

22. Mai

*Wer nachlässig arbeitet, wird arm;*
*fleißige Hände aber bringen Reichtum.*
*Sprüche 10,4*

**Sprich heute diesen Vers als Segen über dir aus:**

*Ich* DEIN NAME *arbeite nicht lässig, sondern mit fleißigen Händen bringe ich Reichtum.*

**Wer seinen Fokus auf Gottes Gerechtigkeit richtet, wird erfolgreich sein.** Der Feind versucht immer wieder Anklage in dein Ohr zu flüstern. Du sitzt vielleicht gerade entspannt auf deinem Sofa und plötzlich kommen negative Gedanken wie: »Was bist du für ein Christ?«, oder »Wie willst du denn das hinkriegen?« Der Feind möchte uns immer wieder ablenken, damit wir das Gute nicht tun können. Gott aber hat einen anderen Plan für dein Leben. Er möchte Erfolg und viel Gutes in dein Leben geben. Deshalb lass dich nicht von negativen Gedanken ablenken. Sprich in diesen Momenten aus: »Ich bin durch Jesus Christus gerecht gesprochen und werde deshalb für Gottes Reich erfolgreich sein.« Ich bin überzeugt, je mehr du deinen Fokus auf Gott und sein Königreich ausrichtest, desto mehr Gunst wirst du erleben. Gott möchte deine Hände flink und geschickt machen und seinen Segen für und durch dich fließen lassen. Deshalb richte deinen Blick auf Gott und lass dein Sein und dadurch dein Tun von seinem Geist leiten und durchtränken.

23. Mai

*Noch stehe ich vor der Tür und klopfe an. Wer jetzt auf meine Stimme hört und mir die Tür öffnet, zu dem werde ich hineingehen und Gemeinschaft mit ihm haben.*

*Offenbarung 3,20*

**Sprich heute diese Wahrheit aus und mache sie dir bewusst:**

*Jesus steht vor meiner* DEIN NAME *Tür und klopft an. Wenn ich ihm die Tür öffne, dann wird er zu mir kommen und mit mir Gemeinschaft haben.*

**Wie kostbar sind Momente der vertrauten Gemeinschaft!** Eine gesellige Atmosphäre mit unseren Mitmenschen macht uns glücklich. Ein Zuhause voller Kommunikation und Gemeinsamkeiten ist bereichernd.

Noch kostbarer und wertvoller ist jedoch die Gemeinschaft mit deinem Gott! Deshalb verbringe heute bewusst Zeit mit ihm. Lass dich von seiner Gegenwart überraschen und genieße sie. Er hat dir heute eine Menge an guten Nachrichten zu erzählen. Er flüstert dir durch sein Wort Wahrheiten ins Ohr. Außerdem kannst du deinem Gott in der Natur begegnen. Vielleicht machst du einen Spaziergang und entdeckst die Schönheit von Gottes Geschöpfen und erkennst an ihnen seine Schöpferhand. Und auch in der Gemeinschaft unter Christen kannst du seine Gegenwart genießen, denn die Familie Gottes wird dich mit Mut und Stärke segnen.

24. Mai

*Reich wird nur der, dem Gott Gelingen schenkt; eigene Mühe allein hilft nicht weiter!*
*Sprüche 10,22*

**Sprich heute diese Wahrheit aus:**

*Ich* DEIN NAME *werde reich, weil Gott mir Gelingen schenkt. Meine eigene Mühe hilft nicht weiter!*

**Echter Reichtum findet sich in der Gunst Gottes!** Was bedeutet für dich Reichtum? Liegt er für dich darin, wenn du dir ein großes Auto oder Luxusferien leisten kannst? Oder ist Reichtum ein Haufen an angespartem Geld? In Gottes Augen ist Reichtum viel mehr als das! Gott möchte dich segnen, damit du wiederum andere Menschen segnen kannst. Er sucht auf dieser Erde nach Menschen, die in seiner Gunst leben. Seine Gunst ist ein unverdientes Geschenk. So ermutige ich dich, deine eigene Mühe auf die Seite zu legen. Lege heute bewusst deine Familie, dein Geschäft und dich selbst in Gottes Hand. Erlebe Gottes übernatürliche Kraft in deiner Arbeit, indem du jeden Arbeitsschritt in Gottes Hand legst. Der Allmächtige hat den Durchblick und er kennt jedes Hindernis, das dir begegnen wird. Er hat die Lösungswege für dich bereit und er möchte dich jeden Moment führen und leiten. Gott segne dich!

**25. Mai**

*Wer euch aufnimmt, der nimmt mich auf, und wer mich aufnimmt, der nimmt Gott auf, der mich gesandt hat.*
*Matthäus 10,40*

**Sprich heute diese Wahrheit aus:**

*Wenn ich* DEIN NAME *Jesus Christus aufnehme, nehme ich Gott auf.*

**Wer von Herzen an Jesus Christus glaubt, der lebt in engster Beziehung mit Gott!** Einander anzunehmen und aufzunehmen ist ein göttliches Prinzip. Wenn du einen Menschen aufnimmst, setzt du damit ein Zeichen der Liebe Gottes. Gerade kürzlich haben wir eine Party in unserem Garten gefeiert. Dazu haben wir unsere Verwandten und auch eine Person eingeladen, die am Rande der Gesellschaft steht. Er fühlte sich pudelwohl und hatte immer wieder Tränen in den Augen. Das ist für mich ein Beispiel der Liebe Gottes. Der Vater im Himmel nimmt jeden Menschen vorbehaltlos an und will mit jedem eine innige Beziehung haben. Dabei macht er keine Unterschiede, denn seine Gerechtigkeit ist vollkommen. Genauso hast du die Chance, auf dieser Welt göttliche Zeichen zu setzen. Jesus Christus lebt in dir und somit hast du die Liebe Gottes immer in greifbarer Nähe. Empfange sie für dich selbst, dann wirst du seine göttliche Liebe auch großzügig an andere verteilen.

26. Mai

*Eine Frau gewinnt Ansehen durch ein liebenswürdiges Wesen.*
*Sprüche 11,16a*

**Sprich heute diesen Bibelvers über dir aus:**

*Ich* DEIN NAME *gewinne Ansehen durch mein liebenswürdiges Wesen.*

**Liebenswürdige Herzen verbreiten eine wunderbare Atmosphäre.** Vielleicht kannst du dich heute mal vor den Spiegel stellen und darüber nachdenken, welche Ausstrahlung du hast. Wie erleben dich deine Nächsten in deinem Zuhause? Die Bibel lehrt uns Liebenswürdigkeit. Was bedeutet das? Du kennst den Gott der Liebe, und in seiner Gegenwart hast du die Chance, göttliche Liebe zu bekommen. Du hast nicht nur die Möglichkeit, ein kleines Stück Liebe zu ergattern, sondern du bist dazu bestimmt, in der göttlichen Liebe zu baden und sie danach zu verbreiten. Du hast mehr als genug Liebe bekommen! Gottes Liebe hat dich dazu befreit, ein neues Leben zu führen. Je mehr du das in deinem Herzen glaubst, wirst du anfangen, jeden Menschen zu lieben. Und je mehr Liebe du verbreitest, desto mehr Ansehen wirst du bekommen. Zu lieben ist jedoch oft mit Demut verbunden, denn wir müssen Gottes Liebe empfangen, um lieben können – besonders dann, wenn Menschen uns tief verletzt haben. Doch Gottes Liebe ist immer für uns da.

## 27. Mai

*Wer Haus und Familie vernachlässigt,*
*wird schließlich vor dem Nichts stehen.*
*Sprüche 11,29a*

**Sprich diesen Vers als Segen über dir aus:**

*Ich* DEIN NAME *werde mein Haus und meine Familie nicht vernachlässigen.*

**Wer reichlich in seine Familie und in sein Haus investiert, der wird Segensspuren hinterlassen.** Du bist wie ein Verwalter auf dieser Erde und mit Gottes Hilfe kannst du deinen Job gut machen. Heute ermutige ich dich deshalb, Zeit in deine Familie zu investieren. Oftmals überlegen sich Eltern die verrücktesten Freizeitprogramme für ihre Kinder. Dabei wäre es vielleicht einfach dran, Zeit gemeinsam zu verbringen. Manchmal ist weniger mehr. Kinder brauchen Eltern, die sich für ihre Herzensanliegen interessieren.

Vielleicht ist es auch an der Zeit, das Haus in Schuss zu bringen. Lass dir vom Heiligen Geist zeigen, was heute dran ist, und mache damit in deinem Haus einen Unterschied.

28. Mai

*Singt dem Herrn, alle Bewohner der Erde! Verkündet jeden Tag: Gott ist ein Gott, der rettet! 1. Chronik 16,23*

**Sprich heute diesen Vers aus:**

*Ich* DEIN NAME *singe dem Herrn. Ich verkünde jeden Tag: Gott ist ein Gott, der rettet.*

**Die beste Botschaft soll die ganze Welt erreichen!** In Jesus Christus ist Gott den Menschen nahegekommen. Er kam als Retter auf diese Welt, und jeder Mensch hat die Chance, seine Gnade und Vergebung zu empfangen. Gott hat die Welt so sehr geliebt, dass er seinen einzigen Sohn als Opfer gab, um uns zu erlösen. Jesus Christus ist am Kreuz gestorben und hat dort den Preis für unsere Schuld bezahlt. Der Schuldenberg ist beseitigt. Das ist so wunderbar!

Ich ermutige dich heute, diese Freudenbotschaft zu verkünden. Sprich das Evangelium über deinem Haus aus und feiere Jesus Christus für sein vollbrachtes Werk am Kreuz. Du kennst einen Gott, der rettet. Sein Plan besteht nicht aus Unterdrückung, Versklavung oder Terror. Nein, er bietet dir seine pure Liebe und wunderbare Gnade an. Gib Gott dafür heute die Ehre – mit einem Lied, einem Gebet oder einem Tanz. Du kannst dich freuen, denn du kennst einen wunderbaren Gott!

29. Mai

*Wer anderen Gutes tut, dem geht es selber gut; wer anderen hilft, dem wird geholfen. Sprüche 11,25*

**Sprich heute dieses Bibelwort über deinem Leben aus:**

*Ich* DEIN NAME *werde anderen Gutes tun, denn dann wird es mir auch gut gehen. Ich* DEIN NAME *werde anderen helfen, denn dann wird mir auch geholfen werden.*

**Wer zusammen mit Jesus Gutes tut, der wird richtig glücklich werden!** Vielleicht kennst du das Sprichwort: »Wie man in den Wald hineinruft, so schallt es heraus!« Der obengenannte Bibelvers erinnert mich daran. Du kannst dich jeden Tag von Gottes Geist dazu anleiten lassen, das Gute zu tun. Jesus ist unser Vorbild und er tut jeden Tag das Gute für dich. Er ist ständig dabei, dir das Allerbeste zu geben. Du kannst heute zusammen mit ihm das Gute verbreiten. Beginne damit in deiner Familie. Du kannst zum Beispiel den Abfall wegräumen, die Wäsche bügeln oder den Geschirrspüler ausräumen. Wenn du dabei auf Jesus schaust, wirst du merken, wie fröhlich du diese Arbeit tun kannst.

30. Mai

*... Der Herr steht ihm bei.*
*1. Samuel 16,18*

**Sprich heute diese feste Zusage über deinem Leben aus:**

*Der Herr steht mir* DEIN NAME *bei.*

**Die Gegenwart Gottes bringt Schönheit und Kraft in dein Leben!** Je mehr Zeit du in der Gegenwart Gottes verbringst, desto mehr wird die Lebensweise von Jesus auf ganz natürliche Weise in deinem Leben sichtbar. Je öfter du Gottes Wort liest, desto mehr lernst du die Liebe Jesu zu dir kennen. Es ist so, wie wenn du ein gutriechendes Parfüm verwendest. Nicht nur du selbst, sondern auch andere können den Duft riechen. Genauso wird das Wort Gottes in deinem Leben Spuren hinterlassen. Wer Gottes Nähe sucht, der wird davon positiv geprägt werden. Andere Menschen werden sehen, zu wem du gehörst. Sie werden an deinem Leben erkennen, dass der mächtige Gott an deiner Seite steht. Plötzlich können deine Mitmenschen in deinem Leben Wunder sehen. Sie merken, wie Gott dich überraschend befördert, und sie können entdecken, wie du eine ungeteilte Liebe verbreitest. Ich ermutige dich, das Größere von deinem Gott zu erwarten. Rechne heute mit Gottes Hilfe, denn er steht tatsächlich an deiner Seite. Sein Eingreifen ist kraftvoll und übernatürlich.

31. Mai

*Die Worte eines gedankenlosen Schwätzers verletzen wie Messerstiche; was ein weiser Mensch sagt, heilt und belebt.*

*Sprüche 12,18*

**Sprich heute diesen Bibelvers aus:**

*Wenn ich* DEIN NAME *mit Weisheit rede, werden diese Worte heilen und beleben.*

**Worte der Weisheit erbauen deine Mitmenschen!** Wie schnell können wir gedankenlos dahinreden. Täglich kann es passieren, dass du Worte der Entmutigung und der Erniedrigung aussprichst. Unsere Herzen brauchen einen göttlichen Inhalt, damit wir anders handeln können. Nur wer von Gottes Liebe angefüllt und ermutigt ist, kann auch andere Menschen ermutigen. Wer immer noch in Gedanken der Verdammnis und der Minderwertigkeit lebt, der verbreitet eine unangenehme Stimmung. So entscheide dich heute für die Liebe Gottes. Lass dich von ihr füllen und empfange heute eine tiefe Dankbarkeit von deinem Gott. Du bist von Gott zu 100 Prozent angenommen und hast durch seine Gnade Zugang zu Gottes Schönheit. Lass dich von dieser Schönheit verändern und empfange Weisheit von oben. Dann wirst du sie auch an andere Menschen weitergeben können.

1. Juni

*In allen Schwierigkeiten ermutigt er uns und steht uns bei, so dass ihr auch andere trösten könnt, die wegen ihres Glaubens leiden müssen. Wir trösten sie, wie Gott auch uns getröstet hat.*
*2. Korinther 1,4*

**Sprich heute diesen Bibelvers über deinem Leben aus:**

*Gott ermutigt und tröstet mich. Er steht mir* DEIN NAME *bei, so dass ich andere trösten kann.*

**Von Gott gestärkte Herzen können auch in den schwierigsten Lebenslagen andere Menschen ermutigen!** Wie oft hast du schon Gottes Kraft in deinem Leben erlebt? Wunder sind geschehen, Gebete wurden erhört oder Gott ist dir auf andere Art und Weise kraftvoll begegnet. Gott ist ein Gott, der Herzen stärkt und tröstet. Jede Kostbarkeit, die du mit deinem Gott erlebt hast, kannst du anderen Menschen weitergeben. Deshalb bitte Gott heute darum, dir die Augen zu öffnen und Menschen zu entdecken, die deinen Trost brauchen. Vielleicht befinden sich sogar in deinem eigenen Zuhause traurige Menschen. Du kannst außerdem für die verfolgten Christen beten und darauf vertrauen, dass Gott ihnen auf diese Weise seinen Trost geben wird!

2. Juni

*Der Herr hasst Lügner, aber er freut sich über ehrliche Menschen.*
*Sprüche 12,22*

**Sprich heute diesen Vers aus:**

*Der Herr freut sich, wenn ich* DEIN NAME *ehrlich werde.*

**Ehrlichkeit bedeutet Freiheit.** Was bedeutet Ehrlichkeit in deinem Leben? Kannst du von dir sagen, dass du ein transparentes Leben führst? Wer hat Einblick in dein Herz? Du kannst dich noch so bemühen, ein ehrliches Leben zu führen, du wirst es niemals schaffen, fehlerfrei durchs Leben zu gehen. Aus diesem Grund lade ich dich heute ein, deine Geheimnisse auf den Tisch zu legen. Vielleicht ist es heute dran, deinem Partner ehrlich mitzuteilen, wie es dir geht. Oder vielleicht solltest du deinen Freunden ehrlich sagen, wie es um deine Gesundheit steht oder mit welcher Traurigkeit du kämpfst. Du kannst ein tolles Leben vorspielen und hinter einer Maske leben, die bisher keiner durchschaut hat. Jesus lädt dich heute ein, zu ihm zu kommen. Selbst wenn du dich in unmögliche Lügen verstrickt hast, so streckt dir Jesus seine Hand entgegen und bietet dir einen Neuanfang an. Er hat am Kreuz bereits für alle Lügen bezahlt und dich freigesprochen. Deshalb durchbreche diese Lügen und nimm heute Freiheit durch Christus an!

3. Juni

*Wenn du mit vernünftigen Menschen Umgang pflegst, wirst du selbst vernünftig. Wenn du dich mit Dummköpfen einlässt, schadest du dir nur. Sprüche 13,20*

**Sprich heute diesen Bibelvers über deinem Leben aus:**

*Wenn ich* DEIN NAME *mit vernünftigen Menschen Umgang pflege, werde ich selber vernünftig.*

**Wer sich mit scharfsinnigen und aufgeweckten Freunden umgibt, wird ermutigt werden!** Immer wieder erkläre ich meinen Religionsschülern die Wichtigkeit von guten Freunden. Wer als Jugendlicher lernt, sich mit vernünftigen Menschen zu treffen, der wird von einem positiven Einfluss profitieren. Suche dir bewusst Freunde, die dich auch in deinem geistlichen Leben stärken. Es sind die Menschen, die am Herzen von Jesus leben und die ihren Gott hochachten. Auch du selber kannst mit deiner Persönlichkeit und Gottes Liebe in dir wieder andere Menschen prägen. Dein Einfluss ist bedeutend. Deshalb ermutige ich dich, Menschen bewusst einzuladen. Überlasse die Begegnungen nicht einfach dem Zufall, sondern gib Gottes Liebe an deine Mitmenschen weiter. Lenke das Gespräch in eine positive Richtung und stelle dabei Jesus in den Mittelpunkt. Du wirst sehen, wie sich dein Zuhause in einen verständnisvollen und ermutigenden Ort entwickeln wird.

**4. Juni**

*Eine tüchtige Frau hält das Haus in Ordnung und sorgt für die Familie, eine Leichtfertige aber zerstört alles.*
*Sprüche 14,1*

**Segne dich heute mit dieser Aussage:**

*Ich* DEIN NAME *halte das Haus in Ordnung und sorge für meine Familie.*

**Gott ist jederzeit dabei, sich liebevoll um dich zu sorgen!**
Vielleicht zweifelst du manchmal an Gottes Fürsorge für dich. Du überlegst dir, ob Gott sich wirklich um einen Menschen wie dich kümmert. Wenn du ehrlich bist, denkst du vielleicht immer wieder, dass du nicht gut genug oder zu wenig anständig bist, als dass sich der Allmächtige deiner annehmen würde. Du darfst heute wissen, Gott ist ständig dabei, sich um dich zu kümmern. Er ist jederzeit präsent und es ist ihm eine große Ehre, für dich zu sorgen. Wir als Kinder Gottes dürfen darauf vertrauen, dass unser himmlischer Vater an unserem Erfolg in jedem Bereich unseres Lebens interessiert ist. Dieses Vertrauen auf Gottes Güte wird dir helfen, dein Haus und deine Familie in Ordnung zu halten. Ich wünsche dir total viel Spaß und Freude dabei. Genieße es, mit dem Besen durch das Haus zu fegen, in dem Wissen, dass du ein gesegnetes Haus reinigen darfst. Gott segne dich!

5. Juni

*Denn Gott hat beschlossen, mit seiner ganzen Fülle in ihm zu wohnen.*
*Kolosser 1,19*

**Sprich heute diese Wahrheit über deinem Leben aus:**

*Denn Gott hat beschlossen, mit seiner ganzen Fülle in Jesus und auch in mir* DEIN NAME *zu wohnen.*

**Gott wohnt mit seinem ganzen Reichtum in den Herzen seiner Kinder!** Gottes Absichten sind einfach großartig. Er schenkt seinen Liebsten nicht einfach nur eine Kleinigkeit. Er füllt die Herzen seiner Kinder überreich mit Liebe, Güte, Barmherzigkeit, Frieden und vielem mehr. Gott ist überfließend reich. Deshalb genieße heute, dass Gott mit seinem ganzen Wesen in dir wohnt. Das bedeutet, du hast wertvolle Ressourcen in deinem Innern. Strecke deinem Gott heute deine leeren Hände entgegen und lass sie von seinem Reichtum übernatürlich füllen. Du wirst sehen, wie mächtig Gott in dir und durch dich wirken wird. Gott segne dich!

6. Juni

*Wer Gott ehrt, lebt sicher und geborgen; sogar seine Kinder leben noch in dieser Geborgenheit. Sprüche 14,26*

**Sprich heute diese Zusage über deinem Leben aus:**

*Ich* DEIN NAME *gebe dir, Gott, die Ehre. Ich und meine Kinder leben sicher und geborgen.*

**Wer dem Höchsten die Ehre gibt, der erlebt seine fürsorgliche Geborgenheit!** Wenn du dich entschieden hast, Gott die Ehre zu geben, dann wird dies Auswirkungen auf deine ganze Familie und auch auf andere Menschen um dich herum haben. Gott macht dir ein Versprechen, seine Zusage der Geborgenheit gilt. Jeder Mensch wünscht sich Geborgenheit, und viele suchen sie am falschen Ort. Göttliche Geborgenheit ist etwas Wunderbares. Als ich dieses Jahr im Krankenhaus lag, spürte ich Gottes Gegenwart enorm. An einem Tag betete ich für meine krebskranke Bettnachbarin. Sie glaubte nicht an Gott, aber sie erlaubte mir, für sie zu beten. Während des Gebets spürte sie die Gegenwart Gottes und seine Geborgenheit so stark, dass sie unaufhörlich zu weinen begann. Gottes Gegenwart und seine Geborgenheit haben eine Kraft, die uns Menschen tief im Herzen berührt. Genieße heute Gottes Nähe und danke ihm für seine Liebe.

7. Juni

*Warum siehst du jeden kleinen Splitter im Auge deines Bruders, aber den Balken in deinem eigenen Auge bemerkst du nicht?*
*Matthäus 7,3*

**Sprich heute diesen Bibelvers über deinem Leben aus:**

*Ich* DEIN NAME *höre auf, den Splitter im Auge meines Nächsten zu sehen, und entdecke, wie Jesus selbst den Balken aus meinen Augen entfernt hat.*

**Wer das Gute im Anderen sieht, schafft ein wohltuendes Zuhause!** Wir Menschen wissen normalerweise recht gut, was an unseren Nächsten alles falsch ist. Wenn wir eine herausfordernde Predigt hören, denken wir sofort an gewisse Leute, die endlich mal richtig gut zuhören sollten. Wir beurteilen Menschen negativ, und oft verurteilen wir sogar uns selbst. Es ist so einfach, negativ zu sprechen. Ich denke, Gott ist sehr traurig darüber. Er wünscht sich, dass seine Kinder sich gegenseitig ermutigen und erfrischen. Darum lade ich dich heute ein, einen Blick darauf zu werfen, dass Jesus jeden Splitter und Balken mit ans Kreuz genommen hat. Dank ihm bekommst du die Chance und die Kraft, einen neuen Lebensstil zu beginnen und in göttlicher Liebe durch dein Leben zu gehen, deine Mitmenschen zu ermutigen und das Gute in jedem Menschen zu entdecken.

8. Juni

*Eine freundliche Antwort vertreibt den Zorn, aber ein kränkendes Wort lässt ihn aufflammen. Sprüche 15,1*

**Sprich heute diese Wahrheit über deinem Leben aus:**

*Meine* DEIN NAME *freundliche Antwort vertreibt den Zorn, aber mein kränkendes Wort lässt ihn aufflammen.*

**Menschen, die den Kreislauf des Zorns durchbrechen, bringen eine absolut gute Stimmung in ein Zuhause.** Wo Menschen zusammen sind, kann es Zeiten des Streits und des Zorns geben. In diesen Situationen kann man versuchen, die Geschehnisse zu bereden. Doch manchmal arten diese Gespräche in ein noch größeres Durcheinander und in massive Missverständnisse aus. Du hast die Chance, das Ruder herumzureißen und den Gesprächen eine andere Richtung zu verleihen. Jesus Christus lebt in dir und er selbst ist der Friede! Du trägst diesen Frieden und die übernatürliche Kraft Gottes in dir. Deshalb durchbrich in diesen Streitsituationen den Zorn im Namen von Jesus Christus und glaube an eine positive Veränderung! Selbst wenn deine innere Stimme kränkende Worte vorbereitet, so hast du doch die Möglichkeit, in der Kraft Gottes eine freundliche Antwort auszusprechen. Ich bin überzeugt, du wirst damit einen Unterschied in deiner Familie machen.

9. Juni

*Wer sich einbildet, besser zu sein als die anderen, der betrügt sich selbst.*
*Galater 6,3*

**Sprich heute diese Wahrheit aus:**

*Ich* DEIN NAME *bin nicht besser als andere Menschen!*

**Wer die Einzigartigkeit seiner Persönlichkeit entdeckt, wird in Freiheit aufblühen können.** Stolz ist eines der größten Hindernisse, das uns Menschen innerlich gefangen nehmen kann. Hochmut kommt vor dem Fall, heißt es in einem Sprichwort. Vielleicht gibt es Lebensbereiche, in denen du stolz geworden bist. Du denkst dir dabei, dass du besser bist als andere oder dass du es ohne Gott schaffen wirst. Ich möchte dich heute darum bitten, das zu bedenken. Dein Leben kann sich plötzlich ändern, etwa durch Krankheit oder schwierige Lebensumstände. Deshalb sei zufrieden mit dem, was du hast, und sei dankbar, wenn es dir gerade gutgeht. Danke deinem Gott, der alles Gute in dich hineingelegt hat. Alles, was du von ihm bekommen hast, ist ein Geschenk. Deine Talente und deine Gesundheit sind reine Gnade. Deshalb bleibe voller Demut und danke Gott für seine Liebe, die er dir geschenkt hat. Rede und handle heute aus dem Blickwinkel der Demut und achte deine Menschen mit Wertschätzung und Anerkennung. Gott segne dich!

10. Juni

*Lieber eine einfache Mahlzeit mit guten Freunden als ein Festessen mit Feinden!*
*Sprüche 15,17*

**Sprich heute diese Weisheit über deinem Leben aus:**

*Ich* DEIN NAME *genieße lieber eine einfache Mahlzeit mit guten Freunden als ein Festessen mit Feinden.*

**Eine gute Gemeinschaft ist Balsam für die Seele.** Wann hast du das letzte Mal Gäste in dein Haus eingeladen? Jesus selber war immer wieder unterwegs und besuchte die Menschen in ihren Häusern. Er war zum Beispiel bei Zachäus zu Gast, oder er feierte das Abendmahl mit seinen Jüngern. Dabei saß er mit seinen Freunden am Tisch und führte liebevolle Gespräche. Gemeinschaft ist Jesus wichtig. Genauso kannst du Gäste in dein Haus einladen. Dabei darf das Essen einfach sein – manchmal ist weniger mehr! Viel wichtiger ist deine Herzenshaltung und somit die Liebe, die du deinen Gästen entgegenbringst. Du hast die Chance, deine Gäste zu bewirten, ihnen aber auch im Gespräch zuzuhören und ihnen aus deinem Leben zu erzählen. Gemeinschaft bringt Verständnis füreinander und fördert die Freundschaft. So ermutige ich dich, immer wieder Gäste einzuladen und sie mit Gottes Liebe zu lieben.

**11. Juni**

*Wir lieben, weil Gott uns zuerst geliebt hat.*
*1. Johannes 4,19*

**Sprich heute diese Wahrheit über deinem Leben aus:**

*Ich* DEIN NAME *liebe, weil Gott mich zuerst geliebt hat.*

**Wer die Kraft der Liebe Gottes erlebt, wird Lieblosigkeit im Namen Jesu durchbrechen!** Manchmal ist es gar nicht so einfach, andere Menschen zu lieben. Unsere Nächsten können uns so richtig nerven. Vielleicht gehen dir auch deine Kinder auf den Keks und du fühlst dich in deinem Zuhause gestresst und überfordert. Deine Liebe zu deinem Partner, zu deiner Kirchengemeinde oder deinen Freunden kann erkalten.

Erinnere dich heute an die Liebe Gottes, die in dein Herz ausgegossen ist. Du hast die Möglichkeit, diese übernatürliche Liebe in jede Beziehung fließen zu lassen! Ergreife heute die göttliche Liebe und lass deine Verbindungen zu Menschen von dieser Kraft erfrischen. Jede ausgetrocknete Beziehung kann durch die göttliche Liebe mit frischem Wasser durchflutet werden. Glaube an eine Erneuerung und lass dich niemals entmutigen, denn Gottes Liebe ist stärker!

## 12. Juni

*Ein freundlicher Blick erfreut jeden,*
*und eine gute Nachricht gibt neue Kraft.*
*Sprüche 15,30*

**Sprich heute diese Wahrheit aus:**

> *Mein* DEIN NAME *freundlicher Blick erfreut jeden, und eine gute Nachricht gibt neue Kraft.*

**Eine gute Nachricht kann heute einen Unterschied im Leben eines Menschen machen.** Wie schön ist es, wenn wir einen persönlichen Brief in unserem Briefkasten finden. Doch leider befinden sich darin oft mehr Rechnungen oder Reklame. Wir werden damit regelrecht überflutet. Aber eigentlich wünschen wir uns einen Brief mit lieben Worten oder eine Ermutigungskarte. Du hast heute die Chance, eine Person mit einer guten Nachricht zu überraschen! Vielleicht ist jemand in deinem Umfeld krank und diese Person liegt im Bett oder befindet sich gar im Krankenhaus. Vielleicht kennst du aber auch eine Nachbarin oder einen Verwandten, der sich über Post von dir freuen würde. So möchte ich dich heute ermutigen, einen lieben Brief zu schreiben. Es gibt in der Bibel unglaublich viele Verse der Ermutigung und der Stärkung, die du verbreiten kannst. Falls du dazu keine Zeit hast, dann schenke jemandem doch einfach ein Lächeln. Es gibt genügend Menschen, die dir heute über den Weg laufen werden.

13. Juni

*Aber du, Herr, nimmst mich in Schutz. Du stellst meine Ehre wieder her und verhilfst mir zu meinem Recht.*
*Psalm 3,4*

**Sprich heute dieses Bekenntnis aus:**

*Ich* DEIN NAME *bin überzeugt, dass Gott mir Schutz gibt!*

**Kopf hoch – Gott steht an deiner Seite!** Es gibt Menschen in unserem Umfeld, die uns das Leben richtig schwer machen können. Oftmals sind diese Menschen eifersüchtig oder selber in Probleme verstrickt. Das kann zu einer großen Herausforderung werden und eine Spannung in uns erzeugen, die wir dann mit nach Hause nehmen. Unser Zuhause kann dadurch regelrecht verseucht werden. Deshalb ermutige ich dich, diese Muster zu erkennen und durch die Kraft von Jesus Christus zu durchkreuzen. Übergib deine Angreifer Gott. Er wird sich um sie kümmern. Segne sie und erwarte Gottes Hilfe für dein Leben. Mach dir täglich bewusst, dass Gott seine schützende Hand über dir hält, an der jegliche giftigen Pfeile abprallen. Ich bin überzeugt, du wirst anders nach Hause kommen und dein Zuhause wird mit Frieden und Freude gefüllt sein, weil feindliche Unruhen keinen Raum mehr haben werden.

14. Juni

*Aber auch das sage ich euch: Wenn zwei von euch hier auf der Erde meinen Vater im Himmel um etwas bitten wollen und darin übereinstimmen, dann wird er es ihnen geben.* Matthäus 18,19

**Sprich heute diese Zusage über dir aus:**

*Wenn ich* DEIN NAME *Gott mit jemandem in Einheit um etwas bitte, dann wird er es uns geben.*

**Ein Gebet in Einheit hat eine überaus große Kraft!** Wenn wir als Familie in Schwierigkeiten stecken, dann setzen sich mein Mann und ich an den Tisch und sprechen über die Geschehnisse. Wir suchen gemeinsam nach Lösungen und neuen Ideen. Doch wenn wir dann gemeinsam alle unsere Schwierigkeiten in Gottes Hand legen, kommen die Ruhe und der Friede zurück in unser Haus. Ich ermutige dich, dir einen Gebetspartner zu suchen. Vielleicht ist es dein Ehepartner, eine Freundin oder eine Nachbarin. Es ist wunderbar, zu zweit beten zu können und sich dann gemeinsam von Gottes Wundern überraschen zu lassen! Ich bin überzeugt, das wird dein Leben leichter machen.

15. Juni

*Ein freundliches Wort ist wie Honig: angenehm im Geschmack und gesund für den Körper. Sprüche 16,24*

**Sprich heute diesen Bibelvers aus:**

*Mein* DEIN NAME *freundliches Wort ist wie Honig; angenehm im Geschmack und gesund für den Körper.*

**Freundliche Worte erfrischen unsere Seele.** Gott spricht freundlich zu uns wie zu seinen Kindern. Er möchte auch deinen Mund mit guten Worten füllen, denn wie schön ist es, wenn wir freundlich begrüßt werden oder von jemandem ein Kompliment bekommen. Es tut einfach gut, wenn jemand die positiven Dinge erwähnt. Heute hast du die Chance, ein Kompliment, ein Gebet oder ein gutes Wort zu verschenken. Mache dir bewusst, welch großen Unterschied deine Worte im Leben deiner Mitmenschen machen können. Entscheide dich, dein Zuhause zu einem Ort der Ermutigung zu machen. Deine positiven Worte sind gesund für andere Menschen. Sie geben deinen Freunden neuen Aufwind und können Menschenleben in die richtige Richtung lenken. Bei all dem denke daran, dass Gott positiv über dich und zu dir spricht. Höre zuerst auf seine freundlichen Worte, dann wirst du auch gute Worte an andere Menschen weitergeben.

16. Juni

*Wer über die Fehler anderer hinwegsieht, gewinnt ihre Liebe; wer alte Fehler immer wieder ausgräbt, zerstört jede Freundschaft. Sprüche 17,9*

**Sprich heute diese Wahrheit über deinem Leben aus:**

*Wenn ich* DEIN NAME *über die Fehler anderer Menschen hinwegsehe, werde ich ihre Liebe gewinnen.*

**Aus Gottes Kraft kannst du restlos vergeben.** Der Schmerz von tiefen Verletzungen kann uns jederzeit wieder einholen und wir empfinden Qualen, Trauer und manchmal vielleicht auch Wut. Obwohl wir längst vergeben haben, können uns unsere Gefühle wieder anderes sagen. Der Feind weiß ganz genau, in welchen Situationen er uns an die tiefe Verletzung erinnern kann. Er liebt es, wenn wir dann alten Geschichten großen Raum geben und nicht mehr an der Vergebung durch Jesus Christus festhalten. In diesen Momenten ist es hilfreich, mit jemandem im Vertrauen über die aufflammende Wunde zu sprechen. Danach kannst du dich entscheiden: Entweder du bleibst bei deinem Schmerz stehen oder du glaubst Gott, dass er deine Verletzung vollständig heilen wird. Bedenke dabei, dass deine Schuld durch Jesus Christus vollständig vergeben ist und er niemals deine alten Fehler aus der Schublade ziehen würde. Du kannst in der Kraft Gottes dasselbe tun, sogar mit deinen Feinden.

17. Juni

*Wenn euch also der Sohn Gottes befreit,*
*dann seid ihr wirklich frei.*
*Johannes 8,36*

**Sprich heute diese Zusage über deinem Leben aus:**

*Wenn mich* DEIN NAME *der Sohn Gottes befreit, dann bin ich wirklich frei.*

**Die echte Freiheit findest du in Jesus Christus!** Es gibt Situationen im Leben, in denen wir uns eingeengt und vielleicht sogar wie gefangen genommen fühlen. Negative Gedanken über uns selber oder auch Erlebnisse der Vergangenheit können uns in Beschlag nehmen und uns in die Tiefe ziehen. Dabei stehen wir in der Gefahr, dass unsere Gedanken außer Rand und Band geraten und wir uns regelrecht in ein Lügengeflecht verstricken.

Jesus Christus möchte dich heute von jeder Gefangenschaft befreien! In seinem Namen kannst du negative Gedanken wie auch Süchte erfolgreich durchbrechen und durch Gottes Kraft einen Neuanfang machen. Glaube an seine Kraft in deinem Inneren! Jesus möchte dich frei machen!

18. Juni

*Wer antwortet, bevor er überhaupt zugehört hat, zeigt seine Dummheit und macht sich lächerlich. Sprüche 18,13*

**Segne dich heute mit der folgenden Aussage:**

*Ich* DEIN NAME *möchte zuhören, bevor ich eine Antwort gebe!*

**Die größte Bereicherung für eine erfüllte Beziehung ist das aufmerksame Zuhören!** Manche Menschen neigen dazu, immer alles besser zu wissen. In der Schule lernen wir, unsere Meinung zu bilden und möglichst alles zu hinterfragen. Dabei stehen wir in der Gefahr, ganz schnell unsere Ansicht zu äußern, bevor wir überhaupt richtig zugehört haben. Heute hast du die Möglichkeit, über dein Zuhören nachzudenken. Wie gehst du mit deinen Mitmenschen um? Hast du wirklich ein offenes Ohr für die Anliegen deiner Nächsten? Oder platzt es manchmal auch aus dir heraus, bevor dein Gegenüber überhaupt ausgeredet hat? Gott selbst ist ein Meister im Zuhören. Sogar Dinge, die du ihm schon tausendmal erzählt hast, nimmt er so ernst, als würdest du sie ihm gerade zum ersten Mal berichten. Gottes Ohr ist jederzeit offen für dich. Genauso kannst du in seiner Kraft ein guter Zuhörer werden. Ich bin überzeugt, deine Nächsten werden dich schätzen und deine Nähe lieben. Gott segne dich!

19. Juni

*Gott hat uns in seine Gemeinde berufen.*
*Darum sind wir ein Leib.*
*Epheser 4,4a*

**Sprich heute diese Wahrheit aus:**

*Gott hat mich* DEIN NAME *in seine Gemeinde berufen.*
*Darum sind wir ein Leib.*

**Freunde stärken deine emotionale und geistliche Gesundheit!** Immer wieder entdecke ich Christen, die sich innerlich einsam fühlen. Sie spüren eine Angst in ihrem Innern und sie haben wenig Möglichkeit, sich mit Gleichgesinnten auszutauschen. Wer sich über längere Zeit einsam und verlassen fühlt, kann krank werden. Gott hat jeden Christen *für die Gemeinschaft* in einer Kirchengemeinde geschaffen. Eine liebevolle Gemeinde nach dem Herzen Jesu gibt dir die nötige Unterstützung. In einer solchen Gemeinschaft darfst du wissen: Du bist nicht allein, sondern es sind Menschen da, mit denen du deinen Lebensweg gemeinsam beschreiten kannst. Vor allem aber darfst du wissen, dass Gott in eurer Mitte ist und euch segnet. So ermutige ich dich, aktiv in einer Kirchengemeinde dabei zu sein. Du wirst von der Gemeinschaft mit den Menschen und mit Gott profitieren, weil du darin gestärkt wirst und du auch deinerseits andere Menschen ermutigen kannst. Gott segne dich!

20. Juni

*Wer den Armen etwas gibt, gibt es Gott,*
*und Gott wird es reich belohnen.*
*Sprüche 19,17*

**Sprich heute diese Zusage aus:**

*Wenn ich* DEIN NAME *den Armen etwas gebe, dann gebe ich dies meinem Gott. Er wird es reich belohnen.*

**Wer gerne Benachteiligte beschenkt, wird reich!** Oft denken wir, je mehr wir abgeben, desto weniger werden wir haben. Bei Gott ist es gerade andersrum. Er liebt es, wenn wir andere Menschen beschenken, und er möchte uns dafür sehr reich belohnen. Der Mensch denkt meistens vor allem an sich selber. Du hast die Möglichkeit, einen Gegentrend zu setzen, indem du Großzügigkeit lebst. Ich möchte dir aber gleich zu bedenken geben, dass dies auch Schwierigkeiten mit sich bringen kann. Wirst du nämlich an deinem Arbeitsplatz großzügig und einen fairen Umgang leben, so wird dies möglicherweise Widerstand nach sich ziehen. Teilweise werden deine Mitmenschen damit gar nicht umgehen können und dir Steine in den Weg legen wollen. Deshalb stärke dich in deinem Gott und lass dich von negativen Sprüchen nicht irritieren. Tue weiterhin das Gute, das Gott für dich vorbereitet hat, und sei dir bewusst, dass er für dich ist, hinter dir steht und dich belohnt.

21. Juni

*Wer Geheimnisse ausplaudert, der lästert auch über seine Mitmenschen. Darum meide jeden, der seinen Mund nicht halten kann. Sprüche 20,19*

**Sprich heute dieses Bibelwort in dein Leben:**

*Ich* DEIN NAME *meide jeden, der Geheimnisse ausplaudert, und werde mich in Verschwiegenheit üben.*

**Wer Verschwiegenheit lebt, der schafft eine vertrauensvolle Atmosphäre.** Immer wieder höre ich Christen, die vertrauliche Aussagen als Gebetsanliegen weitergeben. Sie plaudern aus, was andere Menschen ihnen anvertraut haben. Wer dies tut, wird das Vertrauen der Mitmenschen brechen und bald ohne Freunde dastehen. Selbst wenn dies unter dem frommen Deckmäntelchen geschieht, ist es doch nicht in Ordnung. Heute hast du die Gelegenheit, über deine Verschwiegenheit nachzudenken und dich darin zu üben.

Vielleicht bist du verheiratet oder du hast Kinder. Dann achte gut darauf, welche Worte du über deine Familie weitergibst. Du hast die Chance, durch Gottes Liebe ein Zuhause des Vertrauens zu schaffen, in dem Menschen ihre Seele baumeln lassen und Dinge in aller Offenheit vor Gott und vor Menschen aussprechen können.

22. Juni

*Lieber Gajus! Ich hoffe, dass es dir gut geht und du an Leib und Seele so gesund bist wie in deinem Glauben.*
*3. Johannes 2,2*

**Sprich heute diesen Bibelvers über deinem Leben aus:**

*Mir* DEIN NAME *soll es gut gehen, an Leib und Seele sowie auch in meinem Glauben.*

**Ganzheitliche Gesundheit bringt Leichtigkeit und Freude in dein Leben!** Heute stellt sich die Frage, ob du an Leib, Seele und Geist gesund bist. Wir können uns geistlich fit halten, indem wir Gottes Wort studieren und Gottes Liebe für uns in Anspruch nehmen. Dazu können wir unser Herz in Schwung halten, indem wir die Vergangenheit durch die Kraft der Gnade Jesu aufarbeiten und unser Herz von ihm heilen lassen. Ebenso können wir unseren Körper segnen, indem wir uns sportlich betätigen und uns gesund ernähren. Die Bibel lehrt dich heute, dass es Gottes Wille ist, dass wir gesund sind – an Körper, Seele und Geist. Erwarte also seinen Segen in allen drei Bereichen deines Lebens.

23. Juni

*Lieber in einer kleinen Ecke unter dem Dach wohnen als in einem prächtigen Haus mit einer ständig nörgelnden Frau!*
*Sprüche 21,9*

**Sprich heute diesen Bibelvers aus:**

*Lieber wohne ich* DEIN NAME *unter dem Dach als in einem prächtigen Haus mit einer ständig nörgelnden Person.*

**Wer ständig nörgelt, macht sich richtig unbeliebt.** Täglich können wir über irgendwelche Dinge nörgeln. Es steht in unserer Entscheidung, ob wir in unserem Leben Zufriedenheit oder Nörgelei kultivieren wollen. Es gibt immer einen Grund, unglücklich zu sein. Wir können uns an Kleinigkeiten nerven und dies mit unseren Worten und Taten zum Ausdruck bringen. So frage ich dich heute, wie es dir mit Nörgelei geht? Es gibt für ein Zuhause nichts Schlimmeres, als wenn ständig gemeckert wird. Doch du darfst glücklich und zufrieden sein, weil du Jesus Christus kennst. Er lebt in dir. Deshalb steht dir die Kraft der Zufriedenheit zur Verfügung. Schaue darauf, was er für dich getan hat und tut, und freue dich daran. Das wird deine Stimmung verändern und ehe du dich versiehst, wirst du Worte der Dankbarkeit aussprechen und Taten der Liebe vollbringen.

**24. Juni**

*Denn ich bin ganz sicher: Weder Tod noch Leben, weder Engel noch Dämonen, weder Gegenwärtiges noch Zukünftiges, noch irgendwelche Gewalten, weder Hohes noch Tiefes oder sonst irgendetwas können uns von der Liebe Gottes trennen, die er uns in Jesus Christus, unserem Herrn, schenkt. Römer 8,38–39*

**Sprich heute diese feststehende Wahrheit über dir aus:**

*Nichts kann mich* DEIN NAME *von der Liebe Gottes trennen! Die Liebe Gottes ist mir durch Jesus Christus vollständig geschenkt!*

**Auch in den schwierigsten Lebensmomenten, ja sogar im Tod, bleiben Kinder Gottes mit der Liebe Gottes verbunden!** Zweifelst du manchmal an der Liebe Gottes in deinem Leben? Du kannst diese Zweifel heute durch Gottes Wahrheit durchbrechen! Niemand und keine Situation können dich von Gottes Liebe wegbringen! Jesus Christus hat deine Verbundenheit mit dem heiligen Gott besiegelt. Du gehörst zu der Familie Gottes. Für eine kurze Zeit wirst du auf dieser Erde leben und danach gehört dir ein ewiges Zuhause in der himmlischen Welt. Menschen können dich angreifen, Situationen dich Nerven kosten, Feinde dir ungefragt Dinge wegnehmen, aber nichts und niemand kann dich von deinem großartigen Gott trennen!

25. Juni

*Überlege deine Worte, und dir bleibt viel Ärger erspart! Sprüche 21,23*

**Sprich heute die folgende Weisheit über dir aus:**

*Ich* DEIN NAME *überlege meine Worte, denn damit bleibt mir viel Ärger erspart.*

**Überlegte Worte bringen Menschen zum Aufblühen!** Unüberlegte Worte können Menschen verletzen und traurig machen. Gerade zuhause lassen wir unseren Worten oft freien Lauf. Dabei merken wir vielleicht gar nicht, wie die gesprochenen Worte unsere Nächsten traurig machen. Auch in den besten Familien kommen immer wieder Missverständnisse vor. Gerade wenn abends alle müde von der Arbeit nach Hause kommen oder Zeitpunkte vor Feiertagen oder den Ferien können eine ganz schöne Herausforderung sein. So ermutige ich dich, dir deine Worte gut zu überlegen. Lass dir von Gott zeigen, was du sagen und worüber du besser schweigen solltest. Ja, lerne auch mal zu schweigen! Nicht alles, was du spontan sagen würdest, ist wirklich sinnvoll. Gerade wenn Unstimmigkeiten da sind, ist es besser, über die eigene Meinung nachzudenken und sie mit Gott zu besprechen. Schon eine Stunde später kann man Dinge plötzlich völlig anders sehen. Deshalb stürze dich nicht in Diskussionen. Werde bedacht und rede in Weisheit. Du wirst dadurch eine Menge an guten Freunden gewinnen.

26. Juni

*Demut und Ehrfurcht vor dem Herrn führen zu Reichtum, Ehre und Leben.*
*Sprüche 22,4 NLB*

**Sprich heute diesen Vers als Segen über deinem Leben aus:**

*Ich* DEIN NAME *ehre Gott, er schenkt mir ein erfülltes Leben.*

**Wer Gott die größte Achtung schenkt, wird ein erfülltes Leben haben.** Gott hat immer ein Auge auf dich. Er liebt dich so sehr, dass er sich jederzeit Gemeinschaft mit dir wünscht. Er hat Sehnsucht nach deinem Herzen. Lass dich in seine Gegenwart ziehen. Je mehr du aus Leidenschaft in die Nähe Gottes kommst, desto mehr wirst du Gottes Wege für dich erkennen. Gott schenkt dir seine volle Beachtung. Ihm bedeutet es richtig viel, wenn er mit dir Gemeinschaft haben kann!

Aber du kannst noch mehr mit Gott erleben. Er schreibt an anderen Stellen in der Bibel, wie er Menschen, die ihn ehren, ins Vertrauen zieht. Lass dich heute in Gottes Hand fallen und genieße seine Gegenwart. Höre Gott zu und lass dich von ihm inspirieren und weiterbringen. Ich bin überzeugt, du wirst damit an Reichtum zunehmen. Dein Leben wird durch die Gegenwart Gottes richtig erfüllt und großzügig gesegnet werden.

27. Juni

*Höre auf deinen Vater – er hat dich gezeugt! Und verachte deine Mutter nicht, wenn sie alt geworden ist! Sprüche 23,22*

**Sprich heute diesen Bibelvers über dir aus:**

*Ich* DEIN NAME *höre auf meinen Vater und ich verachte meine Mutter nicht, wenn sie alt geworden ist.*

**Respekt und Ehre gebühren der älteren Generation!** Immer wieder beobachte ich Familien, die ihre Eltern und Großeltern vernachlässigen. Ein Besuch oder Anruf liegt kaum im Zeitplan und wird oft eher als ein übles Muss als eine wirklich große Freude gesehen. Manche Familien legen auch eine völlige Gleichgültigkeit gegenüber der älteren Generation an den Tag. Alte Menschen werden in ein Heim gesteckt oder ihrem eigenen Schicksal überlassen. Doch in dir lebt die Liebe von Jesus Christus, somit hast du die Kraft, die Beziehung zu deinen Eltern zu pflegen. Du könntest sie heute mit einem Besuch, einer lieben Karte oder einem kleinen Geschenk überraschen. Lehre auch deine Kinder, wie wichtig es ist, die ältere Generation zu respektieren. Entscheide dich heute, deinen Eltern mit Ehre zu begegnen. Selbst wenn deine Eltern nicht alles richtig gemacht haben, so hat Christus auch ihnen alle ihre Fehler vergeben. Lass dich von dieser Wahrheit erfüllen, dann werden deine Wertschätzung und Liebe ihnen gegenüber folgen.

28. Juni

*Wer ein Haus baut, braucht Weisheit und Verstand; wer dazu noch Geschick besitzt, kann es mit wertvollen und schönen Dingen füllen.* Sprüche 24,3-4

**Sprich heute diese Wahrheit über deinem Leben aus:**

*Ich* DEIN NAME *baue ein Haus, deshalb brauche ich Weisheit und meinen Verstand.*

**Wer auf die Liebe baut, ist wirklich reich!** Dieser Vers ist ein Bild für unser geistliches Leben. Solange unser Herz schlägt, werden wir damit beschäftigt sein, unser Lebenshaus zu bauen und zu gestalten. Der Geist der Kreativität, der Weisheit und der Kraft lebt in dir. Somit stehen dir alle nötigen Ressourcen zur Verfügung. Vielleicht denkst du manchmal, dein Haus wird von Glück geprägt sein, sobald du viel Geld hast. Ich ermutige dich jedoch, deinen Fokus auf andere Kostbarkeiten zu richten. Kostbarkeiten wie Gebet, Gottes Wort, gute Beziehungen, Liebe, Treue und Barmherzigkeit. Doch das Allerwichtigste ist die Gnade, die dir Jesus Christus entgegengebracht hat und entgegenbringt. Wenn dein Haus darauf gebaut ist, wirst du viele wunderbare Momente erleben.

29. Juni

*Ihr dürft sicher sein: Ich bin immer bei euch, bis das Ende dieser Welt gekommen ist! Matthäus 28,20b*

**Sprich heute diese wunderbare Zusage über dir aus:**

*Ich* DEIN NAME *darf sicher sein: Jesus ist alle Tage meines Lebens bei mir!*

**Gottes unzerstörbare Liebe ist für immer an unserer Seite!** Die aktuellen Geschehnisse der Weltgeschichte können uns richtig verunsichern. Terror, Hass, Lieblosigkeit und Gewalt prägen unsere Welt. Das kann unsere Herzen schwer belasten. Doch Jesus Christus ist immer bei dir! Er spricht dir heute seine heilige Gegenwart und seine liebevolle Begleitung zu. Keine Sekunde würde er dich vergessen oder hätte keine Zeit, um auf dich aufzupassen. Er kennt dein Leben, er kennt deinen Weg und er weiß um alle Gefahren, die um dich lauern. Jesus verspricht dir kein perfektes Leben, aber er sagt dir seine feststehende Begleitung in einer unvollkommenen Welt zu. So ergreife heute die Hand Gottes und lass dich mit Hilfe seines Geistes durch das Leben führen. Bleibe auf Gott ausgerichtet und lass dich täglich von seiner Liebe inspirieren, denn das wird in der heutigen Zeit einen spürbaren Unterschied machen.

30. Juni

*Wie man Eisen durch Eisen schleift, so schleift ein Mensch den Charakter eines anderen. Sprüche 27,17*

**Sprich heute diese Wahrheit aus und erkenne sie an:**

*Wie Eisen durch Eisen geschliffen wird, so schleifen andere Menschen meinen* DEIN NAME *Charakter.*

**Wer seinen Charakter von anderen Menschen schleifen lässt, der wird sich weiterentwickeln.** Heute stellt sich die Frage, ob du zur Veränderung bereit bist. Menschen, die stehenbleiben, wirken langweilig und werden von Tag zu Tag ärmer. Leute, die sich jedoch von anderen Menschen korrigieren lassen, werden sich zu starken Persönlichkeiten entwickeln. Vielleicht gehen dir deine Mitmenschen manchmal auf die Nerven, weil sie dich zurechtweisen oder dich auf Ungereimtheiten in deinem Leben aufmerksam machen. Sei froh, dass es Menschen gibt, die dir Hinweise geben. Besprich diese Hinweise mit Gott und lass dir von ihm zeigen, welche dieser Hinweise wertvoll für dich sind. Denn wenn du diese annimmst, wird dich das um Meilen nach vorne bringen. Klar, wenn du gerade mitten in dieser Situation stehst, dann kann es sich eher unangenehm anfühlen. Aber denke daran, du kannst dich dadurch weiterentwickeln! Lass dich von Gott segnen!

1. Juli

*Strenge Erziehung bringt ein Kind zur Vernunft. Ein Kind, das sich selber überlassen wird, macht seinen Eltern Schande.*
*Sprüche 29,15*

**Sprich heute diese Aussage über dir aus:**

*Meine* DEIN NAME *strenge Erziehung bringt mein Kind zur Vernunft.*

**Wer seinen Kindern klare Leitplanken setzt, wird ein friedliches Zusammenleben genießen können.** Immer wieder stelle ich fest, wie meine eigenen Kinder und auch die Kinder, die an der Schule meinen Religionsunterricht besuchen, Regeln und Grenzen schätzen. Sie lieben es, wenn sie wissen, wie weit sie gehen dürfen. Dieser Rahmen hilft uns, unser Zusammensein friedlich zu genießen. So ermutige ich auch dich, deinen Kindern mutig Grenzen zu setzen. Wenn Kinder keine Grenzen bekommen, können sie sich nur schwierig orientieren. Es ist pure Liebe, wenn du als Mama oder Papa deinen Kindern klare Strukturen gibst, denn damit können sie lernen, im Leben stark zu werden. Oftmals denken Eltern, ihre Kinder würden stark, wenn sie ihnen jede Entscheidung selber überlassen. Doch damit sind Kinder oftmals überfordert. Sie brauchen Wegweisung. Du kannst deinen Kindern die Leitplanken setzen und sie somit in Liebe mit Stärke und Vernunft beflügeln.

2. Juli

*Erziehe dein Kind mit Strenge! Dann wird es dir viel Freude machen. Sprüche 29,17*

**Sprich heute diese Aussage über dir aus:**

*Ich* DEIN NAME *erziehe mein Kind mit Strenge.*

**Klare Grenzen in der Kindererziehung schaffen Raum für ein gemütliches Beisammensein.** Strenge im biblischen Sinn bedeutet nicht, die Kinder mit Rute und erhobenem Zeigefinger zu bedrohen. Kinder zu erziehen bedeutet, in großer Liebe Zeit und Kraft in sie zu investieren. Vielleicht ist es heute dran, eine Arbeit auf die Seite zu legen und dafür mehr Zeit mit den Kindern zu verbringen oder bewusst für sie zu beten. Doch auch für diese Zeit des Zusammenseins braucht es Regeln und Weisungen der Eltern, ansonsten tanzen die Kinder einem bald auf der Nase herum. Manchmal ist es einfacher, den Kindern keine Grenzen zu setzen. Zum Beispiel braucht es weniger Kraft, den Fernseher einfach auszuschalten, anstatt zu sagen: »Jetzt ist genug, wir schalten aus!« Je mehr du deine Kinder jedoch mit klaren Regeln erziehen möchtest, desto mehr Ausdauer und Konsequenz ist von deiner Seite her erforderlich. Mütter und Väter können müde werden, weil der Arbeitsplatz oder unvorhergesehene Dinge sie stark beanspruchen. So ermutige ich dich, klare Grenzen im Voraus zu kommunizieren und diese dann auch wirklich durchzuziehen.

3. Juli

*Wer das Urteil der Menschen fürchtet, gerät in ihre Abhängigkeit; wer dem Herrn vertraut, ist gelassen und sicher.*
*Sprüche 30,25*

**Sprich heute diese Wahrheit über deinem Leben aus:**

> *Wenn ich* DEIN NAME *das Urteil der Menschen fürchte, gerate ich in Abhängigkeit. Wenn ich jedoch dem Herrn vertraue, werde ich gelassen und sicher sein.*

**Innere Sicherheit findest du im Vertrauen auf Gott!** Menschen, die sich immer wieder mit anderen vergleichen, erleben inneren Stress. Ständig müssen sie wissen, wie andere über sie denken und sie werden von einer Angst verfolgt, die sie ständig an ihre Schwächen erinnert. Ich gebe dir heute den Rat, von dir weg und stattdessen auf Jesus Christus zu schauen. Fokussiere deinen Blick auf Gott. Er hat dich wunderbar und einzigartig geschaffen. Du bist ein Original und Gott hat genügend Ideen für dich bereit, die er zusammen mit *dir* umsetzen will. Deshalb verpasse nicht deine schönsten Visionen des Lebens, nur weil du versuchst, eine billige Kopie zu werden. Dein Wert ist viel höher. Halte Ausschau nach Gottes Gunst auf *deinem* Leben und ich bin überzeugt, er wird dir Beförderung, Sicherheit und Gelassenheit zuteilwerden lassen.

4. Juli

*Ich wünsche dir und deiner Familie Glück und ein langes Leben! Mögen deine Herden immer größer werden!*
*1. Samuel 25,6*

**Sprich heute diesen Vers aus:**

*Ich* DEIN NAME *wünsche meinen Mitmenschen das Beste!*

**Wer anderen Menschen das Beste wünschen kann, der macht sich selber glücklich!** Oft richten wir unseren Blick nur auf uns selber. Wir stehen dabei in der Gefahr, »betriebsblind« zu werden und gar nicht mehr zu merken, wie egoistisch wir handeln. Jesus selber hat seinen Blick auf andere Menschen gerichtet. Selbst am Kreuz hat er seinen Vater gebeten, seinen Peinigern zu vergeben. Ich ermutige dich, deinen Blick auf Jesus zu richten und in deiner kleinen Welt das zu tun, was Jesus dir zeigt. Durch seine Gnade kannst du frei sein von Neid auf deine Mitmenschen und dem Vergleichen mit anderen. Dann wirst du auch frei sein, *dein* von Gott geschenktes Leben zu führen und zu genießen. Wünsche deinen Mitmenschen das Beste und ermutige sie mit deinen Worten. Je mehr du deinen Nächsten Gunst und Erfolg wünschst, desto mehr wirst du selber glücklich werden. Gott segne dich!

## 5. Juli

*Denn wenn man Milch schlägt, gibt es Butter; schlägt man die Nase, kommt Blut heraus; und reizt man den Zorn, dann gibt es Streit! Sprüche 30,33*

**Sprich heute diese Wahrheit aus:**

*Wenn ich* DEIN NAME *den Zorn reize, gibt es Streit. Deshalb werde ich stattdessen Frieden stiften.*

**Friedfertige Menschen verbannen den Zorn!** Vielleicht passiert es dir immer wieder, dass du richtig wütend durch dein Haus läufst und jeden, der dir über den Weg läuft, anschreist. Ich kann dir dazu sagen, dass deine Mitmenschen alles andere als ein schönes Leben in diesen Momenten verbringen. Eventuell stehst du aber auf der anderen Seite. Du bist derjenige, der den Zorn im anderen reizt. Du liebst es, mit deinen Worten zu sticheln. Beide Verhaltensweisen tragen nicht zu einem glücklichen Zuhause bei. So ermutige ich dich heute, Zorn und Sticheleien am Kreuz zu lassen. Glaube, dass Jesus diese zerstörerischen Dinge auf sich genommen und dir vergeben hat. Je mehr du darauf vertraust, desto mehr wird sich auch dein Verhalten verändern und du wirst anfangen, erbauende und ermutigende Worte in deine Familie zu sprechen.

**6. Juli**

*Eine tüchtige Frau – wer findet sie schon?*
*Sie ist wertvoller als viele Juwelen!*
*Sprüche 31,10*

**Segne dich heute mit diesen Worten:**

*Ich* DEIN NAME *bin ein tüchtiger Mensch. Das ist wertvoller als viele Juwelen.*

**Tüchtige Menschen sind richtig kostbar.** Wie schön ist es, wenn die Hausarbeit erledigt oder wenn der Garten gepflegt ist. Wann immer mein Mann Dan und ich spazierengehen, schauen wir uns die Gärten und die Häuser an. Wie wunderbar ist es, wenn die Anwesen gepflegt und schön aufgeräumt sind. Das ist dann ein wunderschöner Anblick. Tatsache ist jedoch, dass irgendjemand diese Arbeit geleistet hat. Ein Haus räumt sich nicht von allein auf und ein Garten pflegt sich nicht selber. Es braucht Menschen, die Zeit und Kraft investieren. Genauso ist es in deinem Leben. Vielleicht arbeitest du gerade an einem Projekt oder bist damit beschäftigt, dein Haus zu renovieren oder eine Party vorzubereiten. Ich ermutige dich, bei Gott Kraft zu empfangen und darauf zu vertrauen, dass er dir Erfolg schenken wird. Er macht dich tüchtig. Manchmal braucht es echt einen langen Atem, um bis zum Schluss durchzuhalten. Doch schau immer wieder auf Gott, der dich mit einem guten und wohltuenden Resultat segnen will und wird.

7. Juli

*Denn ihr wisst ja, dass Gott auch euch dazu berufen hat, seinen Segen zu empfangen.* 1. Petrus 3,9

**Sprich heute diese Wahrheit über deinem Leben aus:**

> *Ich* DEIN NAME *bin berufen, den Segen Gottes zu empfangen!*

**Wer an Jesus Christus glaubt, der ist berufen, Gottes genialste Segnungen zu empfangen!** Hast du auch schon mal darüber nachgedacht, dass du Gottes Segen verpassen könntest? Ich ermutige dich, täglich um seinen Segen für deine Familie, dein Haus und deine Zukunft zu bitten und ihn auch zu erwarten. Du bist dazu bestimmt, den Segen Gottes zu empfangen – er steht dir zu! Das bedeutet, Gott möchte dich in jedem Lebensbereich mit Gutem beschenken. Erwarte das Beste für deine Ehe, deine Kinder, deinen Arbeitsplatz, dein Zuhause und deine Beziehungen. Ich bin überzeugt, du wirst dadurch Gunst und Erfolg in deinem Leben neu entdecken und dein Herz wird vor Staunen und Dankbarkeit überfließen.

8. Juli

*Glücklich sind die Friedfertigen.*
*Matthäus 5,5a*

**Sprich heute diesen Vers als Segen über deinem Leben aus:**

*Ich* DEIN NAME *bin friedfertig und glücklich!*

**Friedliche Herzen beglücken das ganze Haus!** Manchmal sind wir echt überrascht, wie schnell wir uns in einen Streit verwickeln können. Du kannst an deinem Arbeitsplatz oder in deiner Familie Auseinandersetzungen erleben. Wenn dabei der Streit so richtig kompliziert wird, dann kann es echt schwierig sein, wieder Frieden zu finden. Die Frage heute ist: Wie kannst du in deinem Haus ein friedlicher Mensch sein? Ich ermutige dich, dir zuallererst die Kraft von Gottes Wort zunutze zu machen. Wenn du dich von Gott für den Tag zurüsten lässt, wirst du in provozierenden Situationen besser handeln können. Du brauchst täglich göttliche Weisheit und Ruhe, um den Schwierigkeiten im Leben Herr zu werden. Je stärker du Christus in dir wahrnimmst, desto mehr wirst du den Frieden suchen und auch finden. Dann wirst du erleben, wie sich jedes Gespräch und jede Situation in eine friedliche Richtung lenken lässt.

9. Juli

*Und wenn einer von dir verlangt, eine Meile mit ihm zu gehen, dann geh zwei Meilen mit ihm! Matthäus 5,41*

**Sprich heute diesen Bibelvers über deinem Leben aus:**

*Und wenn einer von mir* DEIN NAME *verlangt, ein Meile mit ihm zu gehen, dann gehe ich zwei Meilen mit ihm.*

**Wer die Liebe Gottes verstanden hat, der setzt noch einen drauf!** Die Familie ist der perfekte Ort, um sich in dieser Liebe zu üben. Wie oft sagen die Kinder, der Partner oder vielleicht auch die Eltern: »Könntest du bitte nochmal …?« Es gibt immer wieder Menschen, die eine Bitte haben und sich deine Hilfe wünschen. Dabei hast du die Chance, göttliche Liebe zu leben! Jesus Christus geht für immer und ewig eine zweite Meile mit dir. Niemals lässt er dich fallen. Selbst wenn du einen großen Fehler gemacht hast, ist er doch überaus gnädig. Er nimmt dich an seiner Hand und geht den Weg weiter mit dir, weil er längst für alle deine Fehler bezahlt hat. Lass dich von seiner Liebe erfüllen und du wirst entdecken, wie du mehr und mehr eine zweite Meile mit deinen Mitmenschen gehen wirst.

10. Juli

*Und wirklich: Du hast mich wieder froh gemacht. Während andere sich nur über eine reiche Ernte freuen können, ist meine Freude viel größer.* Psalm 4,8

**Sprich heute diese Zusage über deinem Leben aus:**

*Tatsächlich kann ich* DEIN NAME *erwarten, dass meine schlimmste Entmutigung in die größte Freude verwandelt wird!*

**Jede Entmutigung kann durch übernatürliche Kraft in Freude verwandelt werden!** Es gibt viele Dinge, die uns glücklich machen können. Gerade gestern habe ich unser Badezimmer neu dekoriert und mich über die tollen Deko-Sachen gefreut, die ich gekauft habe. Es ist schön, wenn wir uns an Dingen freuen können! Es gibt jedoch ein noch höheres Glück. Der Schreiber dieses Psalms spricht sogar von der Freude einer reichen Ernte, die durch Gottes Freude noch in den Schatten gestellt wird. Das zeigt: Die tiefste, kostbarste und wirklich erfüllende Freude finden wir allein bei Gott. Diese Freude übertrifft alles und wird unseren Körper, unsere Seele und unseren Geist auf kraftvolle Weise erfüllen. Vergiss nicht: Der Geist der Freude lebt in dir – und deshalb ist dir diese kostbarste aller Freuden ganz nah. Mach sie dir bewusst und lass ihre Schönheit dein Zuhause erfüllen!

11. Juli

*Wer gelassen und ausgeglichen ist, lebt gesund. Der Eifersüchtige wird von seinen Gefühlen innerlich zerfressen.*
*Sprüche 14,30*

**Sprich heute diesen Vers als Segen über dir aus:**

*Ich* DEIN NAME *bin gelassen und ausgeglichen. Eifersucht hat in meinem Leben nichts zu suchen!*

**Gelassenheit und Ausgeglichenheit bringen Gesundheit und Erfolg ins Leben.** Wie schön ist es, wenn Menschen entspannt ihr Leben meistern. Körperliche Betätigung, gesunde Ernährung und genügend Schlaf sind dabei wichtige Faktoren. Dies ist jedoch nicht alles. Das Entscheidendste ist unser Herz! Wenn du Eifersucht in deinem Leben tolerierst, wird dies negative Auswirkungen auf dein Leben haben. So ermutige ich dich heute, dich so zu sehen, wie Gott dich sieht, und dich nicht mit anderen Menschen zu vergleichen. Du bist einzigartig in seinen Augen. Du darfst dich also völlig entspannen, denn Gott hat den perfekten Plan für *dein* Leben. Er ist mit dir, du darfst ihm vertrauen. Und selbst wenn du einen Fehler machst, ist Gott immer noch an deiner Seite. Er ist vollkommen für dich! Deshalb beginne, ihm für das Leben, den Job, das Haus und die Familie zu danken, die er *dir* anvertraut hat. Je dankbarer du durchs Leben gehst, desto mehr Entspannung wird darin sichtbar werden.

12. Juli

*Habt keine Angst vor den Menschen, die zwar den Körper, aber nicht die Seele töten können! Fürchtet vielmehr Gott …*
*Matthäus 10,28*

**Sprich heute dieses Bekenntnis aus:**

*Ich* DEIN NAME *habe keine Angst vor Menschen, aber ich habe Ehrfurcht vor Gott.*

**Gott ist immer stärker als jede menschliche Waffe, die gegen dich gerichtet wird.** Menschen können uns mit Waffen bedrohen. Gerade heutzutage scheinen Krieg und Terror allgegenwärtig. Doch auch im Alltag können wir Menschen begegnen, die uns verunsichern. Sie reden vielleicht schlecht über uns, legen uns Hindernisse in den Weg oder tun uns Gewalt an.

Etwas darfst du heute jedoch wissen: Gott ist an deiner Seite. In der Bibel lesen wir immer wieder, dass wir uns nicht fürchten müssen! Gott steht zu seinem Wort. Jesus Christus hat die Macht über Himmel und Erde. Sein Reich ist bereits auf dieser Erde angebrochen. Somit steht dir Gottes übernatürliche Kraft schon jetzt und hier zu Verfügung, um damit jeden Angriff abzuwehren!

13. Juli

*Bei euch sind sogar die Haare auf dem Kopf alle gezählt. Matthäus 10,30*

**Sprich heute diese Zusage aus:**

*Bei mir* DEIN NAME *sind sogar die Haare auf dem Kopf gezählt.*

**Gott kümmert sich im Detail um die Anliegen der Menschen.** Als meine Kinder klein waren, habe ich mir vorgenommen, ihnen jeden Tag über ihren Kopf zu streicheln. Damit wollte ich ihnen meine Wertschätzung und Nähe vermitteln. Diese Handlung hat meine Kinder gestärkt, denn meine Hand hat ihnen Sicherheit und Ruhe gegeben.

Dein Vater im Himmel streichelt dir nicht nur täglich über den Kopf, sondern kennt sogar die genaue Anzahl deiner Haare! So interessiert ist er an dir. Er hat dich liebevoll im Blick und seine Wertschätzung ist riesig. Er gibt dir täglich seine Anerkennung und zeigt dir seine Liebe. So ermutige ich dich heute, dich darüber zu freuen. Sei dankbar für deinen detailgenauen Gott. Er kennt deine Herzenswünsche, deine Sorgen, deine Träume und deine Zweifel. So lege heute alle deine Anliegen in Gottes Hand und vertraue ihm. Er hat den besten Plan für dein Leben, weil er exakt weiß, was du brauchst, und deine Anliegen sind ihm niemals zu klein oder zu groß.

14. Juli

*Der Gerechte steht immer auf festem Grund. Sprüche 10,25b* NEÜ

**Sprich heute diese wundervolle Wahrheit über dir aus:**

*Ich* DEIN NAME *bin gerecht gemacht und stehe deshalb auf festem Grund.*

**Gott stellt deine Füße auf sicheren Grund und schenkt dir Stärke und Zuversicht**. Jedes Haus braucht ein festes Fundament, damit es stabil und sicher jeden Sturm überstehen kann. Genauso hast auch du durch Jesus Christus eine feste Grundlage in deinem Leben. Gott gibt dir durch sein Wort enorm viele Richtungsweisungen, denen du folgen kannst. Die wichtigste Ansage dabei ist, dass er dich liebt. Als Jesus getauft wurde, kam eine Stimme aus dem Himmel, die sagte: »Du bist mein geliebter Sohn!« Wenn Gott seinen Sohn so nennt, wird er auch dich seine geliebte Tochter oder seinen geliebten Sohn nennen, denn du bist in dieser Welt wie Christus. Halte dich an dieser Zusage fest, denn sie gibt deinem Lebensweg eine feste Grundlage. Egal, was in deinem Leben geschehen ist: Du bist ein geliebtes Kind Gottes. Sobald du an deine Identität als Gottes Geliebter in Christus erinnert wirst, wird das Böse keinen Erfolg haben. Aus diesem Grund ist es hilfreich, diese Tatsache in das Leben hineinzusprechen. Gott ist für dich. Er stellt deine Füße auf festen Grund und gibt dir Stärke und Zuversicht.

15. Juli

*Kommt alle her zu mir, die ihr euch abmüht und unter eurer Last leidet! Ich werde euch Ruhe geben.*
*Matthäus 11,28*

**Sprich heute diese Wahrheit in dein Leben hinein:**

*Ich* DEIN NAME *komme zu dir, Jesus, und bringe dir meine Last. Du wirst mir Ruhe geben.*

**Wer seine Sorgen zu Jesus bringt, wird mit Leichtigkeit und Ruhe beschenkt werden!** Oft liegen wir nach einem anstrengenden Arbeitstag total platt auf unserem Sofa. Wir lassen uns fallen und fühlen uns müde und verbraucht. Gedanken über die getane Arbeit fliegen noch durch den Kopf und in jedem Muskel des Körpers macht sich Müdigkeit bemerkbar. Manchmal sind es auch ganz andere Dinge, die uns die Kraft rauben: Sorgen, Schwierigkeiten, Krankheiten oder Beziehungsprobleme können wie eine schwere Last auf unserem Körper und unserer Seele liegen. In diesen Momenten macht Jesus dir ein befreiendes Angebot: Du darfst jederzeit all deinen Ballast zu Jesus zu bringen, denn er möchte nicht, dass du deine Sorgen selber trägst. Bei Jesus sind sie in den besten Händen. Er wird sich um deine Anliegen kümmern und dich mit Freiheit, Leichtigkeit und Ruhe beschenken.

16. Juli

*Denn wer den Willen meines Vaters im Himmel tut, der ist mein Bruder, meine Schwester und meine Mutter.*
*Matthäus 12,50*

**Sprich heute diese Wahrheit aus:**

*Wenn ich* DEIN NAME *den Willen meines Vaters im Himmel tue, dann gehöre ich zur Familie von Jesus Christus.*

**Wer an Jesus Christus glaubt, der gehört zu der ewigen, göttlichen Familie!** Das Modell Familie ist auf dieser Erde etwas Zerbrechliches geworden. Ehepaare gehen auseinander, Eltern verlassen ihre Kinder und verschiedene Personen leben als Patchworkfamilie zusammen. Damit ist eine große Flexibilität gefordert und manches Herz wird in diesen Lebensphasen tief verletzt. Die Familie Gottes ist anders! Der Vater im Himmel verlässt dich niemals. Jesus ist dein Bruder und er ist dir in den Himmel vorausgegangen. Aus diesem Grund hast du eine komplette Familie für alle Ewigkeit. Vielleicht ist bereits ein von dir geliebter Mensch gestorben. Ein Abschied ist immer schwer, aber du darfst wissen: Die Familie Gottes lebt weiter in Ewigkeit. Deshalb sei getrost und guter Zuversicht, denn das Zusammensein auf dieser Erde ist nur für kurze Zeit. Bald jedoch wirst du gemeinsam mit dem dreieinigen Gott und deinen geistlichen Geschwistern ein ewiges Zuhause bewohnen.

17. Juli

*Besser bescheiden sein mit Demütigen,*
*als Beute teilen mit Stolzen.*
*Sprüche 16,19* EU

**Sprich heute diese Weisheit aus:**

*Ich* DEIN NAME *bin lieber bescheiden, als dass ich Beute mit den Hochmütigen teilen werde.*

**Wer demütig auf Gott vertraut, der wird mit mehr Einfluss und einer größeren Salbung gesegnet.** Hochmut kommt bekanntlich vor dem Fall. Werden wir erfolgreich, besteht die Gefahr, stolz auf unsere Leistung zu werden. Aus diesem Grund ermutige ich dich, Demut in deinem Leben groß zu schreiben. Demut ist, zu wissen, dass alles, was du bist und hast, aus Gottes Hand kommt. Wenn du in dieser Demut lernst, deinem Gott zu vertrauen, dann wird er dich zu seiner Zeit erhöhen und überreich segnen. Gott hat dein Leben im Blick und es ist ihm ein großes Anliegen, dich zu befördern. Er hat die Möglichkeit, dich im Privaten, im Beruf und auch im Finanziellen zu segnen. Vertraue deshalb in allem auf deinen allmächtigen Gott und halte daran fest, dass er dich niemals vergisst. Ich bin überzeugt, seine Gunst wird dich plötzlich überraschen. Denn Gott hat mehr Einfluss und eine größere Salbung für dich bereit, als du dir vielleicht gerade vorstellen kannst.

18. Juli

*Jesus sah sie an und sagte: »Für Menschen ist es unmöglich, aber für Gott ist alles möglich!« Matthäus 19,26*

**Sprich heute diese Wahrheit über deine Lebenssituation aus:**

*Für mich* DEIN NAME *ist diese Situation unmöglich, aber für Gott ist alles möglich!*

**Gott kann jede aussichtslose Situation in etwas Wunderschönes verwandeln!** Es gibt Lebensmomente, die einfach total schwierig sind. Oftmals sagen Menschen dann: »Es geht nicht mehr!« Wenn alle Stricke reißen, hat jedoch Gott immer noch eine Hintertür, die er öffnen kann. Selbst wenn der Super-GAU eingetreten ist, kann Gott das Ruder doch noch rumreißen. Er hat immer noch neue Möglichkeiten, Türen zu öffnen, Weichen zu stellen oder Hindernisse aus dem Weg zu räumen. So glaube heute an einen großen Gott. Verlasse dich auf deinen Vater im Himmel und vertraue darauf, dass er Berge versetzen kann. Sprich heute in die sichtbare und unsichtbare Welt hinein: »Gott kann jede Situation zum Positiven verändern!« Selbst aus einem Chaos kann er wieder Ordnung schaffen. Aus einem Scherbenhaufen kann er wieder etwas Schönes machen. Deshalb gib nicht auf. Schaue auf deinen Gott und überwinde deine Probleme in seiner Kraft. Gott ist mit dir!

19. Juli

*Ihr werdet alles bekommen, wenn ihr im festen Glauben darum bittet.*
*Matthäus 21,22*

**Sprich heute diese Zusage aus:**

*Ich* DEIN NAME *werde alles bekommen, wenn ich im festen Glauben bitte.*

**Glaube aus tiefstem Herzen an die Erfüllung deiner Gebete!** Was bedeutet es, im festen Glauben zu bitten? Wann ist unser Glaube stabil genug? Gott ist ein Vater der Liebe. Er möchte dich als sein Kind beschenken. Er hält total viele Geschenke für dich bereit, die du abholen darfst. Gott erwartet nicht, dass du dich perfekt verhältst, bevor du seine Geschenke in Empfang nehmen kannst. Doch Gott hat dich durch Christus vollkommen gemacht. Deshalb darfst du darauf vertrauen, dass er bereit ist, deine Herzenswünsche zu erfüllen. Deshalb begib dich heute ins Gebet und breite deine Wünsche vor ihm aus. Seine Aufmerksamkeit gehört dir. Ich kann mich erinnern, wie mein Mann und ich immer wieder für meine Gesundheit beteten. Nach einigen Monaten war ich wieder vollständig gesund. Hör niemals auf zu beten und erwarte die Beantwortung deiner Gebete. Gott ist mit dir!

20. Juli

*Die Weisen und Verständigen aber werden leuchten wie die Sonne am Himmel. Und diejenigen, die vielen Menschen den richtigen Weg gezeigt haben, leuchten für immer und ewig wie die Sterne. Daniel 12,3*

**Sprich heute diesen Vers als Segen über deinem Leben aus:**

*Ich* DEIN NAME *werde vielen Menschen den richtigen Weg zeigen.*

**Jeder Tag ist eine neue Chance, um Menschen liebevoll einen guten Weg zu zeigen!** Manchmal stecken wir in unserem Leben fest und können den Weg nicht mehr so richtig erkennen. Vielleicht sind wir auch in unseren Gedanken in einer Sackgasse gelandet. Wie schön, wenn uns Menschen in diesem Moment einen weisen Hinweis oder eine Wegweisung geben.

Die Bibel lehrt uns heute, dass Ermutigung und Coaching wie ein helles Licht sind. Denke darüber nach und lass dir vom Heiligen Geist zeigen, für welche Menschen du heute ein Wegweiser sein könntest. Vielleicht brauchen deine Nächsten in deinem Zuhause eine Ermutigung, ein liebevolles Wort oder eine Richtungsweisung. Du hast die Möglichkeit, sie damit zu segnen und zu einem leuchtenden Stern zu werden, der seine Mitmenschen reich beschenkt. Gott segne dich!

21. Juli

*Wer unter euch groß sein will,*
*der soll allen anderen dienen.*
*Matthäus 23,11*

**Sprich heute diesen Bibelvers über deinem Leben aus:**

*Ich* DEIN NAME *möchte groß sein, deshalb diene ich anderen Menschen.*

**Wer Gottes Liebe begriffen hat, wird jedem Mitmenschen Gutes tun!** Manchmal finden wir Christen es richtig schön, wenn wir anderen Menschen dienen können. Es macht uns Spaß, unsere Dienste in der Kirche zu verrichten, oder wir lieben es, wenn wir unsere Freunde mit einer guten Tat überraschen können. Diese Bibelstelle erinnert uns jedoch daran, *jedem* Menschen Gutes zu tun. Genau das hat Jesus für uns getan. Er hat sich zum Diener für uns gemacht. Vertraue darauf, dass sein Wesen auch in dir bewirken wird, anderen zu dienen. Lass dir von ihm zeigen, was er durch dich tun möchte. Das kann mit ganz einfachen Dingen beginnen, wie aufräumen, den Geschirrspüler ausräumen, den Müll nach draußen bringen oder ein liebes Wort verschenken. Das wird einen Unterschied in deinem Zuhause oder an deinem Arbeitsplatz machen. Und selbst wenn andere es als klein erachten: In Gottes Augen bist du dadurch groß.

22. Juli

*Himmel und Erde werden vergehen;*
*meine Worte aber gelten für immer.*
*Matthäus 24,35*

**Sprich heute diese ermutigende Wahrheit aus:**

*Himmel und Erde werden vergehen; die Worte meines* DEIN NAME *Gottes aber werden für immer gelten!*

**Jede Blume wird verwelken, aber Gottes Wort bleibt kraftvoll für alle Ewigkeit bestehen!** Vielleicht musstest du in den letzten Monaten von einem lieben Menschen Abschied nehmen. Es gibt immer wieder Lebensphasen, in denen uns Trauer und Tod beschäftigen. Diese Ereignisse kommen oft überraschend, kosten uns eine Menge Energie und lösen starke Emotionen aus. Doch Menschen, die an Gott glauben, kennen eine unerschütterliche Hoffnung! Pflanzen werden verwelken und menschliches Leben wird ausgelöscht werden, doch gottesgläubige Seelen können niemals zerstört werden! Jesu Worte haben Kraft in alle Ewigkeit. Er war schon immer und wird für immer sein. Genauso wirst du einen wunderschönen, ewigen Platz im Himmel bekommen. Du gehörst zur Familie Gottes und hast somit Anrecht auf Gottes Erbe. Der Himmel gehört dir und niemand kann diese Gewissheit aus deiner Hand reißen. Du bleibst für immer bestehen und wirst deine Zukunft mit deinem dreieinigen Gott genießen!

23. Juli

*Herr, du machst die Finsternis um mich hell, du gibst mir strahlendes Licht.*
*Psalm 18,29*

**Sprich heute diese Wahrheit aus:**

*Aber du, Gott, kannst heute dein strahlendes Licht in jede Dunkelheit geben.*

**Gott kann jede Dunkelheit in ein helles Licht verwandeln.** Hast du auch schon erlebt, wie zum Beispiel nach einem Gewitter das Licht im Haus ausgeht? In diesen Momenten suchen alle verzweifelt nach einer Taschenlampe. Wie gut, wenn man in diesen Momenten ein Licht findet oder wenn dann endlich der Strom wieder eingeschaltet wird! Dann verwandelt sich unser Haus wieder in ein gemütliches Zuhause. Genauso kann es in unserem Leben plötzlich dunkel werden – Kraftlosigkeit, Erschöpfung oder gar Depressionen können unser Leben düster werden lassen. Eine gute Idee ist es dann, zu überprüfen, ob vielleicht ein Vitamin-D- oder Eisenmangel vorliegt. Diese Probleme können medizinisch oft ganz schnell behoben werden. In all dem möchte Jesus Christus selbst sein Licht in deine Seele scheinen lassen. *Er* ist das Licht in Person und kann die traurigste Dunkelheit in ermutigende und helle Zuversicht verwandeln. Sprich dazu täglich Gottes Licht in dein Leben hinein, und er wird es mit seiner Kraft berühren!

24. Juli

*Ich [Jesus] habe von Gott alle Macht im Himmel und auf der Erde erhalten.*
*Matthäus 28,18*

**Sprich heute diese Wahrheit aus:**

*Mein* DEIN NAME *Gott hat alle Macht im Himmel und auf Erden!*

**Jedes Gefängnis kann mit Gottes Kraft geöffnet werden!** Je mehr du dir der Kraft Gottes bewusst bist, desto mehr wird sie Teil deines Alltags werden. Manchmal habe ich den Eindruck, viele Christen sind sich der großartigen Kraft Gottes gar nicht bewusst. Doch mit seiner übernatürlichen Kraft kann Gott jedes Gefängnis durchbrechen und die unmöglichsten Situationen in Segen verwandeln. So ermutige ich dich heute, an diese Kraft in deinem Leben zu glauben. Gott hat die Macht über das ganze Universum. Somit reicht seine Kraft auch für deine Situation aus! Egal, was dich gerade beschäftigt oder was in deinem Zuhause vielleicht nicht rund läuft – Gottes Kraft steht über allen Ereignissen dieser Welt. Ich ermutige dich, heute im Namen von Jesus Christus zu beten und an seine Kraft zu glauben! Selbst wenn dein heutiges Gebet noch keinen sofortigen, sichtbaren Erfolg bringt, so bleibe dran. Hör niemals auf zu beten, denn Gottes Kraft bleibt dieselbe. Gott verändert sich nicht und er möchte dir heute helfen.

25. Juli

*Liebe, die offen zurechtweist, ist besser als Liebe, die sich ängstlich zurückhält.*
*Sprüche 27,5*

**Sprich heute diesen Vers als Segen über dir aus:**

*Ich* DEIN NAME *spreche Dinge in Liebe offen an.*

**Wer in Liebe die Wahrheit auf den Tisch legt, wird Ermutigung weitergeben.** Immer wieder begegne ich Menschen, denen es schwerfällt, Schwierigkeiten offen anzusprechen. Sie haben Angst davor, jemanden zu verletzen oder selber als Bösewicht dazustehen. Doch Jesus selber ist sehr offen darin, Dinge anzusprechen. Er erklärt mit Scharfsinn, dass wir Menschen aus eigener Kraft keine Chance haben, ohne Sünde zu sein und vor Gott bestehen zu können. Beispielsweise betitelt er Menschen, die nur in Gedanken eine Frau ansehen, als Ehebrecher. Aber Jesus tut das aus Liebe. Er will, dass Menschen ihre eigenen Bemühungen aufgeben und sich ganz auf seine Gnade verlassen. Er ist für jede Sünde gestorben und hat ein für alle Mal am Kreuz dafür bezahlt. Lass dir von seinem Geist erklären, wie du deine Mitmenschen liebevoll auf Dinge ansprechen und sie dabei auf Jesu Gnade hinweisen kannst. Er wird dir helfen, den Schwerpunkt dabei immer auf Liebe und Ermutigung zu halten. So wirst du Erfolg haben und Menschen werden sich in deinem Umfeld zum Positiven verändern.

26. Juli

*Bittet Gott, und er wird euch geben! Sucht, und ihr werdet finden! Klopft an, und euch wird die Tür geöffnet!*
*Matthäus 7,7*

**Sprich heute diesen Bibelvers über deinem Leben aus:**

> *Ich* DEIN NAME *bitte Gott und er wird mir geben. Ich suche und ich werde finden. Ich klopfe an und Gott wird mir die Tür öffnen.*

**Wer seine Bitte in Gottes Hand legt, wird Gottes Kraft erleben!** Immer mal wieder geht bei mir zuhause etwas verloren. Dann suche ich meinen Schlüssel, meine Brille oder ein wichtiges Dokument. Verzweifelt eile ich durch die Wohnung und suche krampfhaft nach dem verlorenen Gegenstand – bis ich mich irgendwann daran erinnere, dass Gott in jede Ecke dieser Welt Einblick hat! Gott hat den Überblick und weiß, was wir suchen. Wenn ich in diesen Momenten Gott um Hilfe bitte, kann ich in Kürze finden, was ich gesucht habe. So ermutige ich dich, den oben genannten Vers über deinem Leben auszusprechen. Glaube an die Kraft Gottes, die in den Kleinigkeiten deines Alltags wirken möchte. Ich bin überzeugt, dies wird dein Leben vereinfachen und dir viel Hektik ersparen. Gott ist dein Helfer und er möchte dich im Kleinen und im Großen überreich beschenken.

27. Juli

*Gebt, was ihr habt, dann werdet ihr so reich beschenkt werden, dass ihr gar nicht alles aufnehmen könnt.*
*Lukas 6,38a*

**Sprich heute diesen Vers als Segen über deinem Leben aus:**

*Ich* DEIN NAME *gebe, was ich habe, dann werde ich überreich beschenkt werden.*

**Wer gibt, was er hat, wird überreich gesegnet werden!** Überlegst du dir manchmal auch, was du überhaupt zu bieten hast? Wenn du dann auf andere Menschen schaust, beginnst du zu grübeln und an deinen Fähigkeiten zu zweifeln. Genau diese Haltung kann dein Leben anstrengend machen! So ermutige ich dich heute, deinen Blick auf die Aussage von Jesus zu lenken. Er hat so viel Kostbares und Wertvolles in dich hineingelegt. Deshalb stelle ihm dein Inneres zur Verfügung und du wirst sehen, wie Gott dich segnen wird. Bei Gott musst du dich nicht neu erfinden, denn Gott hat schon längst alle Kostbarkeiten in dich hineingelegt. Also packe dieses Geschenk aus und stelle dich der Welt als die Person zur Verfügung, als die Gott dich gemacht hat – mit allen deinen Gaben und Talenten. Vertraue Gott, dass er dir Gunst schenken und deine Fähigkeiten gedeihen lassen wird.

28. Juli

*Segnet die Menschen, die euch Böses wünschen, und betet für alle, die euch beleidigen.* Matthäus 6,28

**Sprich heute dieses Bibelwort über deinem Leben aus:**

*Ich* DEIN NAME *segne die Menschen, die mir Böses wünschen, und bete für alle, die mich beleidigen.*

**Die größte Waffe gegen Feinde ist das segnende Gebet, denn dadurch werden Liebe verbreitet und Brücken gebaut!** Jeder von uns wünscht sich gute Freunde und keine Feinde. Doch es gibt immer wieder Menschen, die uns das Leben richtig schwer machen. Feinde in diesem Sinn gibt es am Arbeitsplatz, in der Nachbarschaft und manchmal sogar im eigenen Haus. Jesus gibt uns eine effektive und großartige Waffe, die wir gegen unsere Feinde einsetzen können: die Waffe des segnenden Gebets. Leider vergessen wir in emotionalen Momenten manchmal das Gebet und werfen lieber mit lieblosen Worten um uns. Ich ermutige dich heute, eine Frau oder ein Mann des Gebets zu werden. Schütte dein Herz bei Gott aus, du kannst ihm alles sagen, was dich traurig und wütend macht. Und danach segne deine Feinde im Namen Jesu. Gott möchte sich persönlich um deine Feinde kümmern. Überlasse sie ihm und lass dir von deinen Feinden nicht deine wertvolle Zeit und Energie rauben. Genieße stattdessen dein Leben mit den Menschen, die dich ermutigen.

29. Juli

*Freut euch vielmehr darüber, dass eure Namen im Himmel aufgeschrieben sind!*
*Lukas 10,20b*

**Sprich heute diese ermutigende Wahrheit aus:**

*Ich* DEIN NAME *freue mich, denn mein Name ist im Himmel aufgeschrieben.*

**Wer an Jesus Christus glaubt, ist im Himmel registriert!** Wie schön ist es, wenn wir zu einer Veranstaltung eingeladen sind und unsere Namen auf der Gästeliste stehen. Das bedeutet, wir gehören dazu! Es tut so gut, wenn wir dann mit dem Ticket in der Hand eintreten dürfen und einen Platz sicherhaben. Genauso wird es einmal im Himmel sein. Er ist die ewige Heimat all jener Menschen, die aus tiefem Herzen an Jesus Christus glauben und sich auf ihn verlassen. Dabei zählt nicht, wie viele gute Taten sie vollbracht haben. Bei Gott zählt allein das Vertrauen auf die Gnade in Jesus Christus. Gottes Sohn ist als Retter auf die Erde gekommen. Er ist am Kreuz gestorben und er hat dort den vollen Preis für dich bezahlt. Wer dieses Geschenk annimmt und somit an Jesus Christus glaubt, der hat den Zugang zum ewigen Zuhause. Deshalb lass heute alle Zweifel los und vertraue Jesus, an den du glaubst. Dein Name wurde bereits aufgeschrieben und du wirst dazugehören. Dein Glaube ist die Hoffnung auf das, was du heute noch nicht sehen kannst.

30. Juli

*Vertraut Gott und vertraut mir! Denn im Haus meines Vaters gibt es viele Wohnungen. Johannes 14,1b-2a*

**Sprich heute diese Ermutigung über deinem Leben aus:**

*Ich* DEIN NAME *vertraue Gott! Denn im Haus meines Vaters gibt es viele Wohnungen.*

**Wer Gott vertraut, wird ein ewiges Zuhause bekommen!** Fragst du dich manchmal auch, wie der Himmel aussieht oder wie es nach dem Tod weitergehen wird? Wir wissen es nicht genau, aber Jesus selber hat gesagt, dass er für uns Wohnungen vorbereiten wird. Du wirst im ewigen Zuhause bei deinem Vater im Himmel wohnen dürfen. Miete, Provision, Kaution und Möbel – um all das wirst du dich nicht mehr kümmern müssen! Gott wird bereits eine wunderschöne und gemütliche Wohnung für dich vorbereitet haben. Vielleicht kennst du liebe Menschen, die gestorben sind. Manchmal bist du noch traurig, weil du den Abschied noch nicht verarbeitet hast. Heute darfst du dich richtig freuen, denn wenn sie auf Christus vertraut haben, darfst du wissen, dass deine Liebsten bereits an einem wunderschönen Ort wohnen! Sie warten dort auf dich, und irgendwann wirst du mit ihnen zusammen bei deinem Vater im Himmel wohnen. Du kannst dich freuen, denn du wirst in alle Ewigkeit eine Wohnung bei Gott und somit ein perfektes Zuhause haben.

31. Juli

*Glücklich ist, wer auf mich hört und mich immerzu erwartet! Sprüche 8,34*

**Sprich heute diese Wahrheit über deinem Leben aus:**

*Ich* DEIN NAME *höre auf Gott und erwarte ihn jederzeit! Genau das macht mich glücklich!*

**Wenn das Glück zuhause getrübt ist, kann es durch Gottes Gegenwart jederzeit in Freude verwandelt werden.** Es gibt Momente, in denen wir einer schwierigen Situation machtlos gegenüber stehen. Plötzlich können wir uns mit unseren Nächsten in die Haare kriegen oder Krankheit kommt in unser Leben. Das Leben kann uns Kummer machen und traurig werden lassen.

Exakt in diesen Momenten gibt es ein Geheimrezept. Jede Traurigkeit, die in einem Zuhause entsteht, kann in Freude verwandelt werden. Du hast die Möglichkeit, in diesen Stunden auf Gott zu hören und auf ihn zu hoffen. Wer die Hoffnung niemals aufgibt, gehört zu den Siegern dieser Welt! Deshalb erwarte Gottes Eingreifen, seine Gegenwart und seine übernatürliche Kraft. Gott ist jederzeit bereit, dir zu helfen. So gib nicht auf, ihn zu erwarten, ihn zu entdecken und ihm wirklich hautnah zu begegnen. Glaube an seine wohlwollende Präsenz in deinem Familienstreit, deiner Krankheit, deinen finanziellen Sorgen. Ich bin überzeugt, mit dieser Herzenshaltung wirst du standhaft bleiben und wieder fröhlich werden.

**1. August**

*Der Heilige Geist, den euch der Vater an meiner Stelle als Helfer senden wird, er wird euch an all das erinnern, was ich euch gesagt habe, und euch meine Worte erklären. Johannes 14,26*

**Sprich heute diese Zusage über deinem Leben aus:**

*Der Heilige Geist wird mich* DEIN NAME *an Jesu Worte erinnern und sie mir erklären!*

**Gott kann jede Begebenheit in dein Gedächtnis zurückrufen.** Oft stehen wir im Alltag da und versuchen, uns an eine Begebenheit oder an einen Gedanken zu erinnern. Vielleicht haben wir irgendwann mal etwas gelesen oder gesehen, woran wir uns unbedingt erinnern wollen. Manchmal stehe ich auch da und denke: Was wollte ich gerade tun?

Der Heilige Geist kann uns die verschiedensten Dinge wieder in Erinnerung rufen. Darüber hinaus kann er uns auch Dinge erklären. Ich ermutige dich: Glaube daran! Erwarte eine Übersetzung durch den Heiligen Geist oder lass dich von ihm an Dinge erinnern. Bete immer wieder um die Wirkung des Geistes in dir. Auch wenn du Gottes Wort liest, hilft dir der Heilige Geist, es zu verstehen, und wird dich dabei immer auf Jesus hinweisen. Denn er möchte dir immer mehr über ihn erklären und dein Vertrauen auf ihn vertiefen.

## 2. August

*Ein Anwalt der Witwen und ein Vater der Waisen ist Gott in seinem Heiligtum.*
*Psalm 68,6*

**Sprich heute diese Wahrheit aus:**

*Gott ist ein Anwalt der Witwen und ein Vater der Waisen!*

**Gott richtet seinen Blick besonders auf benachteiligte Menschen!** Bereits bei der Geburt von Jesus Christus waren die Hirten die Ersten bei der Krippe. Jesus hatte als Mensch immer wieder die Armen im Blick. Er kümmerte sich beispielsweise um Prostituierte sowie um lahme und blinde Menschen. Ebenso erwähnt er die kleine Spende der Witwe im Tempel. Menschen am Rande der Gesellschaft sind Gott sehr wichtig. Er nennt sich sogar deren Anwalt. Das bedeutet, Gott setzt sich für diese Menschen ein. Ich ermutige dich, nach diesem Vorbild zu handeln und ebenso die armen Menschen zu unterstützen. Richte deinen Blick heute auf benachteiligte Menschen. Vielleicht schlummert in dir auch ein entsprechendes Projekt, das du gerne entwickeln oder unterstützen möchtest. Dann lass dich von Gott darin anleiten und setze es in seiner Kraft um.

3. August

*In der Welt habt ihr Angst,*
*aber lasst euch nicht entmutigen:*
*Ich habe die Welt besiegt.*
*Johannes 16,33b*

**Sprich heute dieses Bibelwort über deinem Leben aus:**

*In der Welt habe ich Angst, aber ich* DEIN NAME *lasse mich nicht entmutigen, denn Jesus hat die Welt besiegt!*

**Gott kann jede Angst in Zuversicht verwandeln!** Kennst du Momente, in denen du ängstlich im Bett liegst? Du denkst darüber nach, was in der Vergangenheit geschehen ist, und du sorgst dich um die Zukunft. Angst kann uns einnehmen und richtig klein machen. Mächtige Riesen von Problemen türmen sich vor uns auf und wir fühlen uns schlicht und einfach bedroht. In dieser Situation dürfen wir aber uns daran erinnern, dass Gott immer derselbe bleibt, denn er sagt uns zu, dass Jesus die Welt und damit auch alle Ängste besiegt hat. Er ist also stärker als deine Befürchtungen und auch größer als deine Probleme. Er kann jede Angst in Zuversicht verwandeln. Deshalb lass dich nicht länger irritieren und vergeude deine Zeit nicht mit sorgenvollen Gedanken. Sprich stattdessen Gottes Größe in deine Lebenssituation hinein und erlebe, wie sein Friede dich erfüllt.

**4. August**

*Meinen Frieden gebe ich euch; einen Frieden, den euch niemand auf der Welt geben kann. Seid deshalb ohne Sorge und Furcht! Johannes 14,27*

**Sprich heute diese Zusage über deinem Leben aus:**

*Jesus gibt mir* DEIN NAME *den einzigartigen Frieden. Darum bin ich ohne Sorge und Furcht.*

**In die größte Herausforderung gießt Gott seinen tiefen Frieden!** Sorgen und Ängste können uns jederzeit begegnen. Stürme können uns massiv aus der Bahn werfen und uns schlaflose Nächte bereiten. Es sind die Momente, in denen wir kein Auge zu bekommen und am Morgen genervt in den Tag starten. Schwierigkeiten rauben uns Energie und bereiten uns Stress. Gott weiß darum. Er kennt unsere Sorgen und Ängste ganz genau. Aber genau dann will Gott uns seinen einzigartigen Frieden schenken. Deshalb wende dich in diesen Lebensphasen sofort an Gott. Trage deine Sorgen nicht selber und versuche nicht, deine Probleme aus eigener Kraft zu lösen. Du hast die Chance, in deinen größten Turbulenzen den einzigartigen Frieden Gottes zu empfangen. Lass dich von seinem göttlichen Frieden überfluten. Ich bin überzeugt, dann wirst du mit ruhigem und entspanntem Herzen durch die größten Stürme deines Lebens schreiten. Gott ist mit dir!

**5. August**

*Sie hatten mich überfallen – was war das für ein schrecklicher Tag! Aber der Herr hielt mich fest und half mir aus Angst und Gefahr. Psalm 18,19-20a*

**Sprich heute diese Zusage über deinem Leben aus:**

*Selbst am schrecklichsten Tag darf ich sicher wissen: Mein Gott wird mir hindurch helfen!*

**Mitten im Sturm ist jemand da, und er streckt dir seine starke Hand entgegen.** Vielleicht haben wir gerade noch entspannt und glücklich im Wohnzimmer gesessen, das Leben genossen und … dann kam dieser Anruf: Jemand ist verletzt, krank, hat eine schlechte Nachricht vom Arbeits- oder Finanzamt bekommen oder vielleicht ist sogar jemand gestorben. Angst und Sorge wollen sich breitmachen, unsere Gedanken drehen sich im Kreis, es scheint, als sei die Zeit stehen geblieben. Doch in solchen Lebenssituationen gibt es ein *Aber*, denn die Bibel lehrt uns: »*Aber* der Herr hielt mich fest!« Exakt in diesen Momenten ist die Hand deines Gottes bereit, dich zu halten und aus Angst und Gefahr zu retten. Gott ist wie ein Anker, der dich hält. Auch im Sturm bleibt er derselbe! Er macht Arme reich, Schwache stark und Angsterfüllten gibt er Zuversicht. Deshalb wisse, dass Gott dich festhält und trägt.

**6. August**

*»Ich [Jesus] bin die Auferstehung, und ich bin das Leben. Wer mir vertraut, der wird leben, selbst wenn er stirbt.«*
*Johannes 11,25*

**Sprich heute diese Zusage aus:**

*Ich* DEIN NAME *werde leben, auch wenn ich sterbe!*

**Wer dem Sohn Gottes vertraut, wird für immer ein Zuhause haben.** Denkst du manchmal auch darüber nach, wie es wohl sein wird, wenn du stirbst? Vielleicht hast du gerade erlebt, wie jemand gestorben ist. Du hast die Trauerfeier vorbereitet und bist immer noch dabei, Abschied zu nehmen. Wenn ein lieber Mensch von dir geht, dann entsteht eine große Lücke und der Abschied ist intensiv und schmerzhaft. Du darfst jedoch wissen, dass Jesus dich hier und jetzt trösten, stärken und ermutigen möchte. Dank seiner Gnade wirst auch du im himmlischen Haus Gottes wohnen und täglich seine sichtbare Präsenz erleben. Ich ermutige dich heute, dich darauf vorzubereiten. Verbringe Zeit im Gebet und entdecke die Schätze in Gottes Wort. Lass dich nicht davon abhalten, deinen Vater im Gebet zu besuchen und mit ihm zu sprechen. Lass dich von Gottes Wort inspirieren. Halte an deiner Heilsgewissheit fest und freue dich heute schon auf dein wunderschönes Zuhause im Himmel.

7. August

*Die ihn aber aufnahmen und an ihn glaubten, denen gab er das Recht, Kinder Gottes zu werden.* Johannes 1,12

**Sprich heute diesen Bibelvers über deinem Leben aus:**

*Ich* DEIN NAME *glaube an Jesus Christus, deshalb bin ich eine Tochter / ein Sohn Gottes.*

**Wer an Jesus Christus glaubt, der ist Gottes geliebtes Kind!** Wie gerne verbringe ich Zeit mit meiner Tochter oder meinem Sohn. Sie sind meine Kinder und ich liebe sie so sehr. Wir genießen gemeinsame Zeiten im Garten, plaudern zusammen am Tisch oder entspannen in der Hängematte. Wie schön ist es, gemeinsam Zeit zu verbringen, einander Dinge zu erzählen und sich gegenseitig zu ermutigen. Genauso hast du die Chance, Zeit mit deinem himmlischen Vater zu verbringen. Du bist sein Kind und er genießt es, mit dir zusammen zu sein. So lege dich heute in seine Arme, erzähle ihm deine Herzenswünsche und höre seinen Worten zu. Ich bin überzeugt, dein Vater wird dich mit seinen Schätzen liebevoll überraschen. Denn du bist sein Kind und bist ihm niemals gleichgültig. Er hat dich ständig im Blick und hält seine schützende Vaterhand über dir.

## 8. August

*Lasst auch ihr euch als lebendige Steine zu einem Haus aufbauen, das Gott gehört.*
*1. Petrus 2,5a*

**Sprich heute diesen Vers als Segen über deinem Leben aus:**

*Ich* DEIN NAME *bin ein lebendiger Stein und lasse mich, zusammen mit anderen, zu einem Haus aufbauen, das Gott gehört.*

**Die schönsten Bauten entstehen aus einer Vielfalt von Talenten.** Jeder Mensch kann in Gottes Reich seinen Platz finden. Für Gott gibt es nicht ein paar wenige außerordentliche Talente, die er sich auswählt und mit denen er dann seine Gemeinde baut. Gottes Plan funktioniert ganz anders. Gott sucht keine Elite, sondern baut sein Reich mit Menschen wie dir und mir. Er möchte, dass jedermann darin einen Platz finden kann. Bei ihm gibt es keine Menschen am Rande der Gesellschaft, und Ausgrenzung, Mobbing und Ignoranz haben bei Gott nichts zu suchen. Jeder Mensch hat bei ihm seinen Platz und jeder ist außerordentlich wichtig. Jeder bekommt Gottes Wertschätzung und seine Anerkennung. Wenn einer fehlt, dann entsteht eine schmerzliche Lücke. So ermutige ich dich heute, deinen Platz in Gottes Reich einzunehmen und zu erkennen, wie wichtig du ihm bist.

9. August

*Eure Schönheit soll von innen kommen! Schmückt euch mit Unvergänglichem wie Freundlichkeit und Güte.* 1. Petrus 3,4

**Sprich heute diesen Vers als Segen über deinem Leben aus:**

*Meine* DEIN NAME *Schönheit soll von innen kommen! Ich schmücke mich mit Unvergänglichem wie Freundlichkeit und Güte.*

**Wer mit den Augen des Herzens Jesus ansieht, der wird von seiner Freundlichkeit und Güte geprägt!** Wie oft stehst du im Badezimmer vor deinem Spiegel und betrachtest dein Gesicht und deine Haare? Gott hat dich schön gemacht! Doch die Bibel erinnert uns auch an unsere innere Schönheit. Denn du kannst noch so schön aussehen, doch wenn dein Herz nicht gepflegt wird, endet auch deine äußere Schönheit im Eimer. So ermutige ich dich, mit deinem Herzen auf Jesus zu schauen. Wenn du ihn und seine Freundlichkeit und Liebe ansiehst, werden diese Auszeichnungen wirklicher Schönheit auch bei dir sichtbar werden und damit wirst du deine Umgebung positiv prägen. Empfange diese Kostbarkeiten, indem du Gott für Jesus und sein Wirken in deinem Herzen und Leben dankst. Erlaube Gott heute, dein Herz mit seiner Liebe, Freundlichkeit und Güte zu füllen und erlebe, wie du und deine Mitmenschen davon profitieren werden.

10. August

*Das Gesetz des Herrn ist vollkommen, es stärkt und erfrischt die Seele. Was der Herr in seinem Wort bezeugt, darauf kann man sich verlassen.*

*Psalm 19,8a* NGÜ

**Sprich heute diese Wahrheit über deinem Leben aus:**

*Gott, dein Wort ist auch für mich* DEIN NAME *vollkommen. Ich lese es, denn es macht mich so glücklich. Ich* DEIN NAME *verlasse mich auf dein Wort!*

**Was Gott dir verspricht, das wird er mit Sicherheit tun!** Menschen machen oft leere Versprechen. Und genau solche leeren Versprechen lösen bei uns Frust und Ärger aus. Auch in Familien kann ein solches Verhalten Enttäuschung und Frust hinterlassen. Gott hingegen ist völlig anders. Er bleibt immer derselbe. Er verändert sich nicht, denn in Ewigkeit steht er fest. Sein Wesen ist die Treue selbst und er liebt es, standhaft zu sein. Deshalb ermutige ich dich heute, Gottes Versprechen zu vertrauen. Glaube an seine Zusagen und Verheißungen. Wenn Gott sagt: »Ich bin mit dir!«, dann ist Gott wirklich ganz nah an deiner Seite und geht auf Schritt und Tritt mit dir. Darum sprich heute Gottes Wort in dein Leben hinein und vertraue darauf, dass es eine kraftvolle Wirkung zeigen wird. Du und dein Haus werden davon profitieren!

**11. August**

*Gott aber, von dem ihr so viel unverdiente Güte erfahrt, hat euch durch Jesus Christus zugesagt, dass er euch nach dieser kurzen Leidenszeit in seine ewige Herrlichkeit aufnimmt.* 1. Petrus 5,10

**Sprich heute diesen Bibelvers über deinem Leben aus:**

*Ich* DEIN NAME *habe von Gott so viel unverdiente Güte erfahren. Er wird mich nach meinem Tod in seine ewige Herrlichkeit aufnehmen.*

**Das Zuhause im Himmel ist ein unverdientes Geschenk!** Immer wieder begegne ich Menschen, die denken, sie könnten sich den Himmel verdienen. Je mehr sie beten, je besser sie als Christ leben oder je mehr Geld sie spenden, desto eher bestehe die Chance auf Gnade von Gott. In ihrem Herzen sind sie ungewiss, denn niemand kann ihnen das ewige Heil zusichern – außer Jesus selbst. Und er hat sich festgelegt: Er hat seinen Auftrag auf dieser Welt ausgeführt und damit steht uns die vollständige Rettung zur Verfügung. Es gibt kein Wenn und Aber. Wer an Jesus Christus glaubt, wird durch die Gnade Gottes einen ewigen Platz im Himmel haben. Selbst wenn Fehler passieren oder der Lebensweg eine Kurve aufweist, so bleibt Gott der gnädige und liebende Gott. Deshalb verlasse dich komplett auf seine Liebe und setze dein ganzes Vertrauen auf Jesus Christus.

**12. August**

*Alles, was Gott uns gibt, ist gut und vollkommen. Er, der Vater des Lichts, ändert sich nicht. Jakobus 1,17*

**Sprich heute diese Wahrheit über dir aus:**

*Alles, was Gott mir* DEIN NAME *gibt, ist gut und vollkommen. Mein Vater des Lichts ändert sich nicht.*

**Alles im Leben eines Menschen kann auf den Kopf gestellt werden, aber die Liebe Gottes bleibt immer dieselbe!** Gott verändert sich niemals. Er ist und bleibt derselbe – gestern, heute und in Ewigkeit. Niemals würde sich Gott ändern oder uns plötzlich den Rücken zukehren. Er bleibt standfest und absolut stabil. Nichts und niemand kann Gott aus der Ruhe bringen. Er hat den Masterplan für dein Leben. Vielleicht bist du gerade enttäuscht oder frustriert, weil die Dinge nicht so laufen, wie du dir das vorgestellt hast. Dann lass jetzt den Kopf nicht hängen, sondern vertraue deinem Gott. Er weiß, was er tut. Alles, was er für dich vorbereitet hat, ist gut. Deshalb richte deinen Fokus auf sein ewiges Wort. Lass dich von Gott leiten und erkenne seinen guten Plan für dich, auf den er sich in Christus festgelegt hat. Er kann aus jedem Scherbenhaufen etwas Wunderschönes machen. Darum bleibe dran, leg deine Zweifel bei ihm ab und glaube zuversichtlich an Gottes übernatürliche Möglichkeiten.

13. August

*Leidet jemand unter euch? Dann soll er beten! Hat einer Grund zur Freude? Dann soll er Gott Loblieder singen. Jakobus 5,13*

**Sprich heute diesen Bibelvers über deinem Leben aus:**

*Wenn ich* DEIN NAME *leide, dann bete ich. Wenn ich Grund zur Freude habe, dann singe ich meinem Gott Danklieder!*

**Es gibt immer einen Grund, um Gottes Gegenwart zu genießen!** Wie geht es dir heute? Fühlst du dich glücklich, weil du in deinem Haus gerade eine fröhliche Stimmung erlebst? Oder bist du eher traurig, weil es Dinge gibt, die dein Herz schwer machen? Egal, welche Gefühle du gerade erlebst, jetzt ist der Zeitpunkt, um Gott zu begegnen! Er kennt deine Freuden, sieht aber auch deine Traurigkeit. Egal, ob du dein Lebenslied in Moll singst oder Dur, Gott steht immer dicht an deiner Seite. So ermutige ich dich heute, Gott für seine Nähe zu danken und sie zu genießen. Du kannst auch aufschreiben, wofür du dankbar bist: deine Familie, dein Haus, deinen Garten, deine Gesundheit. Sage Gott immer wieder danke – vor allem für Jesus –, denn damit schätzt du seine Güte und Fürsorge und erkennst sie an. Und wenn es dir heute nicht so gut geht, schütte dein Herz (allein oder zu zweit) in aller Ehrlichkeit vor Gott aus und lass dich von deinem Vater im Himmel trösten und beschenken.

**14. August**

*Und geht es auch durch dunkle Täler, fürchte ich mich nicht, denn du, Herr, bist bei mir. Du beschützt mich mit deinem Hirtenstab. Psalm 23,4*

**Segne dich heute mit dieser Wahrheit und sage:**

*Ich* DEIN NAME *fürchte mich nicht! Auch wenn mein Leben gerade in Dunkelheit geraten ist, habe ich keine Angst, denn Gott ist bei mir und beschützt mich!*

**Ängstliche Herzen können durch Gottes Präsenz in zuversichtliche und mutige Herzen verwandelt werden!** Gott kennt deine Ängste. Es ist ihm bestens bekannt, wenn du nachts wach liegst und darüber nachsinnst, was dich in deinem Leben bedroht oder zugrunde richten möchte. Mitten in dieser Achterbahn der Gefühle möchte Gott dir begegnen! Er ist jederzeit bei dir. Er liebt dich und er möchte dir Trost und Schutz geben. Gerade in Zeiten der Trauer und der Angst brauchen wir den Schutz Gottes auf besondere Weise, weil wir in der Gefahr stehen, uns durch die negativen Gedanken in die Tiefe ziehen zu lassen. Doch davor möchte uns Gott bewahren. Er möchte dich tragen und dir neue Hoffnung schenken. Es gibt immer einen Ausweg aus der Dunkelheit. Jesus selber sagt: »Ich bin das Licht der Welt«, und da, wo Licht ist, muss die Dunkelheit weichen!

15. August

*Unterstellt euch Gott, und widersetzt euch dem Teufel. Dann muss er von euch fliehen. Jakobus 4,7*

**Sprich heute diese Wahrheit aus:**

*Ich* DEIN NAME *unterstelle mich Gott und widersetze mich dem Teufel. Im Namen Jesu muss Satan weichen!*

**Wo der Name Jesus Christus geehrt wird, da muss Satan verschwinden!** Jesus Christus ist der Sohn Gottes und ihm gehört die Macht über Himmel und Erde. Jesus hat die Herrschaft. Wenn du an Jesus Christus glaubst, bist du durch ihn zur Herrschaft bestimmt. Das Böse hat keine Chance mehr, über dich zu regieren, denn Jesus wohnt eine Etage höher! Deshalb gebe ich dir den Hinweis, den Namen von Jesus Christus immer wieder auszusprechen. Wenn beispielsweise in deinen Gedanken Unordnung herrscht oder wenn Dinge geschehen, die du nicht einordnen kannst, sprich den Sieg von Jesus Christus aus. Dank ihm hat das Böse keinen Anspruch mehr auf dein Leben, dein Haus und deine Beziehungen. Du bist dazu bestimmt, dein Christsein in Freiheit und Sieg zu leben. Die Dunkelheit muss weichen, denn Jesus Christus ist das Licht und ihm gehört die Herrschaft. Gott ist mit dir!

16. August

*Immer bin ich meinem Gott dankbar, wenn ich an euch denke, und das tue ich in jedem meiner Gebete mit großer Freude. Philipper 1,3-4*

**Sprich heute Folgendes in dein Leben:**

*Ich* DEIN NAME *bin dankbar für meine Mitmenschen. Heute bete ich für meine Nächsten.*

**Wer seinen Lieblingsmenschen Wertschätzung schenkt, wird glücklich werden!** Es ist so schön, gute Freunde oder eine liebe Familie zu kennen. Sei heute dankbar dafür, denn Lieblingsmenschen sind keine Selbstverständlichkeit. Lass dir heute von Gott zeigen, wie du ihnen Ehre und Wertschätzung entgegenbringen kannst. Vielleicht überraschst du sie mit einer kleinen Nachricht oder einem netten Geschenk. Das Größte, was du für deine Lieblingsmenschen tun kannst, ist jedoch das Gebet. Du hast damit die Chance, sie mit Gutem zu segnen. Segne deine Freunde und bete für deine Kinder. Vertraue deine Lieblingsmenschen Gottes Schutz an und danke ihm für diese wunderbaren Beziehungen. Ich bin überzeugt, diese Gedanken werden dein Herz mit Freude erfüllen.

17. August

*Hilfesuchend blicke ich zum Herrn, denn er wird mich aus der Schlinge ziehen.*
*Psalm 25,15*

**Sprich heute diese Zusage über deinem Leben aus:**

*Hilfesuchend blicke ich* DEIN NAME *zu dem Herrn, denn er wird mich* DEIN NAME *aus der Schlinge ziehen!*

**Der Blick zu Jesus bringt Freiheit in dein Leben!** Es gibt Dinge, die uns regelrecht gefangen nehmen und uns einengen. In solchen Momenten fühlt es sich so an, als hätte uns jemand eine Schlinge gelegt. Wir werden umwickelt und immer stärker eingeengt, bis wir kaum noch Luft bekommen. Die Bibel lehrt uns aber immer wieder, dass in Jesus Freiheit zu finden ist. Deshalb richte heute deinen Blick auf ihn. Vielleicht kannst du gerade jetzt aus deinem Fenster schauen und deinen Blick symbolisch zum Himmel richten. Wenn wir unseren Blick auf unsere Sorgen und Schwierigkeiten fixieren, dann wird es in unserer Seele dunkel und schwer. Wenn wir ihn jedoch auf Jesus ausrichten, dann werden Leichtigkeit und Frieden in unsere Herzen einziehen. Er kann jede Gefangenschaft in Freiheit verwandeln. Deshalb lasse dich nicht länger versklaven, sondern entdecke die Freiheit, die dir in Jesus Christus geschenkt ist, und ergreife sie, denn dann wird dich nichts mehr einengen!

18. August

*Freut euch Tag für Tag, dass ihr zum Herrn gehört. Und noch einmal will ich es sagen: Freut euch! Philipper 4,4*

**Sprich heute diese freudige Wahrheit aus:**

*Ich* DEIN NAME *freue mich, denn ich gehöre zu Gott!*

**Richtig tiefe Freude findest du in der Beziehung mit Gott!** Es gibt so viele Dinge im Leben, über die wir uns freuen können. Vielleicht freust du dich gerade über deine neue Dekoration im Wohnzimmer oder du freust dich, weil du deine Prüfung bestanden hast. Es gibt viele Gründe, warum wir uns freuen können. Leider ist jedoch die Freude im Alltag auch schnell wieder vorbei. Wir vergessen, was wir an Gutem haben, oder können die kleinen Schönheiten im Alltag nicht mehr sehen. Wir gewöhnen uns an all das Gute und merken gar nicht mehr, wie reich beschenkt wir eigentlich sind. Die Bibel erinnert uns an eine ewig anhaltende, wirklich tiefe Freude: Durch Jesus Christus und dein Vertrauen auf ihn gehörst du zu Gott! Du bist für Gott unendlich kostbar, er liebt dich und hat deinen Namen in seine Handfläche eingraviert. Er hat alle Haare auf deinem Kopf gezählt und er begleitet dich ständig mit seinem liebevollen Blick. Du kannst dich richtig freuen, denn dieser Gott ist dein Vater im Himmel! Dein Name ist bei ihm registriert und du gehörst in sein ewiges himmlisches Zuhause.

19. August

*Jede Generation soll von den mächtigen Taten Gottes hören, von allen Wundern, die er vollbracht hat. Psalm 78,4b*

**Sprich heute Folgendes aus:**

*Auch meine* DEIN NAME *Generation soll von den mächtigen Tagen Gottes hören, von allen Wundern, die er vollbracht hat.*

**Gute Nachrichten sollen verbreitet werden!** Oft stellen wir Menschen die negativen Dinge in den Vordergrund. Es werden Skandale, Gerüchte oder andere negative Dinge über Menschen erzählt, die sich meist großflächig und in einem schnellen Tempo verbreiten. Gott hat einen anderen Auftrag für uns. Er weiß, welch eine zerstörerische und verletzende Wirkung negatives Gerede hat. Aus diesem Grund wünscht Gott sich, dass das Evangelium (die gute Nachricht) verbreitet wird. Die frohe Botschaft von dem Retter Jesus Christus soll erzählt werden. Jede Generation soll erfahren, dass Gott uns seine Gnade geschenkt hat und dass wir allein dank des Todes von Jesus Christus die Vergebung der Sünden empfangen können. Genau diese wunderbare Botschaft muss in die Welt hinaus! So ermutige ich dich heute, ein Botschafter Gottes zu sein. Erzähle deinen Mitmenschen die frohe Nachricht und distanziere dich heute ganz klar von negativer Rede. Ich bin überzeugt, das wird dich sehr fröhlich machen.

20. August

*Alles kann ich durch Christus,*
*der mir Kraft und Stärke gibt.*
*Philipper 4,13*

**Sprich heute diese Zusage über deinem Leben aus:**

*Ich* DEIN NAME *kann alles durch Jesus Christus, denn er gibt mir Kraft und Stärke.*

**Wer sich auf die Kraft von Jesus Christus verlässt, der wird mit Gunst und Gelingen gesegnet werden!** Zweifelst du manchmal an deinen Fähigkeiten oder fühlst du dich bei gewissen Herausforderungen verunsichert? Vielleicht stehst du gerade vor einer schwierigen Aufgabe oder du möchtest dich auf ein neues Level begeben. Du kannst versuchen, aus eigener Kraft dein Leben zu leben und deine Probleme in Eigenregie anzugehen. Doch das wird dich nicht weit bringen. Stattdessen kannst du in der Kraft von Jesus Christus agieren. Ich bin überzeugt, Gott wird dir Gelingen und übernatürliche Gunst schenken! Rechne mit Gottes Kraft in allem, was du gerade tust. Lass dich von Gott selbst mit seinen Fähigkeiten ausstatten und setze seine Kraft an deinem Arbeitsplatz und in deinem Zuhause frei. Je mehr du die Gegenwart Gottes suchst und aus dieser Kraft handelst, desto größere Wunder werden in deinem Leben sichtbar werden.

**21. August**

*Die ganze Welt soll den Herrn fürchten,*
*ehrt ihn, ihr Völker der Erde!*
*Psalm 33,8*

**Sprich heute dieses Bekenntnis aus:**

*Ich* DEIN NAME *fürchte und ehre den Herrn!*

**Gott ist der König der Könige und ihm gehört alles, was auf dieser Erde ist.** Wer auf Jesus Christus vertraut und damit Gott die Ehre gibt, der wird seine Herrlichkeit sehen. Deshalb bete Gott heute an und sage ihm persönlich, wie sehr du ihn magst und wie froh du über Jesus bist. Ich bin überzeugt, dass sich dies auf deine ganze Familie auswirken wird. Je mehr du erkennst, wie sehr Gott dich durch Christus liebt, desto mehr wirst du Gott die Ehre geben und desto respektvoller wirst du auch mit deinen Nächsten umgehen. Auf dieser Grundlage kannst du heute anerkennende Worte verschenken und deinen Liebsten ein Kompliment machen. Wir sagen so schnell, was uns nervt, und vergessen dabei all das Gute. Doch du kannst heute einen Unterschied machen und in deinem Haus einen respektvollen Umgang pflegen.

22. August

*Jeder soll dem anderen helfen, seine Last zu tragen. Auf diese Weise erfüllt ihr das Gesetz, das Christus uns gegeben hat.*
*Galater 6,2*

**Sprich heute diesen Bibelvers über deinem Leben aus:**

*Ich* DEIN NAME *werde heute meinen Mitmenschen helfen, ihre Lasten zu tragen. Denn so tue ich, was Jesus für mich vorbereitet hat.*

**Wer seinen Nächsten ein offenes Ohr schenkt, schafft ein Zuhause der Wertschätzung und Anerkennung!** Oftmals beobachte ich, dass Menschen großartige Ideen haben und in der Öffentlichkeit armen Menschen helfen wollen. Sie unterstützen Projekte in aller Welt und kümmern sich beispielsweise um Flüchtlinge. Das ist eine gute Sache – aber wie sieht es mit den Nächsten aus? Du bist von Gott beauftragt und befähigt, deine Mitmenschen zu lieben. Heute hast du die Möglichkeit, für deinen Partner, deine Kinder und deine Freunde zu beten und sie zu segnen. Du kannst deine Nächsten heute fragen, wie es ihnen geht, dich für ihr Ergehen interessieren und dir ihre Nöte anhören. Wenn du dir vom Heiligen Geist zeigen lässt, wie sehr Gott dich wertschätzt, wird diese Wertschätzung auch an andere weiterfließen.

**23. August**

*So ermutigt und tröstet einander,*
*wie ihr es ja auch bisher getan habt.*
*1. Thessalonicher 5,11*

**Sprich heute diesen Vers als Segen über dir aus:**

*Ich* DEIN NAME *ermutige und tröste meine Mitmenschen.*

**Deine Ermutigung stärkt die Lebensfreude deiner Mitmenschen!** Oftmals gehen deine Mitmenschen traurig und entmutigt durch den Alltag. Vielleicht gibt es Menschen an deinem Arbeitsplatz, in der Nachbarschaft oder in deiner Familie, die momentan richtig traurig sind. Sie kommen mit ihren Sorgen nicht klar und es liegt vielleicht gerade ein dunkler Schatten über ihrem Zuhause.

Du hast die Möglichkeit, heute einen Sonnenstrahl in diese Dunkelheit zu senden, indem du dich den traurigen Menschen zuwendest und ihnen Gutes tust. Lass dich in deinen Worten und Ermutigungen vom Heiligen Geist leiten, sprich Komplimente aus und teile deinen Nächsten das Positive mit! So kannst du die Mutlosigkeit deiner Mitmenschen in große Freude verwandeln! Lass dich heute von Gott führen und dir zeigen, welche Menschen deine Ermutigung brauchen, wie er sie sieht und was er ihnen sagen möchte. Gott segne dich!

24. August

*Der Herr ist denen nahe,*
*die verzweifelt sind.* Psalm 34,19a

**Sprich heute diese Wahrheit über deinem Leben aus:**

*Der Herr ist mir* DEIN NAME *nahe, gerade auch dann, wenn ich verzweifelt bin.*

**Jede Krise birgt die Chance einer tiefgründigen Begegnung mit Gott!** Wer sich gerade mitten im Sturm befindet, der kann oftmals die Chancen dieser Situation nicht mehr erkennen. Es gibt Phasen der Dunkelheit, in denen sich Verzweiflung und Angst breitmachen wollen. Dann würden wir am liebsten davonlaufen und keine Menschen mehr sehen müssen. Exakt diese Momente sind aber eine wunderbare Chance. Denn Gott verspricht uns in diesen Situationen seine wundervolle Nähe. Als ich am absoluten Tiefpunkt meines Lebens auf dem Liegestuhl in Florida lag, da ist mir Gott in einer derartigen Tiefe begegnet, die mich von den Socken gehauen hat! Ich schreibe darüber im Buch »Aufstehen ist göttlich«. Gerade wenn du am Tiefpunkt bist, steht dir Gottes Nähe in einem nie gekannten Ausmaß offen. Gott sieht deine Verzweiflung und wird dir liebevoll und kraftvoll begegnen. Deshalb glaube an eine neue Chance, höre auf Gott und lass dich von ihm beschenken. Er hat Wege für dich, die sich dir besonders in der Tiefe auftun.

25. August

*Dankt Gott für alles. Denn das erwartet Gott von euch, weil ihr zu Jesus Christus gehört. 1. Thessalonicher 5,18*

**Sprich heute dieses Bekenntnis aus:**

*Ich* DEIN NAME *danke meinem Gott für alles!*

**Dankbarkeit erfrischt und stärkt dein Zuhause.** Das größte Geschenk ist die Gnade durch Jesus Christus. Er hat sich selbst geopfert, damit du in Freiheit und Leichtigkeit leben kannst. Jesus Christus hat dich befreit, und für dich wird es nie mehr Verdammnis geben. Dein Schuldbrief ist getilgt und niemand hat mehr das Recht, dich anzuklagen. Wer diese Tatsache verstanden hat, wird eine tiefe Dankbarkeit in seinem Herzen verspüren. So mache ich dir heute Mut, dieser Dankbarkeit Ausdruck zu verleihen. Wir lehren unsere Kinder, danke zu sagen, oder erwarten, dass andere sich bei uns bedanken, wenn wir etwas verschenken. Wie viel mehr gebührt unserem Gott, der uns bereits alles geschenkt hat, unsere Dankbarkeit! Überschütte Gott heute nicht nur mit deinen Bitten, sondern beginne den Tag mit einem Dankgebet. Du hast so viel Grund, dankbar zu sein. Danke Gott für deine Familie, deinen Arbeitsplatz, dein Haus, deine Freunde, für deinen Reichtum – und vor allem für Jesus und für das, was er am Kreuz für dich getan hat!

**26. August**

*Bleibt wachsam, und steht fest im Glauben! Seid entschlossen und stark!*
*1. Korinther 16,13*

**Sprich heute diesen Vers als Segen über deinem Leben aus:**

*Ich* DEIN NAME *bleibe wachsam und ich stehe fest im Glauben. Ich bin entschlossen und stark.*

**Wer mutig ist und standhaft bleibt, wird die Welt zum Positiven verändern!** Fragst du dich manchmal, wie du dein Glaubensleben fit halten und festigen kannst? Schaue täglich auf Jesus und empfange seine Liebe, seine Stärke und seinen Mut. Wenn du in dieser Welt bestehen möchtest, dann brauchst du die Stärkung und Ermutigung aus Gottes Wort. Bitte den Heiligen Geist darum, dass er dir Jesus und sein vollbrachtes Werk am Kreuz erklärt und großmacht. Dann wirst du dich nicht von den Strömungen und Trends dieser Zeit irritieren lassen. Gott sucht nach Menschen auf der ganzen Erde, die ihm vertrauen. Richte deinen Fokus darauf, wie sehr Gott dich liebt, und lasse dich von seiner Liebe erfüllen. Dann wirst du die Dinge nicht aus Pflichtgefühl oder Anstand heraus tun, sondern mehr und mehr so handeln, wie Jesus es getan hat und dadurch ein Repräsentant der Liebe Gottes auf dieser Welt sein!

27. August

*Und diese Hoffnung geht nicht ins Leere. Denn uns ist der Heilige Geist geschenkt, und durch ihn hat Gott unsere Herzen mit seiner Liebe erfüllt. Römer 5,5*

**Sprich heute diese Wahrheit über deinem Leben aus:**

*Mir* DEIN NAME *ist der Heilige Geist geschenkt, und durch ihn hat Gott mein Herz mit seiner Liebe erfüllt.*

**Herzen, die mit göttlicher Liebe gefüllt sind, werden ihr Zuhause mit einer wunderbaren Atmosphäre füllen.** Oftmals denken wir, wir könnten die schlechte Stimmung im Haus nicht ändern. Dem ist aber nicht so. Du kannst die Atmosphäre prägen und hast die Chance, einen Unterschied zu machen. Durch den Heiligen Geist hat dein Vater im Himmel seine ungeteilte Liebe in dein Herz gegossen – und das als unverdientes Geschenk. Gottes Liebe lebt in dir! Bitte Gott darum, dir diese Wahrheit zu offenbaren, denn je bewusster dir diese Tatsache ist, desto mehr wirst du diese Liebe verbreiten – und zwar unabhängig von den Umständen oder deinen Ansprüchen. Indem du dein Haus mit dieser göttlichen Liebe prägst, werden deine Nächsten den Vater im Himmel spüren. Du kannst Gespräche in die richtige Richtung lenken und Zärtlichkeit oder Komplimente verschenken. Lass dich darin von Gottes Geist anleiten!

## 28. August

*In seiner Liebe sollt ihr fest verwurzelt sein; auf sie sollt ihr bauen.*
*Epheser 3,17b*

**Sprich heute diese Zusage über deinem Leben aus:**

*Ich* DEIN NAME *bin fest in Gottes Liebe verwurzelt.*

**Die wunderbarste Atmosphäre in einem Zuhause gründet auf der Liebe Gottes!** Die göttliche Liebe ist dermaßen stark, dass sie jeden Fehler verzeihen kann. Wer diese Liebe anerkennt, wird eine unglaublich große Kraft empfangen. Gottes Liebe ist perfekt und sie hat die Kraft, Schwierigkeiten in »Leichtigkeiten« zu verwandeln. Du kannst in dieser Liebe fest verwurzelt sein. Ich ermutige dich heute, diese Wurzeln zu schlagen und dein Lebenshaus auf die göttliche Liebe zu bauen. Strecke dich heute nach ihr aus und setze einen festen Anker in der Liebe Gottes. Schlage heute Pflöcke der Liebe ein und lass dich durch nichts davon abhalten. Ich bin überzeugt, dies wird die Atmosphäre in deinem Zuhause in ein wohltuendes Ambiente verwandeln. Begegne heute deinen Mitmenschen in Liebe. Selbst wenn dich Menschen nerven oder Situationen dich zum Verzweifeln bringen, so hast du doch einen Liebestank, der dir eine Energie schenkt, mit der du deinen Herausforderungen in großer Liebe begegnen kannst. Gott segne dich!

29. August

*Vertraue dich dem Herrn an und sorge dich nicht um deine Zukunft! Überlasse sie Gott, er wird es richtig machen. Psalm 37,5*

**Sprich heute dieses Bekenntnis aus:**

*Ich* DEIN NAME *vertraue mich dem Herrn an und sorge mich nicht um die Zukunft. Ich überlasse sie Gott, denn er wird es richtig machen!*

**Wer seine Zukunft in Gottes Hand legt, wird entspannt sein Leben genießen können!** Manchmal denken wir, wir wüssten ganz genau, wie unser Leben verlaufen sollte. Wirklich in die Zukunft schauen kann aber nur unser Gott. Er weiß, wie es dir in 20 Jahren gehen wird, und hat schon jeden einzelnen Tag in sein Lebensbuch eingetragen. Er weiß alles! Obwohl das vielen klar ist, meinen wir Menschen doch oft, es besser zu wissen. Heute hast du die Chance, umzudenken und Gott ganz bewusst jede Sekunde deines Lebens anzuvertrauen. Gott sieht deine Herzenswünsche und möchte dich Schritt für Schritt vorwärts führen. Er kümmert sich um deine Arbeitsstelle, deine Beziehungen und auch um deinen Kinderwunsch. Nichts ist Gott verborgen. Deshalb sprich heute mit ihm über deine Wünsche und glaube an seine übernatürliche Führung. Gott hat mich beruflich sowie privat immer wieder total überrascht. Dasselbe möchte er für dich tun!

## 30. August

*Er [Gott] hat uns mit seinem Geist reich beschenkt, und durch Christus haben wir Zugang zu Gottes himmlischer Welt erhalten. Epheser 1,3*

**Sprich heute diese wundervolle Wahrheit über deinem Leben aus:**

*Gott hat mich* DEIN NAME *mit seinem Geist reich beschenkt. Durch Jesus Christus habe ich Zugang zu Gottes himmlischer Welt.*

**Die größten Geheimnisse entdecken wir in der Gegenwart Gottes.** Obwohl wir in Europa zu den reichsten Menschen der Erde gehören, kann das Geld am Ende des Monats trotzdem knapp werden. Die Bibel lehrt uns über einen Reichtum, der noch viel wertvoller ist als jede erdenkliche Menge von Geld. Wer an Jesus Christus glaubt, bekommt nämlich den Geist Gottes – eine unschätzbare Kostbarkeit mit einer enormen Kraft! Durch den Geist Gottes in dir hast du Zugang zu Gottes Welt. Du wirst nicht nur in Ewigkeit bei Gott wohnen, sondern hast bereits jetzt sensationelle Privilegien! So ermutige ich dich heute, diesen Zugang zu entdecken und in diese Welt einzutreten. Du kannst Gott zum Beispiel um Engel bitten oder im Namen Jesu machtvolle Gebete sprechen. Außerdem wird dir dieser Zugang neue Erkenntnisse und Wegweisung aufzeigen. Nutze heute den Zutritt, den du zu Gottes himmlischer Welt bekommen hast!

31. August

*Herr, unser Gott! Zeige uns deine Güte!*
*Lass unsere Mühe nicht vergeblich sein!*
*Ja, lass unsere Arbeit Früchte tragen!*
*Psalm 90,17*

**Sprich heute diese Segnung über deinem Leben aus:**

*Herr, mein Gott! Du zeigst mir* DEIN NAME *deine Güte! Du lässt meine Mühe nicht vergeblich sein! Ja, du lässt meine Arbeit Früchte tragen!*

**Gott will deine Arbeit mit Gunst und Erfolg segnen!** Die meisten Menschen gehen einer Arbeit nach. Die einen erziehen Kinder, andere arbeiten im Büro, wieder andere zeichnen Pläne, reparieren Fahrzeuge oder pflegen Menschen. Ich persönlich arbeite in einer Arztpraxis. Dort fertige ich Röntgenbilder an oder mache Laboruntersuchungen. Zusätzlich arbeite ich als Religionslehrerin und als freischaffende Autorin. Jeder Job ist anders und macht mir Spaß. Aber etwas bleibt bei jeder Arbeit gleich: Die Güte Gottes steht mir zur Verfügung! So bete ich für gute Gespräche in der Praxis, für eine tolle Atmosphäre an der Schule sowie für eine übernatürliche Verbreitung meiner Bücher. Gott möchte in jedem Bereich Einfluss nehmen, und ich erlebe überall seine Kraft. Das kannst du auch für dein Zuhause und für deinen Arbeitsplatz erbeten. Ich bin überzeugt, deine Gebete werden eine großartige Auswirkung haben, denn Gott ist mit dir!

**1. September**

*Jedem Einzelnen von uns aber hat Christus besondere Gaben geschenkt, so wie er sie in seiner Gnade jedem zugedacht hat.*
*Epheser 4,7*

**Sprich heute diese Wahrheit aus und erkenne sie an:**

*Christus hat mir* DEIN NAME *besondere Gaben geschenkt!*

**Jede Persönlichkeit ist mit einem großen Potenzial an Talenten ausgerüstet!** Du bist eine Persönlichkeit! Gott hat dich reich beschenkt und in deinem Innern liegt ein großes Paket an Talenten und Gaben. So ermutige ich dich, dein Paket, nämlich dich selbst, auszupacken! Vielleicht hast du die Gabe der Leitung, der Lehre, der Kunst, der Ermutigung, des Helfens, der Gastfreundschaft oder der Organisation. Setze dein Talent heute ein und tue mit deinen Gaben das Gute auf dieser Welt. Zweifle nicht an deinen Fähigkeiten, sondern entdecke alles, was in dir liegt. Gib Gott die Ehre in allem und du wirst sehen, wie Gottes Gnade dich auf deinem Lebensweg fördern und voranbringen wird. Gott segne dich!

**2. September**

*Die Zunge hat Macht über Leben und Tod; wer sie gut nutzt, genießt ihre Frucht.*
*Sprüche 18,21 NEÜ*

**Sprich heute diese Wahrheit über dir aus:**

*Meine* DEIN NAME *Worte haben Macht über Leben und Tod. Wenn ich sie gut nutze, bringen sie gute Frucht.*

**Ermutigende Worte bringen Menschen zum Aufblühen!** Worte haben eine viel größere Macht, als wir denken. Du kannst mit deiner Zunge fluchen und negative Worte über deinem Leben aussprechen. Doch wer sich immer wieder verflucht, wird eine entsprechend negative Ernte haben. Deshalb gebe ich dir heute den dringenden Rat, dich von negativen Worten zu distanzieren und stattdessen Positives über deinem Leben auszusprechen. Jesus Christus wohnt in dir und durch seine Gnade wurdest du vollständig erlöst. Diese Gnade birgt auch die Kraft, das Gute über deinem Leben und über deinem Haus auszusprechen. Verlasse dich heute auf Gottes Kraft und entscheide dich für das Positive. Dann wirst du deine Mitmenschen mit Komplimenten überraschen und auch über deinem eigenen Leben das Gute aussprechen. Und daraus wird gute Frucht entstehen.

**3. September**

*Was immer ihr tut, was ihr auch esst oder trinkt, alles soll zur Ehre Gottes geschehen. 1. Korinther 10,31*

**Sprich heute diesen Bibelvers über deinem Leben aus:**

*Was auch immer ich* DEIN NAME *tue, was ich esse oder trinke, alles soll zur Ehre Gottes geschehen.*

**Bewegung und gesunde Ernährung ist Anbetung Gott gegenüber!** Viele Menschen ernähren sich in der heutigen Zeit sehr ungesund und bewegen sich viel zu wenig. Vielleicht geht es dir gerade selber so, dass du dir zu wenig Zeit nimmst, um deinen Körper fit zu halten. Oder du denkst, dein Körper sei Gott nicht wichtig oder nur zweit- bzw. drittrangig. Die Bibel zeigt uns deutlich: Alles, was wir mit unserem Körper tun, soll zu Gottes Ehre geschehen. Dein Körper ist Tempel des Heiligen Geistes und somit ein Ort, an dem Gott wohnt. Daher ermutige ich dich, achtsam mit deinem Körper umzugehen. Vielleicht ist es heute dran, einen regelmäßigen Sport zu beginnen oder deine Ernährung zu verbessern. Frisches Obst und Vollkornprodukte sind gesund. Ebenso freut sich dein Körper mehr über ein Glas Wasser als über zuckerhaltige Getränke. Wenn es dir schwerfällt, bitte Gott um seine Hilfe in diesem Bereich – ein Teil der Frucht des Geistes ist schließlich auch Selbstbeherrschung und er selbst will sie in dir bewirken.

4. September

*Begehre nicht, was deinem Mitmenschen gehört: weder sein Haus noch seine Frau, seinen Knecht oder seine Magd, Rinder oder Esel oder irgendetwas anderes, was ihm gehört.* 2. Mose 20,17

**Sprich heute diesen Vers über dir aus:**

*Ich* DEIN NAME *begehre nicht, was anderen gehört!*

**Wer sich mit anderen freuen kann, der wird reich gesegnet werden!** Vergleichst du dein Hab und Gut manchmal auch mit anderen Menschen? Vielleicht hast du Freunde, die ein großes Haus haben oder ein schnelles Auto fahren. Du fragst dich dann vielleicht sogar, wie sich diese Menschen das alles leisten können. Deine Gedanken können in diesem Moment sehr schnell in Richtung Eifersucht und Missgunst gehen. Ich gebe dir den Rat, diese Gedanken sofort als schädlich zu identifizieren, im Namen Jesu zu durchbrechen und Gott dafür zu danken, dass er dich durch seine Gnade und seine Vergebung von Neid befreit hat! Das wird Eifersucht den Nährboden nehmen und du wirst beginnen, deinen eigenen Reichtum zu sehen, dankbar für all die Geschenke zu sein, die Gott dir gemacht hat und dich mit deinen Freunden zu freuen und ihnen ihren Reichtum zu gönnen.

**5. September**

*Sei mutig und entschlossen! Lass dich nicht einschüchtern und habe keine Angst! Denn ich, der Herr, dein Gott, bin bei dir, wohin du auch gehst.* Josua 1,9

**Sprich heute diese Ermutigung über deinem Leben aus:**

*Ich* DEIN NAME *bin mutig und entschlossen! Ich lasse mich nicht einschüchtern und habe keine Angst, denn Gott ist mit mir!*

**Wer weiß, dass der allmächtige Gott an seiner Seite steht, der wird mutig!** Es gibt Tage, an denen wir mutlos und vielleicht sogar ein bisschen ängstlich werden. Wir möchten eigentlich etwas Geplantes anpacken, aber es fehlen uns Energie und Mut dazu. Die Bibel fordert dich auf, mutig und entschlossen zu sein. Vergiss dabei nicht, dass Gott an deiner Seite ist. Egal, was heute vor dir liegt oder welchen Weg du gehen musst, Gott ist zu 100 Prozent mit dir. Er steht an deiner Seite und er gibt dir Rückendeckung. Ziehe mit ihm zusammen deine angefangenen Projekte durch oder mache heute den ersten Schritt für deine Vision, die schon so lange auf deinem Herzen liegt. Falls dich die Entmutigung wieder einholen sollte, durchbreche sie im Namen Jesu und lass dir von Gott neuen Mut schenken.

## 6. September

*Er gibt deinem Land Frieden und Wohlstand und schenkt dir bei jeder Ernte die besten Erträge.* Psalm 147,14

**Sprich heute diese Wahrheit über dir und deinem Land aus:**

*Gott gibt meinem Land Frieden und Wohlstand und er schenkt mir* DEIN NAME *bei jeder Ernte die besten Erträge.*

**Gebet für das Vaterland bringt Frieden, Wohlstand und gute Erträge!** Manchmal frage ich mich, warum nur so wenige Menschen tatsächlich für das Vaterland beten. Gott fordert uns auf, für unser Land zu beten. Du kennst die genialste Kraft, die es auf dieser Erde gibt. Damit hast du die Chance, dein Vaterland übernatürlich zu beeinflussen. Daher ermutige ich dich, für dein Land zu beten. Du kannst mit deinem Gebet den Unterschied machen und für den Frieden in Europa beten. Schließe dich mit Freunden zusammen und betet gemeinsam für Bürgermeister, Regierungen und für das Land. Ebenso kannst du für Wohlstand beten. Genügend Nahrung und Geld zu haben ist keine Selbstverständlichkeit. Unsere Vorfahren haben Kriege und Hungersnöte erlebt. Deshalb lass uns dankbar für die heutige Zeit sein. Gemeinsam können wir um Schutz und Segen für unser Land beten. Ich tue dies regelmäßig. Nichts, was wir haben, sollte eine Selbstverständlichkeit werden. Gott segne dich!

7. September

*Er gebe euch ein neues Zuhause …*
*Rut 1,9*

**Sprich heute diese Gewissheit aus:**

*Gott gibt mir* DEIN NAME *ein neues Zuhause.*

**Ein wunderschönes und ewiges Zuhause findest du bei deinem Vater im Himmel!** Vielleicht bist du gerade auf Wohnungssuche oder ein Umzug steht bevor. Auf dieser Erde werden Häuser gekauft, Wohnungen vermietet und Mieter aus ihren vier Wänden geschmissen. Manchmal kann das Thema Wohnsituation ganz schön nerven oder Unsicherheit mit sich bringen. Bei Gott ist das ganz anders! Er schenkt dir eine kuschelige Heimat. Egal, wo du dich auf diesem Planeten gerade befindest, du darfst dich in Gottes Hand sicherwissen. Auch möchte er dich mit Wohnraum auf dieser Erde versorgen. Deshalb rede mit Gott über deine Not. Ich bin sicher, er wird eine gute Lösung für dich vorbereiten. Denke dabei immer wieder an deine zukünftige, ewige Wohnung. Du wirst in alle Ewigkeit bei deinem Gott wohnen. Vielleicht kennst du liebe Menschen, die Jesus vertraut haben und die bereits die Erde verlassen haben. Dann darfst du heute wissen, dass sie bereits in diesem neuen Zuhause bei deinem Vater im Himmel wohnen. Sie warten dort auf dich und werden dich mit offenen Armen empfangen. Gott segne dich!

**8. September**

*Doch ich verlasse mich auf den Herrn, ich warte auf seine Hilfe. Ja, mein Gott wird mich erhören! Micha 7,7*

**Sprich heute diesen Bibelvers über deinem Leben aus:**

*Ich* DEIN NAME *verlasse mich auf den Herrn, ich warte auf seine Hilfe. Ja, mein Gott wird mich* DEIN NAME *erhören!*

**Wer geduldig Gottes Hilfe abwarten kann, wird mit einer Überraschung gesegnet werden!** Vielleicht wartest du seit längerer Zeit auf die Hilfe von Gott. Du hast gebetet und deine Anliegen vor Gott ausgebreitet. Doch bisher ist leider noch nichts Sichtbares geschehen.

Heute ermutige ich dich, aus tiefstem Herzen auf Gott zu vertrauen. Glaube an Gottes Handeln für dich. Halte an Gottes Zusagen fest und vertraue seiner Hilfe. Gott hat dich nicht vergessen und er ist bereits dabei, sich um dein Anliegen zu kümmern. Er arbeitet im Hintergrund. Deshalb übe dich in Ausdauer und bitte Gott, dein Vertrauen auf ihn zu stärken. Darin wirst du ihn erleben. Er wird dich erhören! Dein Anliegen ist ihm sehr wichtig und er möchte dir seine Barmherzigkeit zeigen. Gott segne dich!

9. September

*Denn ich gieße Wasser auf das durstige Land und Ströme auf das ausgetrocknete Feld.* Jesaja 44,3a

**Sprich heute diese Wahrheit über deiner Lebenssituation aus:**

*Gott gießt Wasser auf mein* DEIN NAME *durstiges Land und Ströme auf mein ausgetrocknetes Feld.*

**Gott kann jede vertrocknete Pflanze wieder wunderschön aufblühen lassen!** Im Sommer kann unser Garten richtig schnell austrocknen und an Frische verlieren. In diesen Zeiten schleppen wir mit den Gießkannen das Wasser zu den Pflanzen oder wir lassen die Blumenbeete mit dem Rasensprenger beregnen. Wie wohltuend sind solche Momente für die Pflanzen und das Gras!

Manchmal kann auch unser Leben austrocknen. Wir fühlen uns durstig und verlieren massiv an Energie. Solche Lebensphasen sind anstrengend und lassen sich meist nicht im Voraus erahnen. Doch exakt in diesen Situationen hält dein Vater im Himmel eine Erfrischung für dich bereit! Er schenkt dir dabei nicht nur ein Glas Wasser, sondern wahre Ströme, die sich auf dein vertrocknetes Feld ergießen. Deshalb lass heute dein Leben von Gottes heiligem Wasser überströmen. Erfrische dich in Gottes Gegenwart, damit dein Leben wieder grünen und blühen kann. Gott segne dich!

10. September

*Nur bei Gott komme ich zur Ruhe.*
*Psalm 62,2a*

**Sprich heute diese Wahrheit aus:**

*Nur bei Gott komme ich* DEIN NAME *zur Ruhe.*

**Gott kann jede Schwierigkeit in Ruhe verwandeln!** Manchmal irren wir ruhelos durch unser Haus. In der Nacht können wir nicht schlafen, weil unsere Gedanken durcheinander sind. Am Tag sind wir beschäftigt mit Ängsten und Bedenken, weil die Dinge einfach nicht so laufen, wie wir uns das gerade wünschen. Doch Gott hat auch für diese Situation eine Lösung! Er möchte, dass wir richtig gut schlafen können. Unsere Schwierigkeiten werden sich vielleicht nicht von einer Sekunde auf die andere auflösen, aber Gott möchte, dass wir unsere Sorgen bei ihm abgeben. Dies bedeutet, alle Schwierigkeiten in die Hand Gottes zu legen und wirklich loszulassen. Vielleicht fällt es dir leichter, wenn du deine Sorgen auf einen Zettel schreibst und diesen dann symbolisch zerreißt. Sprich dabei laut aus: »Gott, ich lasse meine Sorgen jetzt bei dir. Danke, dass du dich darum kümmern wirst und ich jetzt gut schlafen werde, weil du bei mir bist!« Lass dich dann ins Bett fallen und danke Gott für seine Gegenwart. Vertraue seiner Kraft und glaube an die Lösungen, die Gott in der Zukunft schaffen wird.

**11. September**

*Unauslöschlich habe ich deinen Namen auf meine Handfläche geschrieben.*
*Jesaja 49,16a*

**Sprich heute diese Wahrheit aus und erfreue dich an ihr:**

*Unauslöschlich hat Gott meinen Namen* DEIN NAME *auf seine Handfläche geschrieben.*

**Dein Name bleibt in alle Ewigkeit bestehen!** Hast du manchmal den Eindruck, dass Gott dich aus seiner Liebe werfen könnte? Zweifelst du vielleicht an deiner ewigen Heimat bei Gott? Es gibt immer wieder negative Gedanken, die uns verunsichern wollen. In diesen Momenten wankt unsere Überzeugung, dass Gott uns liebt.

Diese Gedanken sind nicht von Gott! Er liebt dich so sehr und hat deinen Namen in seine Handfläche eingraviert. Niemand kann diese Schrift auslöschen oder deinen Namen streichen. Du gehörst dazu und für dich gibt es keine Verdammnis mehr. Auf dieser Erde werden Dokumente gelöscht oder manchmal wird durch einen Unfall sogar ein Menschenleben ausgelöscht. Aber deine Seele hat Bestand in alle Ewigkeit. Dein Name wird im Himmel aufgerufen werden, weil Jesus Christus dir den Weg frei gemacht hat. Daran gibt es nichts zu rütteln. Gott segne dich!

## 12. September

*Doch keine Waffe, die gegen dich geschmiedet wird, wird erfolgreich sein.*
*Jesaja 54,17a* NLB

**Sprich heute diese Zusage über dir aus:**

*Keine Waffe, die man gegen mich* DEIN NAME *schmiedet, wird erfolgreich sein.*

Jede Waffe, die gegen dich geschmiedet wird, muss sich im Namen Jesu in Luft auflösen. Vielleicht erlebst du momentan Angriffe von anderen Menschen. Sie ärgern dich am Arbeitsplatz, legen dir Hindernisse in den Weg oder verbreiten Gerüchte über dich. So etwas kann sehr kräftezehrend sein und wütend machen. Du darfst jedoch entspannt sein, denn Gott hat deine Feinde im Blick. Es gibt Menschen, die einfach nichts Besseres zu tun haben, als andere Menschen zu ärgern. Sie lieben es, wenn sie ihren Nächsten eine Falle stellen können. Du hast die Chance, diese Menschen zu segnen und sie unter Gottes Schutz zu stellen. Bete für deine Feinde. Durchkreuze ihre negativen Pläne im Gebet und lass Gott sich um diese Menschen kümmern. Er macht das für dich und er wird deine Feinde souverän zum Schweigen bringen. Deshalb vertraue deinem Gott und spare dir deine Energie für wichtigere Dinge auf. Gott segne dich!

**13. September**

*Mein Gott, nun rufe ich dich an.*
*Ich bin sicher, du antwortest mir.*
*Lass mich bei dir ein offenes Ohr finden*
*und höre mein Gebet! Psalm 17,6*

**Sprich heute dieses Wort über deinem Leben aus:**

*Mein Gott, ich* DEIN NAME *rufe zu dir. Ich bin ganz sicher, du hältst eine Antwort für mich* DEIN NAME *bereit.*

**Jedes Gebet wird von Gott gehört und liebevoll »bearbeitet«!** Heute möchte ich dich motivieren, dein Zuhause in ein Gebetshaus zu verwandeln und mit der Kraft Gottes zu rechnen. Es ist so erfrischend, den Tag mit einem Gebet zu starten! Gott ist bereit und wir dürfen bereits frühmorgens seine Kraft und Nähe in unserem Alltag entdecken und erfahren. Deshalb rede mit Gott – beim Frühstück oder im Bad vor dem Spiegel. Gott ist überall in deinem ganzen Haus präsent! Vielleicht hörst du manchmal eine innere Stimme, die dich an Menschen oder Situationen erinnert. Dies könnte der Heilige Geist sein, der dich gerade darum bittet, für diese Menschen zu beten. Du darfst diese Stimme ernst nehmen und Gott um Kraft für deine Mitmenschen bitten. Mach dir täglich bewusst, dass deine Familie und dein Haus durch Jesus Christus unter Gottes Schutz stehen, und danke ihm für alles, was er dir geschenkt hat.

**14. September**

*Aber alle, die ihre Hoffnung auf den Herrn setzen, bekommen neue Kraft.*
*Jesaja 40,31a*

**Sprich heute diese Wahrheit über deinem Leben aus:**

*Ich* DEIN NAME *setze meine Hoffnung auf den Herrn, darum bekomme ich neue Kraft!*

**Wer in Gott verwurzelt ist, wird übermenschliche Kräfte bekommen!** Manchmal gibt es Zeiten, in denen wir müde und erschöpft sind. Wir schleppen uns von Tag zu Tag. Vielleicht bist du auch in deinen Beziehungen müde geworden. Du lebst zwar mit Menschen zusammen, aber ihr habt angefangen, aneinander vorbei zu leben. Oder vielleicht bist du krank oder einfach älter geworden und deine Kräfte lassen nach.

Gott hält eine großartige Kraft für dich bereit! Es ist nie zu spät, neu gestärkt zu werden. So sprich heute diesen Vers in deine Situation hinein. Lass dich von Gott stärken und lasse seine Energie durch deinen Körper, deine Seele und deinen Geist ziehen. Erwarte eine neue Stärkung deiner Beziehungen. Empfange neue Kraft, um deinen Mitmenschen in neuer Frische zu begegnen. Ich bin überzeugt, dies wird dein Zuhause mit neuem Schwung und neuer Freude beleben. Gott segne dich!

**15. September**

*Das geknickte Schilfrohr wird er nicht abbrechen und den glimmenden Docht nicht auslöschen.* Jesaja 42,3a

**Sprich heute diese Wahrheit über deinem Leben aus:**

> *Selbst wenn ich* DEIN NAME *mich wie ein geknicktes Schilfrohr fühle, werde ich dank Gottes Gnade nicht abbrechen.*

**Gebrochene Herzen werden von Gott auf Händen getragen!** Manchmal fühlen wir uns richtig geknickt. Menschen können uns tief verletzen oder schwierige Lebenssituationen uns an den Rand unserer Kräfte bringen. Vielleicht bist du gerade selbst in einer solchen Situation oder du kennst Menschen, die Schweres durchleben. Gott gibt dir ein Versprechen: Wer in seinem Herzen tief verletzt wurde oder durch dunkle Täler gehen muss, wird die ganze Zeit von Gott persönlich getragen. Er lässt niemanden verzweifeln oder in die Tiefe fallen. Gottes Hand ist stärker als jede Schwierigkeit. Seine Liebe und Nähe gilt den Menschen, die ein zerbrochenes Herz haben. Deshalb lass dich heute von Gott aufrichten. Er hat Kraft, um deine Beine wieder stark zu machen und dein Herz wieder vollständig zu heilen.

## 16. September

*Dort [im Hause des Herrn] will ich erfahren, wie gut der Herr es mit mir meint, still nachdenken im heiligen Zelt.*

*Psalm 27,4b*

**Sprich heute dieses Wort über deinem Leben aus:**

*Ich* DEIN NAME *will erfahren, wie gut der Herr es mit mir meint. Ich* DEIN NAME *will über ihn nachdenken!*

**Stille vor Gott ist Balsam für die Seele!** Zur Zeit der Bibel haben sich die Menschen im Tempel oder in einem Zelt versammelt, um dort Gott zu begegnen. Heute hast du die Chance, einen Gottesdienst zu besuchen. Es ist der Ort, an dem Gott in besonderer Weise in der Gemeinschaft der Christen wohnt. Es ist die Zeit, in der man zur Ruhe kommen und Gottes Wort hören kann. Für manche Christen ist der Gottesdienstbesuch am Sonntag leider nur noch eine Option, obwohl wir unbedingt Stärkung und Ermutigung brauchen. Denn in der Kirchengemeinde können wir auftanken, weil Gottes Gegenwart in der Gemeinschaft der Christen besonders stark ist. Deshalb nimm dir Zeit, um zusammen mit deinen Glaubensgeschwistern deinem Gott zu begegnen und über ihn und sein Wort nachzudenken.

**17. September**

*Ja, vertraut dem Herrn für immer, denn er, unser Gott, ist ein starker Fels für alle Zeiten.*
*Jesaja 26,4*

**Sprich heute diesen Bibelvers über deinem Leben aus:**

*Ja, ich* DEIN NAME *vertraue dem Herrn für immer, denn er ist mein starker Fels.*

**Jeder Mensch hat die Chance, seine Füße auf festen Grund zu stellen.** Gott kann der Vater von jedem Menschen werden, nicht nur von ein paar Auserwählten. Jeder Erdenbürger hat die Möglichkeit, Gott zu vertrauen und an ihn zu glauben. Er ist *unser* Gott!

Vielleicht bist du gerade dabei, an Gottes Liebe zu dir zu zweifeln. Du klagst dich vielleicht sogar an und denkst, dass die Gnade durch Jesus Christus dir nicht gilt. Zweifel machen dich unsicher und traurig. So ermutige ich dich heute, deinem Gott wirklich in jeder Lebenssituation zu vertrauen. Glaube an seine Liebe zu dir! Halte an der Gnade fest, denn sie ist dir durch Jesus Christus vollständig geschenkt worden. Gott ist der starke Fels, auf dem deine Füße stehen. Somit hast du Stabilität und eine großartige Festigkeit in deinem Leben. Gott segne dich!

## 18. September

*Bei Nacht sind meine Gedanken bei dir, voller Sehnsucht suche ich dich.*
*Jesaja 26,9a*

**Sprich heute dieses Bibelwort über dir aus:**

*Ich* DEIN NAME *denke bei Nacht über dich, Gott, nach, voller Sehnsucht suche ich dich.*

**Wer dem König der Herzen voller Sehnsucht begegnet, der wird von seiner starken Gegenwart überrascht werden!** Wachst du auch manchmal nachts auf und denkst dann über dieses und jenes nach? Doch hast du dir auch schon mal überlegt, dass es der Heilige Geist sein könnte, der dich gerade aufgeweckt hat? Wenn du nachts wach wirst, lenke deine Gedanken zu deinem Gott und fange an, mit ihm zu sprechen. Gott liebt es, wenn wir über ihn nachdenken! Sinne über sein Wort nach und lass dich von ihm inspirieren. Tue dies nicht, weil du es müsstest. Suche deinen Gott vielmehr, weil du Sehnsucht nach seiner Gegenwart hast. Je mehr du deinem Gott aus Liebe begegnest, desto mehr wird er dich mit seiner Gegenwart überraschen. Erwarte heute eine tiefgründige Begegnung mit deinem Gott. Der Herr segne dich!

## 19. September

*… da zog Gott mich ins Vertrauen,*
*der Segen seiner Freundschaft stand*
*über meinem Haus.*
*Hiob 29,4*

**Sprich heute diese Wahrheit über deinem Leben aus:**

*Gott zieht mich* DEIN NAME *ins Vertrauen. Der Segen seiner Freundschaft steht über meinem Haus.*

**Wer Gott vertraut, wird großartigen Segen über seinem Haus entdecken!** Hast du gewusst, dass Gott dich ins Vertrauen ziehen möchte? Es gibt für ihn nichts Schöneres, als wenn er dir seine Geheimnisse verraten darf. Er möchte zu dir sprechen und dir verborgene Dinge aufzeigen. So lass dich heute in die Gegenwart Gottes führen! Öffne dein Herz weit und vertraue deinem Gott, denn er macht dir heute ein wirklich tolles Versprechen. Gott sagt dir zu, dass der Segen seiner Freundschaft über deinem Haus steht! Ist das nicht großartig? Der Schriftzug von Gottes Freundschaft steht über deinem Zuhause! Gott möchte mit dir Gemeinschaft. Seine Beziehung zu dir ist von Liebe und Verständnis geprägt. So genieße heute die innige Zweisamkeit mit deinem ewigen Gott. Der Herr segne dich!

**20. September**

*Herr, ein Tag in deinem Tempel ist mehr wert als tausend andere! Psalm 84,11a*

**Sprich heute diese Zusage aus:**

*Herr, ein Tag in meiner* DEIN NAME *Gemeinde ist mehr wert als tausend andere!*

**Die Gemeinde ist die Hoffnung der Welt!** Früher haben sich die Menschen im Tempel versammelt, um Gottes Wort zu hören und die Gemeinschaft unter den Christen zu pflegen. Heute haben wir Kirchengemeinden. Es gibt verschiedene Formen von Gemeinden. Das ist gut so, denn Menschen haben verschiedene Bedürfnisse. Entscheidend bei einer Gemeinde ist, dass Christen zusammenkommen, um zu hören, was Jesus für sie getan hat, und um Gemeinschaft pflegen zu können. Die Gemeinde ist die Braut Christi, und Jesus liebt sie. Daher ermutige ich dich, deine Gemeinde wertzuschätzen. Du gehörst zu dieser Familie und du bist wichtig. An der Gemeinschaft unter den Christen werden Menschen Jesus Christus erkennen. Die Bibel lehrt uns, wie wertvoll es ist, den Gottesdienst zu besuchen. Dort wirst du für die neue Woche ausgerüstet und durch die Gemeinschaft gestärkt. Vielleicht hast du schon lange keinen Gottesdienst mehr besucht. Dann ermutige ich dich, heute wieder damit anzufangen. Denke daran, wie sehr Jesus seine Gemeinde liebt. Er wünscht sich Gemeinschaft mit seiner Braut.

## 21. September

*Berge mögen einstürzen und Hügel wanken, aber meine Liebe zu dir wird nie erschüttert, und mein Friedensbund mit dir wird niemals wanken. Jesaja 54,10*

**Sprich heute diese Zusage über deinem Leben aus:**

*Berge mögen einstürzen und Hügel wanken, aber Gottes Liebe zu mir* DEIN NAME *wird nie erschüttert, und der Friedensbund wird niemals wanken.*

**Selbst wenn alles zusammenbricht, bleibt Gottes wunderbare Liebe doch für immer bestehen!** Wie schnell können wir mit unseren Mitmenschen einen Konflikt haben. Missverständnisse bringen unsere Freundschaften ins Wanken oder negative Worte verletzten uns tief. Die Frage ist nicht, ob es Konflikte geben wird, sondern wie du ihnen begegnest. Orientiere dich in diesen Schwierigkeiten an Gott. Seine Liebe und sein Friede bleiben für immer. Jeden Tag schenkt er dir eine neue Chance, und Jesus Christus hat dir bereits alles vergeben, was du falsch gemacht hast. So ermutige ich dich heute, für deine Konflikte zu beten und dabei dein Herz mit Gottes ungeteilter Liebe und seiner Weisheit füllen zu lassen. Danach suche das Gespräch mit den entsprechenden Menschen. Bitte um Vergebung für deinen Teil der Schuld und suche den Frieden. Ich bin überzeugt, dies wird Frieden und Ruhe in dein Herz und in dein Zuhause bringen.

## 22. September

*Ich habe euch schon immer geliebt, darum bin ich euch stets mit Güte begegnet.*
*Jeremia 31,3*

**Sprich heute diese großartige Wahrheit über deinem Leben aus:**

*Gott hat mich* DEIN NAME *schon immer geliebt, darum ist er mir stets mit Güte begegnet.*

**Zuvorkommend und warmherzig begegnet Gott Menschen, die ihm vertrauen!** Hast du in der Tiefe deiner Seele verstanden, wie sehr Gott dich liebt? Er hat dich schon immer geliebt! Heute hast du die Möglichkeit, dir diese Liebe so richtig bewusst zu machen. Ich bin überzeugt, wer diese Liebe tatsächlich in seinem Herzen empfängt, wird sich mit großer Sorgfalt seinen Mitmenschen zuwenden. Empfange heute die göttliche Liebe und genieße, wie du von deinem Vater im Himmel geliebt wirst.

Vielleicht kannst du dich heute auf dein Sofa setzen und dir von Gott zeigen lassen, wie du diese Liebe noch stärker in deinem Zuhause verbreiten könntest. Ich bin überzeugt, deine Liebesdienste werden ein starkes Zeugnis für die unübertreffliche Gnade Gottes sein.

**23. September**

*Geh dem Bösen aus dem Weg und tue Gutes, dann werden deine Nachkommen für immer im verheißenen Land wohnen.*
*Psalm 37,27*

**Sprich heute diese Verheißung über deinem Leben aus:**

*Ich* DEIN NAME *gehe dem Bösen aus dem Weg und werde Gutes tun. So werden meine Nachkommen immer im verheißenen Land wohnen.*

**Wer standhaft bleibt, der wird ein großartiges Erbe hinterlassen!** Die Bibel lehrt uns, dem Bösen aus dem Weg zu gehen. Wir können uns täglich entscheiden, aus Gottes Kraft Gutes zu tun. Durch das vollbrachte Werk Jesu und seinen Geist in uns können wir ehrlich, treu und redlich unseren Lebensweg gehen. Dann werden wir in unserem Herzen spüren, welche Menschen uns gut tun und welche uns negativ beeinflussen. Selbst unter Christen gibt es massive Unterschiede. Tu dich mit Menschen zusammen, die sich allein auf Jesus verlassen, um Gutes tun zu können. Lass dich von Gott darin leiten, was wann dran ist. Denn überall gibt es Menschen, die Hilfe, Unterstützung, Gebet und Anteilnahme brauchen. Gott verspricht, wer das Gute auf dieser Welt tut, der wird Segensspuren für seine Nachkommen hinterlassen. Deshalb entscheide dich aus Gottes Kraft für das Gute!

24. September

*Doch ich sorge dafür, dass eure Häuser neu errichtet werden; ich gebe euch dauerhaften Frieden und Sicherheit.*
*Jeremia 33,6*

**Sprich heute diese wundervolle Wahrheit über deinem Leben aus:**

*Gott sorgt für mich* DEIN NAME*! Er schenkt mir dauerhaften Frieden und Sicherheit.*

**Der echte Friede findet sich nur bei Jesus Christus!** Es gibt Menschen auf dieser Erde, deren Häuser zerstört werden. Christen werden brutal verfolgt und müssen sich auf die Flucht begeben, weil ihr Zuhause zu einem Trümmerhaufen geworden ist. Angst und Unsicherheit prägen das Leben dieser Geschwister. Ich bitte dich heute, für diese Menschen zu beten. Sie gehören zur Familie Gottes und sind Menschen wie du und ich. Deshalb investiere dich heute mit deinen Gebeten und lass diese Menschen spüren, wie sehr du mit ihnen verbunden bist. Werde dir dabei bewusst, wie wichtig ein inneres Zuhause bei Gott ist. Was in deinem Herzen durch die Beziehung mit Gott gespeichert ist, kann dir kein Mensch wegnehmen! Du wirst in Ewigkeit mit Gottes Frieden verbunden sein. Somit kannst du in unserer unsicheren Welt mit einer tiefen inneren Ruhe durchs Leben schreiten. Denke daran, dass Gott wunderbar für dich sorgen und sich niemals von dir abwenden wird.

25. September

*Denn Gott hat seine Engel ausgesandt, damit sie dich schützen, wohin du auch gehst. Psalm 91,11*

**Sprich heute diese Wahrheit aus:**

*Gott hat seine Engel ausgesandt, damit sie mich* DEIN NAME *schützen, wohin ich auch gehe.*

**Gott säumt deinen Lebensweg mit seinen kraftvollen Engeln!** Oft sind wir uns gar nicht bewusst, wie wichtig ein Schutzengel ist. Wir sind unterwegs mit dem Fahrrad, der Bahn oder dem Auto, und täglich könnte etwas passieren. Ich selbst fahre oft lange Strecken mit dem Auto. Häufig fragen Leute mich, ob ich nicht Angst hätte. Dann erzähle ich ihnen gerne von dem Bild, das mir Gott vor langer Zeit geschenkt hat: Eines Tages war ich ganz allein mit dem Auto unterwegs und eine Angst überkam mich. »Was ist, wenn ich eine Panne habe?«, fragte ich mich plötzlich. Der Herr antworte mir: »Karin, kannst du die weißen Pfosten mit der schwarzen Markierung sehen? Sie säumen deine Straße. Jeder Pfosten steht symbolisch für einen Engel, den ich an deinen Wegrand gestellt habe!« Seither fahre ich durch die Gegend und danke Gott für jeden Engel, der an meiner Seite steht! Gott stellt auch dir Engel an den Wegrand. Deshalb gehe in diesem Vertrauen aus dem Haus und danke Gott für die Engel, die er für dich und deine Familie aussendet.

**26. September**

*Fürchte dich nicht vor ihnen, ich bin bei dir und werde dich beschützen. Darauf gebe ich, der Herr, mein Wort. Jeremia 1,8*

**Sprich heute diese Zusage über deinem Leben aus:**

> *Ich* DEIN NAME *fürchte mich nicht vor ihnen, denn Gott ist bei mir und er wird mich beschützen. Das verspricht er mir.*

**Was heute auch vor dir liegt, dein Gott ist mit dir und schenkt dir seinen Schutz!** Wie schön ist es, zu wissen, dass Gott mit uns ist. Egal, welche Lebenssituation sich gerade anbahnt, Gott verspricht dir, an deiner Seite zu bleiben. Selbst wenn du diese Erde einmal verlassen wirst, bleibt Gott immer noch an deiner Seite und wird dich in seinem Königreich mit Würden empfangen. Mache dir die Größe deines Gottes und die Dimension der Ewigkeit immer mehr bewusst! Gott ist der König der Erde, aber auch der König des Himmels. Er hat deinen Lebensweg voll im Blick und kennt alle Gefahren, die dir auf dem Pfad begegnen werden. So halte dich an ihm fest und vertraue ihm. Du brauchst keine Angst zu haben, denn Gottes Gegenwart wird dich niemals verlassen. Durchbrich heute im Namen Jesu jede Angst, die dich bedrängen will, und blicke mit göttlicher Zuversicht in eine wunderbare Zukunft.

27. September

*Nutze niemals einen Menschen aus, der dir sein Vertrauen schenkt. Sprüche 3,29*

**Sprich und nimm dir Folgendes vor:**

*Ich* DEIN NAME *möchte niemals einen Menschen ausnutzen, der mir sein Vertrauen schenkt.*

**Vertrauen sollte niemals missbraucht werden!** Manche Menschen werden dir die tiefsten Geheimnisse ihres Lebens erzählen. Sie öffnen ihr Herz und berichten dir vielleicht Dinge, die sie noch nie jemandem erzählt haben. Sie bitten dich, darüber zu schweigen. Gegenüber diesen Menschen trägst du eine Verantwortung. Die Bibel lehrt uns, diese Menschen nicht auszunutzen. Deshalb bitte ich dich, heute darüber nachzudenken: Wie gehst du mit anvertrauten Dingen um? Wie wohltuend ist es, wenn dein Zuhause ein Ort des Vertrauens sein kann. Menschen können sich öffnen, von ihren Ängsten berichten und ihre Sorgen erzählen. Dabei werden sie weder ausgelacht noch klein gemacht. Sie dürfen sich einfach an einem Ort wissen, an dem sie Verständnis und Annahme erfahren. Ich wünsche dir einen solchen Ort des Verstehens, der Ruhe und der Wertschätzung. Gott segne dich!

28. September

*Lasst den Mut nicht sinken, denn die Freude am Herrn gibt euch Kraft!*
*Nehemia 8,10b*

**Sprich heute diese Zusage aus:**

*Ich* DEIN NAME *lasse den Mut nicht sinken, denn die Freude an Gott gibt mir heute Kraft!*

**Jede Entmutigung kann durch Gottes Kraft in einen sensationellen Neuanfang verwandelt werden!** In welchen Situationen bist du mutlos geworden? Hast du vielleicht gerade das Handtuch geworfen, weil du gewisse Dinge einfach satt hast? Es gibt immer wieder Momente, in denen wir aufgeben wollen. Vielleicht ist ein Traum geplatzt oder du hast den Eindruck, dass deine Mühe in gewissen Situationen einfach vergebens war. Du kannst mutlos und frustriert werden. Aber Gott ermutigt dich heute, Kraft in der Freude an ihm zu finden. Gottes Freude wird dir Ausdauer schenken und dich neu beleben. Da, wo du aufgeben möchtest, beginnt Gottes Eingreifen. Deshalb lass dich heute von Gott anleiten, wie du seine Freude empfangen und so wieder gestärkt und ermutigt werden kannst. Gottes Kraft ist stärker als jede Entmutigung in deinem Leben. Deshalb gib nicht auf und richte deinen Fokus auf Jesus Christus. Gott segne dich!

29. September

*Was du vorhast, wird dir nicht durch die Macht eines Heeres und nicht durch menschliche Kraft gelingen: Nein, mein Geist wird es bewirken! Das verspreche ich, der Herr, der allmächtige Gott. Sacharja 4,6*

**Sprich heute dieses Versprechen Gottes über deinem Leben aus:**

*Was ich* DEIN NAME *vorhabe, wird mir nicht durch meine eigene Kraft gelingen. Nein, Gottes Geist wird es durch mich bewirken!*

**Wer seine Projekte in Gottes Hand legt, wird Gunst und Erfolg erleben!** Vielleicht erlebst du gerade einen Durchhänger in deiner Arbeit oder in einem deiner Projekte. Du hast heute die Möglichkeit, dein Vorhaben bewusst in Gottes Hand zu legen - sei es ein Arztbesuch mit den Kindern, eine Besprechung an der Arbeit, eine geplante Familienparty oder ein schwieriges Gespräch mit deinem Partner. Für Gott ist jedes deiner Projekte wichtig und er sagt dir seine Hilfe zu. So erwarte heute, dass Gottes Geist in deiner Situation wirkt. Übergib Gott die Leitung deines Projekts, lege es ganz bewusst in seine Hände. Erwarte den Segen Gottes und seine übernatürliche Kraft für die Lösung deiner Probleme. Je mehr du die Kontrolle in Gottes Hand legst, desto mehr wird seine Kraft wirksam werden. Und das bringt Entspannung in dein Zuhause.

## 30. September

*Seid jetzt still vor Gott, dem Herrn!*
*Zefanja 1,7a*

**Sprich heute diesen Segen über dir aus:**

*Ich* DEIN NAME *werde jetzt still vor Gott!*

**Stille vor Gott senkt dein Stresslevel!** Wie oft eilen wir durch den Alltag. Am Morgen checken wir manchmal als Erstes unsere E-Mails und die sozialen Medien. Die Bibel lehrt uns einen anderen Lebensstil. Aus der Ruhe kommt die Kraft. Sogar Jesus hat sich immer mal wieder aus den Menschenmengen zurückgezogen. So ermutige ich auch dich, täglich die Stille zu suchen. Starte den Tag mit einem Bibelwort und Gebet. Es darf ganz kurz sein. Aber wenn du den Tag in der Stille vor Gott beginnst, wird das Ruhe in deinen Alltag bringen. So wirst du Kraft haben und dich für alle Anforderungen des Tages gerüstet fühlen. Gott segne dich!

**1. Oktober**

*Mein Leben lang gibt er mir Gutes im Überfluss, darum fühle ich mich jung und stark wie ein Adler.* Psalm 103,5

**Sprich heute diese Zusage über deinem Leben aus:**

*Mein Leben lang gibt Gott mir* DEIN NAME *Gutes im Überfluss, darum fühle ich mich jung und stark wie ein Adler.*

**Wer ständig beschenkt wird, kann richtig aufblühen!** Gott ist nicht wie der Weihnachtsmann, der einmal pro Jahr eine Bescherung macht. Gott hat täglich viel Gutes für dich, ja, er möchte dich mit Gutem überschütten! Bist du bereit dafür? Heute gebe ich dir zu bedenken, wie wunderbar und großartig dein Vater im Himmel ist. Er hält Reichtum, Kraft, Erfrischung und geistliches Wachstum für dich bereit. Deshalb lass dich von ihm inspirieren. Vielleicht liegst du gerade entspannt auf dem Sofa. Schau dich um und danke Gott für alle Geschenke, die er dir schon gemacht hat. Du hast ein Dach über dem Kopf, Freunde, eine Familie und du hast genug zu essen? Wie großartig sind diese Privilegien! Selbst wenn du irgendwo einen Mangel hast oder es in einem Lebensbereich nicht gut läuft, wird Gott sich darum kümmern. Er will dir Flügel verleihen, damit du die Welt von oben betrachten kannst! Glaube daran, denn Gott ist mit dir!

2. Oktober

*Ja, Gott, der Herr, macht mich stark;*
*er beflügelt meine Schritte, wie eine*
*Gazelle kann ich über die Berge springen.*
*Habakuk 3,19*

**Sprich heute dieses wunderbare Versprechen über dir aus:**

> *Ja, Gott macht mich* DEIN NAME *stark. Er beflügelt meine Schritte, wie eine Gazelle kann ich über die Berge springen.*

**Gottes Kraft erfüllt dich mit Leichtigkeit und Schnelligkeit.** Hast du deinen Kalender vielleicht etwas eng geplant oder bist du gerade herausgefordert, weil dir etwas Unvorhergesehenes dazwischen gekommen ist? Manchmal scheint unsere Zeit knapp zu werden. Beispielsweise habe ich vor zwei Monaten von Gott aufs Herz gelegt bekommen, dieses Buch zu schreiben. Jemand sagte mir, dass ich einen Auftrag erledigen müsse, der menschlich gesehen unmöglich sei. Ich wusste genau, dass dieses Wort sich auf das Verfassen dieses Buches bezog. Denn innerhalb von zwei Monaten kann man eigentlich kein Buch schreiben, vor allem, wenn man auch noch beruflich gefordert ist. Aber ich habe diesen Auftrag in Gottes Hände gelegt und mutig mit dem Schreiben begonnen. Und Gott hat mir dafür total viel Kraft und Gunst geschenkt. Dasselbe kann Gott in deinem Leben tun. Er kann Unmögliches möglich machen.

**3. Oktober**

*Seid glücklich, dass ihr zu ihm, dem heiligen Gott, gehört! Ja, alle, die den Herrn suchen, sollen sich freuen!*
*1. Chronik 16,10*

**Sprich heute diesen Bibelvers über deinem Leben aus:**

*Ich* DEIN NAME *bin glücklich, dass ich zu Gott gehöre. Ich suche den Herrn, deshalb werde ich mich freuen.*

**Wer die Schönheit Gottes entdeckt, der wird mit großer Freude beschenkt werden!** Vielleicht ist in deinem Haus die Freude verloren gegangen. Die Atmosphäre ist eher still und ernst geworden. Du fragst dich manchmal sogar, wo denn eigentlich deine Freude geblieben ist. Gott möchte, dass in deinem Haus Freude herrscht. So ermutige ich dich, die Schönheit in deiner Familie, im Haus und in der Natur zu entdecken. Freue dich an Kleinigkeiten und genieße alles Schöne, das Gott dir geschenkt hat. Die größte Freude findest du jedoch in der Gegenwart Gottes. Deshalb schaue heute auf deinen Vater im Himmel. Lies dafür die Zusagen aus der Bibel. Ich bin überzeugt, Gott wird dir heute begegnen. Und sobald du dich in die Gegenwart Gottes begibst, wird dein Herz mit neuer Freude erfüllt werden. Verweile an diesem Ort der Freude in der Nähe Gottes und erlebe seine Schönheit. Gott segne dich!

4. Oktober

*Fragt nach dem Herrn, und rechnet mit seiner Macht, wendet euch immer wieder an ihn! Psalm 105,4*

**Sprich heute diesen Vers über dir aus:**

*Ich* DEIN NAME *frage nach dem Herrn und rechne mit seiner Macht. Ich wende mich immer wieder an ihn!*

**Im Namen Jesu liegt die größte Stärke der Welt!** Manchmal wird uns bewusst, dass ein bestimmtes Hindernis im Leben einfach eine Nummer zu groß für uns ist. Ich erinnere mich an die Zeit, als ich einen Verlag für mein erstes Andachtsbuch suchte. Da steckte ich exakt in dieser Situation. Ich konnte keinen Verlag finden! Jeden Morgen brachte ich meine Kinder zur Schule und im Auto sang ich über Wochen lauthals das Lied: »There is power in the name of Jesus, to break every chain!« (Im Namen Jesu liegt Kraft, um jede Kette zu sprengen). Jeden Morgen wandte ich mich mit diesem Anliegen an Gott. Einige Wochen später geschah das Unmögliche. Ich konnte einen Verlag finden, und meine ersten Bücher erschienen zu meinem geplanten Zeitpunkt auf dem Buchmarkt. Ich ermutige dich, niemals aufzugeben. Bleibe dran, rede mit Gott, rechne mit seiner Macht. Er kann unmögliche Dinge plötzlich möglich machen.

## 5. Oktober

*Majestät und Pracht gehen von ihm aus, seine Stärke und Freude erfüllen den Ort, wo er wohnt.*
*1. Chronik 16,27*

**Sprich heute diese Wahrheit aus:**

*Majestät und Pracht gehen von Gott aus, seine Stärke und Freude erfüllen mich* DEIN NAME *und mein Zuhause.*

**Wer Gott in seinem Zuhause wohnen lässt, wird mit Stärke und Freude beschenkt werden!** Jeder von uns sehnt sich nach einem Zuhause voller Stärke und Freude. Ein Ort der Ermutigung und der Wertschätzung ist Balsam für unsere Seele. Doch so schnell können Kleinigkeiten zu einem lieblosen Umgang untereinander führen. Man kann schroffe Worte aussprechen oder mit seinen Handlungen die Freude trüben.

Aber Gott wohnt in dir, denn du bist ein Tempel des Heiligen Geistes. Genauso wohnt Gott in deinem Zuhause, was bedeutet, dass auch seine Stärke und Freude anwesend sind. Lass diese Energie heute durch dich und durch dein Haus fließen, denn dann werden deine Mitmenschen spüren, dass Liebe, Stärke und Freude dein Haus regieren.

6. Oktober

*Lebe so, wie Gott es will, dann wirst du aufblühen wie die Pflanzen im Frühling.*
*Sprüche 11,28b*

**Sprich heute diesen Bibelvers über deinem Leben aus:**

*Ich* DEIN NAME *lebe so, wie Gott es will, und ich werde aufblühen wie die Pflanzen im Frühling.*

**Wer in Gottes Gegenwart ruht, wird in seiner Persönlichkeit aufblühen!** Gott möchte, dass du in deinem Glaubensleben wie ein Garten aufblühst. Vielleicht kannst du gerade heute durch einen Garten spazieren und dir Gottes Schönheit anschauen. Lass dich davon inspirieren! Gott hat einen guten Plan für dein Leben und möchte nichts mehr, als dass du seine Liebe vollständig annehmen kannst. Er hat alles für dich gegeben. Du darfst in seiner Gegenwart zur Ruhe kommen und musst keine Leistung erbringen, um ihn irgendwie zu beeindrucken. Er hat dich zuerst geliebt und möchte seine Energie in dir freisetzen. In dir steckt ein Potential, das noch nicht vollständig zur Entfaltung gekommen ist. Gott hat immer wieder Überraschungen für dich bereit. Er kann Unmögliches möglich machen und Dinge plötzlich für dich arrangieren, die dich echt überraschen werden. Deshalb lass dich heute in Gottes Hand fallen und erwarte gespannt, wie Gott dich zum Aufblühen bringen wird.

7. Oktober

*Der Herr ist gütig, seine Gnade hört niemals auf!*
*2. Chronik 5,13*

**Sprich heute diese Wahrheit über deinem Leben aus:**

*Mein* DEIN NAME *Gott ist gütig und seine Gnade hört niemals auf.*

**Nichts kann die Güte Gottes und die Gnade durch Jesus Christus übertreffen!** Vielleicht hast du deine gnädige Einstellung in deinem Haus momentan verloren. Du hast es satt, deinen Mitmenschen immer wieder von neuem zu vergeben. Die Socken liegen ständig neben dem Wäschekorb, der Mülleimer läuft über und den Geschirrspüler musst du jedes Mal selbst ausräumen. Wir können uns in einer Familie ziemlich schnell gegenseitig auf die Nerven gehen und uns gnadenlos beschimpfen, weil jeder denkt, er komme zu kurz.

Gott ist so anders! Er ist voller Güte und Gnade. Niemals hört seine Gnade zu dir auf. Du kannst einen noch so großen Fehler machen, Gottes Vergebung ist dir sicher! So ermutige ich dich heute, die Gnade von Jesus Christus neu für dich zu empfangen und sie auch an andere weiterzugeben. Gott segne dich!

**8. Oktober**

*Nun aber habe ich dieses prachtvolle Haus für dich gebaut. Möge es ein Ort sein, an dem du, Herr, für alle Zeiten wohnen wirst.* 1. Könige 8,13

**Sprich heute diesen Vers aus:**

*Ich* DEIN NAME *schaffe einen wunderschönen Ort, an dem Gott für immer wohnen darf.*

**Wer seinen Körper fit hält, wird sich leicht fühlen und gesund bleiben.** König Salomo hat damals im Alten Testament den Tempel gebaut. Es war für die Menschen der Ort, an dem Gott wohnte. Noch heute haben wir Gebäude, die wir für den Herrn bauen und in denen Gottes Präsenz in besonderer Art und Weise spürbar ist. Ebenso wohnt der Heilige Geist aber in dir, in deinem Körper, denn du bist der Tempel des Heiligen Geistes. Ich ermutige dich heute, diese Wohnung Gottes, deinen Körper, in Gottes Kraft fit zu halten und gesund zu ernähren. Gönne dir genügend Schlaf, treibe regelmäßig Sport und ernähre dich gesund. Es ist so wichtig, dass du täglich 1–2 Liter Flüssigkeit zu dir nimmst. Ebenso sind Vitamine für deinen Körper extrem wertvoll. Erinnere dich dabei stets daran, dass dein Körper die Wohnung Gottes ist und danke Gott dafür. Ich bin überzeugt, dies wird Auswirkungen auf dein Wohlbefinden und deine Gesundheit haben.

**9. Oktober**

*Die Güte des Herrn hat kein Ende,*
*sein Erbarmen hört niemals auf.*
*Klagelieder 3,22*

**Sprich heute diese Zusage über deinem Leben aus:**

*Die Güte des Herrn hat für mich* DEIN NAME *kein Ende und sein Erbarmen hört niemals auf.*

**Gottes Barmherzigkeit steht für immer über deinem Haus!**
Wie oft beobachte ich unbarmherzige Menschen. Sie beschimpfen sich gegenseitig, sind nicht am Ergehen ihrer Nächsten interessiert oder den Nöten ihrer Mitmenschen gegenüber gleichgültig. Du kennst einen Gott, der ein riesengroßes Herz der Barmherzigkeit hat! Er erbarmt sich über jeden Menschen und über jede Situation. Kein Mensch ist bei ihm vergessen. Er liebt es, wenn er helfen kann. Du hast heute die Möglichkeit, Gottes Barmherzigkeit und Hilfe für dich selbst in Anspruch zu nehmen und sie in seiner Kraft auch deinen Mitmenschen zu schenken. Gerade die Menschen in unmittelbarer Nähe können manchmal untergehen. Lass dir von Gott zeigen, um wen du dich heute speziell kümmern sollst – so zum Beispiel um deinen Partner, deine Kinder, deine Eltern oder deine Freunde. Dein Liebesdienst wird ein Zeichen der Liebe Gottes setzen. Wie schön, wenn dein Haus als Ort der Barmherzigkeit in die Geschichte eingehen wird. Der Herr segne dich!

10. Oktober

*Freu dich über jedes neue Jahr,*
*das du erleben darfst!*
*Prediger 11,8a*

**Sprich heute dieses Bibelwort aus:**

*Ich* DEIN NAME *freue mich über jedes neue Jahr, das ich erleben darf.*

**Jeder neue Tag deines Lebens ist ein Geschenk von deinem Gott!** Hast du manchmal auch den Eindruck, dass die Zeit wie im Flug vergeht? Das neue Jahr hat kaum gestartet und schon kommt der Herbst. Die Jahre unseres Lebens fliegen dahin und die Kinder werden größer. Menschen werden geboren und andere verlassen diese Erde. Wie oft jammern wir, wenn am Morgen der Wecker klingelt. In solchen Momenten ist uns gar nicht bewusst, dass Gott uns gerade wieder einen neuen Tag zum Leben geschenkt hat. Deshalb genieße jeden Tag und freue dich an den positiven Dingen, die in deinem Leben sichtbar sind. Genieße deine Familie, deine Freunde und dein Zuhause. Und denke daran, dass auch dein Leben irgendwann ein Ende haben wird. Darum lass dir von Gott zeigen, was wirklich wichtig ist und in was du investieren solltest!

11. Oktober

*Wie lieb ist mir deine Weisung; ich sinne über sie nach den ganzen Tag.*
*Psalm 119,97* EU

**Sprich heute diesen Vers als Segen über deinem Leben aus:**

*Wie sehr liebe ich* DEIN NAME *Gottes Wort; den ganzen Tag denke ich über deine Weisung nach!*

**Gottes Wort möchte kraftvoll in deinem Alltag wirken.** Früher habe ich die Bibel ab und zu in meiner sogenannten »Stillen Zeit« gelesen. Dann habe ich vielleicht im Gottesdienst oder in einem Jugendkreis über Gottes Wort nachgedacht. Das war es dann aber auch schon! Heute lebe ich ganz anders mit Gottes Wort. Denn ich habe die Kraft darin neu entdeckt. So gehe ich heute mit Gottes Wort zur Arbeit und spreche innerlich immer mal wieder Worte Gottes aus. Das bringt unglaublich große Kraft und Freiheit in mein Leben. Ich ermutige dich, mehr über Gottes Wort nachzudenken. Nimm es mit an deinen Arbeitsplatz und sprich dort innerlich Gottes Wort über deinen Projekten aus. Oder lass dich in Gesprächen durch Gottes Geist führen. Gottes Weisheit und seine Energie sind in jedem Lebensbereich hilfreich. Nimm dir auch Zeit, bei dir zuhause über Gottes Wort nachzudenken. Vergiss nicht: Gott denkt ständig an dich und ist jederzeit für ein kleines Meeting bereit! Gott segne dich!

**12. Oktober**

*Achte auf deine Gedanken und Gefühle,*
*denn sie beeinflussen dein ganzes Leben!*
*Sprüche 4,23*

**Sprich heute diese Weisheit über deinem Leben aus:**

*Ich* DEIN NAME *achte auf meine Gedanken und meine Gefühle, denn sie beeinflussen mein ganzes Leben.*

**In der Gegenwart Gottes findet dein Herz zurück zur Ruhe.** Kennst du Momente in deinem Leben, in denen deine Gefühle Achterbahn fahren? Du fühlst dich gereizt und angespannt und stehst in der Gefahr, deine Mitmenschen ungerecht zu behandeln. Deine Stimmungsschwankungen haben immer eine Ursache. Die Bibel lehrt dich, auf deine Gedanken zu achten. So gib heute deinem Denken eine besondere Aufmerksamkeit. Bestimmte Erlebnisse und Lebenssituationen können uns ganz schön beeinflussen. Manche Gedanken können uns in die Irre führen. Deshalb achte auf deine Gedanken und durchbrich die, die dir schaden und Lügen erzählen, in der Kraft von Jesus Christus! Auch deine Gefühle sagen dir nicht immer die Wahrheit. Deshalb lass dich von ihnen nicht irritieren und frage Gott nach *seiner* Wahrheit. In seiner Gegenwart findest du Ruhe und Stabilität für dein Herz, und dies wird eine angenehme Atmosphäre in dein Haus zurückbringen.

## 13. Oktober

*Lass mich deinem Herzen nahe sein.*
*Hoheslied 8,6a*

**Sprich heute diesen Vers als Dank aus:**

*Ich* DEIN NAME *darf deinem Herzen nahe sein.*

**Jeder Mensch hat die Möglichkeit, nah am Herzen von Gott zu leben.** Wie schön ist es, wenn wir den Herzschlag von unserem Partner oder unseren Kindern spüren können. Ich kann mich erinnern, wie ich in der Schwangerschaft die ersten Bewegungen von meinen Kindern spüren konnte. Da entdeckte ich Leben in mir und ein überwältigendes Gefühl von Freude strömte durch mein Herz.

Du hast die Chance, ganz nah an Gottes Herz zu leben. Er liebt deine Nähe und wünscht sich nichts mehr, als dich in seine Gegenwart zu ziehen. Deshalb erkenne heute, wie nah Gottes Herz dir ist. Spüre seinen Herzschlag und lass dir von ihm seine Geheimnisse zuflüstern. Ich bin überzeugt, Gott hat dir eine Menge zu sagen. In seiner Nähe kannst du seine Liebe noch viel mehr spüren und seine Güte und Barmherzigkeit werden dir zum Greifen nah sein. Genieße heute die Zeit der Zweisamkeit mit deinem Gott. Er liebt dich und er segnet dich.

14. Oktober

*Da suchte David Zuflucht bei seinem Gott, und das Vertrauen auf den Herrn gab ihm wieder Mut und Kraft.*

*1. Samuel 30,6b*

**Sprich heute diesen Bibelvers über deinem Leben aus:**

> *Ich* DEIN NAME *suche Zuflucht bei meinem Gott. Das Vertrauen auf den Herrn wird mir wieder neuen Mut und Kraft geben.*

**Wer Gott vertraut, wird neuen Mut und Kraft empfangen.** Vielleicht bist du momentan auf der Suche nach einem Zufluchtsort. Du bist innerlich irgendwie aufgewühlt und fühlst dich verunsichert. David hat Zuflucht bei Gott gesucht, und er wurde dabei reich beschenkt. So gebe ich dir heute den Rat, dasselbe zu tun. Wende dich an deinen Gott und vertraue auf seine Zusagen! Vielleicht ist dein Projekt gescheitert, ein Lügengebäude zerbrochen oder du hast dich in eine Beziehungskrise verstrickt. Gott ist dein Zufluchtsort! Er hält Mut und Kraft für dich bereit. Er möchte dich trösten und dir in deiner Situation Ermutigung schenken. Du musst dich also nicht länger verunsichern lassen, sondern kannst durch Gottes Kraft deine Sicherheit zurückgewinnen. Der Herr segne dich!

15. Oktober

*Was Gott sagt, ist wahr und zuverlässig; er beschützt alle, die Schutz bei ihm suchen. Sprüche 30,5*

**Sprich heute diese wunderbare Zusage über dir aus:**

*Was mein Gott sagt, ist wahr und zuverlässig. Gott beschützt mich* DEIN NAME, *weil ich meinen Schutz bei ihm suche.*

**Zuverlässig legt Gott jeden Tag seinen Schutz um dich und deine Familie!** Fühlst du dich manchmal schutzlos ausgeliefert? Vielleicht erlebst du gerade Angriffe an deinem Arbeitsplatz oder du fühlst dich von Krankheit bedroht. Manchmal ist das Leben nicht fair. Doch Gott gibt dir heute die feste Zusage, dass er niemals aufhören wird, dich zu schützen. Das ist nicht einfach so daher gesagt. Er ist fest entschlossen und seine Versprechen gelten auch für dich. Deshalb nimm diese Zusage heute in Anspruch. Sprich Gottes Wort in dein Leben und glaube an die übernatürliche Wirkung durch Gottes Geist. Gottes Liebe ist bei dir und er wird dich niemals vergessen. Du darfst heute getrost wissen, dass deine Eltern, deine Kinder, dein Arbeitsplatz, dein Hab und Gut sowie deine Finanzen unter Gottes Schutz stehen. Suche nicht nach eigenen Lösungen und verlasse dich auch nicht auf deine noch so guten Ideen. Übergib alles in Gottes Hand und lass dich heute von ihm führen und leiten. Er wird es tun!

16. Oktober

*Der Herr aber hält sein Versprechen: Er lässt euch nicht im Stich, denn er hat gerade euch zu seinem Volk erwählt.*

*1. Samuel 12,22*

**Sprich heute diese Wahrheit über deinem Leben aus:**

*Der Herr hält sein Versprechen: Er lässt mich* DEIN NAME *nicht im Stich, denn ich gehöre zu seinem Volk!*

**Niemals wird Gott dich verlassen, denn als dein Freund hält er dich in seiner liebenden Hand!** Freunde können uns verlassen, Eltern sich trennen oder Mitarbeiter uns im dümmsten Moment im Stich lassen. In diesen Momenten sitzt du in deinem Zuhause und deine Emotionen fahren Achterbahn. Das Gefühl von Verlassenheit ist schmerzhaft und kann tief in unserem Herzen auch Frust oder Ärger auslösen. Menschen können dich verlassen, aber Gott ist anders! Er wird dich nicht verlassen, weil er in Christus einen ewigen Bund mit dir geschlossen hat und du zu seinem Volk gehörst. Er wird dich niemals im Stich lassen, seine Freundschaft zu dir bleibt für immer bestehen! Deshalb bringe deinen Frust heute zu deinem Gott. Erzähle ihm deine Not und lass dein verletztes Herz von dem allmächtigen Gott im Himmel berühren. Er möchte dich trösten und deine innere Leere sowie deine Einsamkeit ausfüllen. Gott segne dich!

**17. Oktober**

*Herr, ich danke dir dafür, dass du mich so wunderbar und einzigartig gemacht hast! Großartig ist alles, was du geschaffen hast – das erkenne ich! Psalm 139,14*

**Sprich heute diese Danksagung aus:**

*Herr, ich danke dir dafür, dass du mich* DEIN NAME *so wunderbar und einzigartig gemacht hast! Großartig ist alles, was du geschaffen hast – das erkenne ich!*

**Jeder Mensch ist einzigartig und hat ein großartiges Potential!** Manchmal vergessen wir, dass Gott nach der Erschaffung des Menschen gesagt hat: »Der Mensch ist sehr gut!« Wenn er das über Adam und Eva gesagt hat, dann wird er es bestimmt auch über dich sagen. Du bist keine Massenanfertigung, sondern eine einzigartige Persönlichkeit. Wie schön ist es, wenn jeder in deinem Zuhause diese Anerkennung spüren kann. Vielleicht ist es heute dran, deinen Mitmenschen ein Kompliment zu machen. Sage ihnen, was du an ihnen magst und warum du gerne mit ihnen zusammen bist. Ich bin überzeugt, sie werden dadurch ermutigt und gestärkt werden. Die Atmosphäre wird dadurch befreit und wohltuend. Vielleicht kannst du diesen Bibelvers heute irgendwo notieren oder in der Bibel mit einem Stift markieren. Es ist eine Wahrheit, die wir niemals vergessen sollten und die wir anderen Menschen ermutigend weitersagen dürfen.

**18. Oktober**

*Denn Gott hat uns keinen Geist der Furcht gegeben, sondern sein Geist erfüllt uns mit Kraft, Liebe und Besonnenheit.*
*2. Timotheus 1,7*

**Sprich heute diese Wahrheit über deinem Leben aus:**

*Gott hat mir* DEIN NAME *nicht den Geist der Furcht, sondern der Kraft, der Liebe und der Besonnenheit geschenkt!*

**Durch Gottes Kraft kann jede Angst besiegt werden!** Heute kannst du ganz entspannt sein, denn in dir lebt ein unglaublich starker Geist. Gottes Geist ist so vielfältig. Die Bibel lehrt uns immer wieder, Angst keinen Raum in unserem Leben zu geben. Angst kann uns immer mal wieder überfallen, aber du brauchst dich nicht länger davon bestimmen zu lassen. Fokussiere deinen Blick viel mehr auf Gottes Geist, der in dir wohnt. Er ist ein Geist der Kraft! Nutze diese Kraft, um die heutigen Herausforderungen anzupacken. Der Geist ist auch ein Geist der Liebe, der dir göttliche Liebe schenken will, damit du deinen Mitmenschen auch nach dem Feierabend noch warmherzig begegnen kannst. Der Geist in dir ist außerdem ein Geist der Besonnenheit. Er hilft dir, angemessen zu reagieren und deine Worte in Weisheit zu wählen. Mit diesem wunderbaren Geist bist du reich gesegnet!

**19. Oktober**

*Alle schauen erwartungsvoll zu dir, und du gibst ihnen zur rechten Zeit zu essen.*
*Psalm 145,15*

**Sprich heute diese Wahrheit aus:**

*Ich* DEIN NAME *schaue erwartungsvoll zu dir, und du gibst mir zur rechten Zeit zu essen.*

**Die beste Nahrung bekommst du bei deinem Vater im Himmel!** In der heutigen Zeit müssen wir in Europa keinen Hunger leiden. Ja, wir haben nicht nur genug, sondern wir haben richtigen Überfluss an Nahrung. Aber jeder Mensch benötigt auch geistliche Nahrung. Gottes Wort ist eine Nahrung für unser geistliches Leben, und jeder Christ braucht diese Speise. Deshalb ermutige ich dich, Gottes Wort zu lesen und es wie eine Speise einzunehmen. Jeder Vers in der Bibel hat einen ungeheuren Nährwert! Die Bibel ist ein Kompass und ein Anker. Sie zeigt uns, wer Jesus ist, was er für uns getan hat und dass wir durch ihn geliebt, gerecht und heilig sind. Das macht uns auch in schwierigen Zeiten standhaft. Deshalb begib dich heute in die Stille mit Gott. Suche dir einen schönen Platz in der Natur oder in deinem Zuhause und beginne, überall in der Bibel Jesus zu entdecken: Er ist das Brot des Lebens. Ich bin überzeugt, das wird dich inspirieren und dich stärken.

## 20. Oktober

*Seid nicht hinter dem Geld her, sondern seid zufrieden mit dem, was ihr habt.*
*Hebräer 13,5a*

**Sprich heute diesen Segen über dir aus:**

*Ich* DEIN NAME *bin nicht hinter dem Geld her, sondern bin zufrieden mit dem, was ich habe.*

**Das Geld ist der meist genannte Grund, warum sich Paare streiten und scheiden lassen.** Vielleicht hast du wegen Geld auch schon Auseinandersetzungen erlebt. Geld ist wichtig, denn jeder braucht es, um seine Rechnungen zu bezahlen und leben zu können. Oft wollen Menschen jedoch immer mehr davon und fühlen sich niemals gesättigt. Wie geht es dir selbst damit?

Jesus hat sehr viel über das Thema Geld gesprochen. Dabei hat er die Fakten ganz klar auf den Tisch gelegt: Er fordert dich auf, sein Reich mehr zu lieben als das Geld, und sagt dir gleichzeitig zu, dass er dir alles geben wird, was du brauchst und sogar mehr. Bitte Gott um eine Offenbarung über seine gute und großzügige Versorgung, und lass dir von ihm zeigen, wie du das Geld gut einsetzen und verwalten kannst. Das wird dich zufrieden und gelassen machen.

21. Oktober

*Herr, schenke mir die Worte, um deine Größe zu rühmen! Psalm 51,17*

**Sprich heute diese Bitte aus:**

*Herr, schenke mir* DEIN NAME *Worte, um deine Größe zu rühmen!*

**Menschliche Worte sind zu klein, um Gottes unendliche Größe zu beschreiben!** Wie würdest du deinen Gott beschreiben? Wie denkst du über seine Barmherzigkeit und seine Gnade? Welches Anbetungslied würdest du schreiben? Wir Menschen schreiben Loblieder und versuchen, Gott mit unseren Gebeten groß zu machen. Der Verfasser dieses Psalms braucht Hilfe, um Gott in der richtigen Form zu beschreiben. Dasselbe kannst du in deinem Leben tun. Bitte Gott um die richtigen Worte, um ihn anzubeten. Ich bin überzeugt, der Heilige Geist wird dich in die Anbetung führen. Gott ist der König der Könige. Er ist der Allmächtige, der Allwissende und der Allgegenwärtige. Seine Macht ist großartig. Dasselbe gilt für Jesus Christus, den Sohn Gottes. Ihm ist alle Macht im Himmel und auf der Erde gegeben. Darüber können wir nur staunen. Gottes Liebe übertrifft alles, denn durch die Gnade von Jesus Christus und unseren Glauben an ihn sind wir sündigen Menschen für immer geheiligt und freigesprochen. Gottes Barmherzigkeit ist Balsam für die Seele. Genieße heute deinen Gott.

22. Oktober

*Jesus Christus ist und bleibt derselbe,*
*gestern, heute und für immer.*
*Hebräer 13,8*

**Sprich heute diese Wahrheit über deinem Leben aus:**

*Jesus Christus ist und bleibt auch für mich* DEIN NAME *derselbe: gestern, heute und für immer.*

**Egal, welche Lebensphase ein Mensch durchmacht, Jesus Christus bleibt immer derselbe!** In der heutigen Welt leben wir mit enorm viel Veränderung. Ständig entwickeln sich neue Dinge. Viele Menschen kaufen sich immer wieder das aktuellste Smartphone oder wechseln fleißig ihre Beziehungen. Wir leben in einer Wegwerfgesellschaft. Jesus Christus ist komplett anders. Er verändert sich kein bisschen. Er bleibt immer derselbe. Er war gestern derselbe, wie er es morgen sein wird. Mit Jesus Christus hast du einen verlässlichen Partner an deiner Seite. Er wird dich nicht veräppeln, geschweige denn im Stich lassen. So halte dich heute an seiner Unerschütterlich- und Unverrückbarkeit fest. Vielleicht kannst du diesen Vers auf einen schönen Gegenstand malen und ihn irgendwo in deinem Haus platzieren. Je mehr du dir dieser felsenfesten Grundlage bewusst wirst, desto mutiger wirst du in Jesu Namen die Welt zum Positiven auf den Kopf stellen. Gott segne dich!

**23. Oktober**

*Denke bei jedem Schritt an ihn; er zeigt dir den richtigen Weg und krönt dein Handeln mit Erfolg. Sprüche 3,6*

**Sprich heute diesen Vers als Segen über deinem Leben aus:**

*Ich* DEIN NAME *denke bei jedem Schritt an Gott; er zeigt mir den richtigen Weg und krönt mein Handeln mit Erfolg.*

**Wer Schritt für Schritt mit Gott vorwärts geht, dessen Weg ist erfolgreich.** Die Bibel zeigt uns auf, wie wir erfolgreich sein können. Manchmal habe ich stark den Eindruck, es mangelt uns Christen an Geduld. Schon bevor wir etwas angefangen haben, möchten wir erfolgreich fertig sein. Wir wünschen uns Beförderung am Arbeitsplatz, gute Zensuren oder ein gewinnbringendes Projekt. Doch Gott möchte uns aufzeigen, wie wir Schritt für Schritt mit ihm vorwärts gehen können. Viele Dinge, die wir erarbeiten, brauchen Zeit, um sich zu entwickeln. Wenn wir zum Beispiel die Natur beobachten, können wir sehen, wie Saat und Ernte Zeit brauchen. Genauso ist es in unserem Leben. Deshalb übe dich in solchen Situationen in Geduld und lasse dich Schritt für Schritt von Gott nach vorne bringen. Rechne Zeit ein und glaube an Meilensteine. Gott sieht deine Treue und er wird dich Schritt für Schritt zum Gewinn führen. Ja mehr noch, er wird dich mit Erfolg krönen!

24. Oktober

*Darum werft nun euer Vertrauen nicht weg, welches eine große Belohnung hat.*
*Hebräer 10,35* LUT

**Sprich heute diesen Bibelvers über deinem Leben aus:**

*Ich* DEIN NAME *werfe mein Vertrauen nicht weg, welches eine große Belohnung hat.*

**Wer Gott entschlossen vertraut, der wird reich beschenkt werden!** Vielleicht hast du Menschen dein Vertrauen geschenkt und sie haben es missbraucht. Deshalb bist du enttäuscht und kannst jetzt kaum mehr jemandem vertrauen. Es werden dir immer wieder Menschen begegnen, die dich enttäuschen und verletzen. Gott ist jedoch ganz anders! Er steht zu seinem Wort, und was er verspricht, das wird er halten! Deshalb ermutige ich dich heute, deinem Gott vollständig zu vertrauen. Vielleicht wolltest du gerade in einer Sache aufgeben, weil du einfach keinen Erfolg sehen kannst. Die Bibel fordert dich auf, an deinem Vertrauen zu Gott festzuhalten. Glaube an seine Güte, die für dich bereitsteht. Selbst wenn dich alle Menschen verlassen sollten, bleibt doch Gott fest an deiner Seite! Er zeigt dir niemals die kalte Schulter, sondern geht mit dir durch jede Lebenssituation. Gott segne dich!

**25. Oktober**

*Stärkt die kraftlosen Hände! Lasst die zitternden Knie wieder fest werden!*
*Hebräer 12,12*

**Sprich heute diese Zusage über dir aus:**

*Gott stärkt meine* DEIN NAME *kraftlosen Hände. Er lässt meine zitternden Knie wieder fest werden!*

**Gott kann jede Schwäche in eine überreiche Stärke verwandeln!** Vielleicht fühlst du dich in gewissen Lebenssituationen unsicher und nervös. Deine Knie beginnen zu zittern und du bekommst kraftlose und schwitzende Hände. Vielleicht lösen Menschen oder bestimmte Situationen in dir eine große innere Unsicherheit aus. Wahrscheinlich würde kein Mensch von außen sehen, dass du in diesen Augenblicken ängstlich bist. Doch du würdest dich am liebsten in dein Zimmer zurückziehen und dich für deine Schwäche verdammen.

Früher war ich ein sehr unsicherer Mensch. Ich hatte Angst, vor Menschen zu sprechen. Aber durch Gottes Kraft wurde ich komplett von diesen Unsicherheiten befreit, und heute muss ich mich nicht mehr verstecken. Gott hat deine Schwächen im Blick, deshalb bitte ihn um seine Stärkung und lass dich von Gott zurüsten. Er kann heute deine Schwächen in Stärken verwandeln und dir seine Sicherheit ins Herz geben. Bei Gott ist alles möglich!

**26. Oktober**

*Liebt ihr den Herrn?*
*Dann verabscheut das Böse!*
*Psalm 97,10a*

**Sprich heute diesen Vers über dir aus:**

*Ich* DEIN NAME *liebe den Herrn! Deshalb verabscheue ich das Böse!*

**Je mehr du die Gnade Gottes verstanden hast, desto mehr wird Jesu Wesen in deinem Leben sichtbar werden.** Oft möchte ich von meinem Mann wissen, ob er mich liebt. Immer wieder frage ich ihn, obwohl ich es eigentlich genau weiß. Genauso ist es bei Gott. Er möchte uns immer wieder sagen, dass er uns liebt, und auch von uns hören, dass wir ihn lieben. Mit unseren Worten richten wir unser Herz auf ihn aus. Wir bestätigen mit unseren Worten und Taten, wie wir wirklich in unseren Herzen denken. Das geht aber nur, wenn du zuerst weißt, wie sehr Gott dich liebt. Aus seiner Liebe zu dir entsteht deine Liebe zu ihm und zu anderen Menschen. Empfange heute und immer wieder Gottes Liebe und du wirst sehen, wie sie dich mehr und mehr verwandeln wird und wie daraus liebevolle Taten folgen werden, die deine Nächsten überraschen.

27. Oktober

*Er [Gott] vergisst nicht, was ihr getan habt und wie ihr aus Liebe zu ihm anderen Christen geholfen habt und immer noch helft. Hebräer 6,10b*

**Sprich heute diese Wahrheit über deinem Leben aus:**

*Gott vergisst nicht, was ich* DEIN NAME *getan habe, und wie ich aus Liebe zu ihm anderen Christen geholfen habe und immer noch helfe.*

**Jeder Liebesdienst wird in Gottes Tagebuch wertschätzend notiert!** Wie schön ist es, wenn Menschen einander helfen. Gerade heute habe ich im Religionsunterricht eine Klasse erlebt, die sich bei der Bastelarbeit gegenseitig richtig liebevoll unterstützt hat. Gott wird verherrlicht, wenn wir aus seiner Liebe heraus anderen Menschen helfen. So ermutige ich dich heute, deine Hilfe zu verschenken, weil du weißt, wie sehr Gott dich liebt und dir hilft. Vielleicht braucht dein Partner deine Nähe, dein Kind eine Streicheleinheit oder deine Freunde eine liebevolle Nachricht. Achte darauf, wie es deinen Nachbarn, deinen Verwandten oder Bekannten geht. Mache dich zusammen mit Gott auf den Weg und zeige deinen Mitmenschen ein Stück Himmel auf Erden. Erinnere dich dabei stets daran, dass Gott jede Tat registriert. Er gibt dir dafür große Ehre und seine höchste Wertschätzung.

28. Oktober

*Eine gewaltige Stimme hörte ich vom Thron her rufen: »Hier wird Gott mitten unter den Menschen sein! … Er wird alle ihre Tränen trocknen und der Tod wird keine Macht mehr haben.«*

*Offenbarung 21,3a.4a*

**Sprich dir selbst heute diesen Trost zu:**

*Im Himmel werde ich* DEIN NAME *bei Gott wohnen. Er wird alle meine Tränen trocknen und der Tod wird keine Macht mehr haben.*

**Eines Tages wird Gott alle deine Tränen trocknen!** Immer wieder verlassen Menschen in deinem Umfeld den Planeten Erde. Wer von einem lieben Menschen Abschied nehmen muss, wird in seinen Emotionen ganz schön herausgefordert. Der Weggang des geliebten Menschen tut weh und es entsteht eine große Lücke. Ich ermutige dich, in dieser Situation deinen Fokus auf Gottes Trost für dich im Hier und Jetzt und auch in der Ewigkeit auszurichten. Unser Zuhause auf dieser Erde hat für jeden irgendwann ein Ende.

Nimm dir Zeit, um von Menschen Abschied zu nehmen, besuche ihr Grab oder rede mit deinen Nächsten und auch mit Gott über deine Trauer. Sei aber gewiss, dass der Himmel ein guter Ort ist, an dem du bei Gott wohnen wirst und wo er jede Träne trocknen wird.

29. Oktober

*Ach, ich bin müde vom Stöhnen. Nachts weine ich wie ein Kind, bis die Kissen durchnässt und meine Augen ganz verquollen sind. Psalm 6,7*

**Wenn es dir gerade so geht, dann sage zu Gott:**

*Vater, ich* DEIN NAME *bin echt traurig.*

**Gott sieht jede Träne!** Vielleicht nehmen wir gerade Abschied von einem lieben Menschen oder haben anderen Kummer. Solche Lebenssituationen sind anstrengend und überfallen uns meist wie aus dem Nichts. Es tut mir sehr leid, wenn es dir gerade so geht. Aber es gibt eine gute Nachricht: Gott sieht jede Träne. Es ist ihm niemals egal, ob dein Kissen von den Tränen durchnässt ist. Er sieht dich und er möchte dich liebevoll trösten. Wenn wir traurig sind, dann gibt es zwei Möglichkeiten zu reagieren: Einerseits können wir trauern, andererseits können wir aber auch Angst bekommen. Für eine gewisse Zeit zu trauern, ist eine gute Sache, sich zu fürchten dagegen nicht. Denn die Bibel lehrt uns immer wieder: »Fürchte dich nicht!« Gott ist bei dir in den traurigsten Stunden deines Lebens. Und wenn du seinen Trost empfangen hast, kannst auch du wieder andere trauernde Menschen trösten und Gottes Licht in ihre dunklen Stunden bringen.

**30. Oktober**

*Gott, der auf dem Thron sitzt,*
*wird bei ihnen wohnen!*
*Offenbarung 7,15b*

**Sprich heute diese Wahrheit aus:**

*Gott, der auf dem Thron sitzt, wird bei mir* **DEIN NAME** *und vielen anderen Menschen wohnen.*

**Der heilige Gott ist der mächtigste König, und doch ist sein gütiges Herz für jeden Menschen erreichbar!** Gottes Herrschaft ist ein Königreich voller Liebe und Barmherzigkeit. Gott regiert dort, wo wir Menschen ihn in unseren Herzen als König annehmen. Er ist nicht irgendwo in der Ferne, sondern dort, wo die Menschen sind. Und er möchte eine innige Gemeinschaft mit ihnen! So wie du mit deiner Familie am Tisch sitzt und mit deinen Nächsten Gemeinschaft hast, so möchte Gott mit dir Zeit verbringen. Mit dem Kommen von Jesus Christus hat das Reich Gottes schon hier und jetzt auf dieser Erde begonnen. Doch in der Zukunft erwartet uns das perfekte Himmelreich, wo Gott sichtbar unter den Menschen wohnen wird, das ewige Zuhause, dessen Atmosphäre von seinem Frieden und seiner Freude bestimmt wird!

**31. Oktober**

*Hass führt zu Streit, aber Liebe sieht über Fehler hinweg. Sprüche 10,12*

**Sprich heute dieses Bibelwort über deinem Leben aus:**

*Hass führt zu Streit, aber Liebe sieht über Fehler hinweg.*

**Jesus wurde geboren, um die Liebe des Vaters zu zeigen!** Fehler und Streit kommen in den besten Familien vor. Wir können uns ganz schnell in die Haare kriegen und wegen einer Kleinigkeit einen Streit anfangen. Gott hat es für dich aber anders gedacht. Du hast die Möglichkeit, in der Gegenwart Jesu zu ruhen. Das bedeutet, du hast die Chance, aus seiner Gnade zu leben, und das wird einen positiven Einfluss auf deine Beziehungen haben. Jesus Christus hat den vollen Preis am Kreuz bezahlt. Durch diese Tat bist du komplett von allen Sünden befreit und gerecht gesprochen. Wenn du das ergreifst, wird es nicht ohne Folgen für dein Leben bleiben. Deshalb richte heute deinen Blick auf die Gnade Jesu. Entdecke darin die Liebe des Vaters, und du wirst beginnen, so zu handeln wie er. Je mehr Liebe du von Gott empfängst, desto weniger Raum wird Hass haben und du wirst beginnen, über Fehler hinwegzusehen und sie zu vergeben. Ich bin überzeugt, die Atmosphäre in deinem Haus wird warm und wohltuend werden.

**1. November**

*Denkt daran, was unser Herr Jesus Christus in seiner Liebe für euch getan hat. Er war reich und wurde doch arm, um euch durch seine Armut reich zu machen.* 2. Korinther 8,9

**Sprich heute dieses Bekenntnis über deinem Leben aus:**

*Ich* DEIN NAME *denke daran, was Jesus Christus in seiner Liebe für mich getan hat. Er war reich und wurde doch arm, um mich* DEIN NAME *durch seine Armut reich zu machen.*

**Der größte Reichtum liegt im Glauben an Jesus Christus!**
Jesus Christus kam als kleines Baby auf diese Welt. An einem unscheinbaren und einfachen Ort wurde er geboren. Er war ein einfacher Mensch, und trotzdem hat er mit seiner Geburt und seinem Tod den größten Reichtum überhaupt in die Welt gebracht! Er starb am Kreuz aus Liebe!

Wie schön ist es, wenn eine Tat aus Liebe geschieht. Eine solche Handlung ist richtig kostbar und wertvoll! So werde heute dankbar für die überaus große Liebe, die Jesus dir geschenkt hat. Vielleicht kannst du heute diese Liebe weitergeben und deine Nächsten beschenken. Lass dir von Gott zeigen, was er durch dich tun möchte. Ich bin überzeugt, deine Mitmenschen werden dabei die göttliche Liebe spüren. Gott segne dich!

**2. November**

*Herr, wer dich kennen lernt, der wird dir gern vertrauen. Wer sich auf dich verlässt, der ist nie verlassen. Psalm 9,11*

**Sprich heute dieses Bekenntnis über deinem Leben aus:**

*Ich* DEIN NAME *verlasse mich auf dich, Herr, und werde somit niemals verlassen sein.*

**Gott nimmt dich an der Hand und er kann dich einfach nicht mehr loslassen!** Menschen sind oft nicht zuverlässig. Familienväter verlassen ihr Zuhause, Freundschaften werden gebrochen oder Versprechen nicht eingehalten. Verlässlichkeit ist eine Kostbarkeit, die aber leider selten ist! Wie wertvoll ist doch, wenn Menschen sich an ihre Worte halten und ihre Aufgaben auf dieser Welt verlässlich erledigen. Du kannst einen Unterschied machen und deinem Zuhause eine feste Grundlage schenken. Verlasse dich auf Gott, denn er verlässt dich niemals! Wenn du darauf vertraust, wirst auch du selbst in deiner Familie und deinen Beziehungen immer verlässlicher werden. Denn wer auf Gott vertraut, in dem entsteht eine innere Sicherheit und der strahlt eine Stärke aus, die eine gute Atmosphäre schafft. Deshalb tauche genau jetzt in die Gegenwart Gottes ein und vertrau ihm alle deine Ängste, Sorgen und Herausforderungen an. Glaube an Gottes Kraft, die in deinem Leben sichtbar werden möchte.

**3. November**

*Und wo der Geist des*
*Herrn ist, da ist Freiheit.*
*2. Korinther 3,17b*

**Sprich heute diese Zusage über deinem Leben aus:**

*Gottes Geist lebt in mir* DEIN NAME, *deshalb bin ich frei!*

**Gott führt in jedem Lebensbereich in die Freiheit!** Unsere Hauskatze Nanda mag es nicht so sehr, wenn sie in einem Raum eingesperrt wird. Trotzdem muss sie jede Nacht in einem kleinen Zimmer verbringen. Wenn ich dann am frühen Morgen die Tür öffne, springt sie immer voller Freude aus dem Raum und bewegt sich durchs ganze Haus. Genauso möchte Gott dich in die Freiheit führen! Der Geist der Freiheit wohnt bereits in dir. Aus diesem Grund stehen dir alle Möglichkeiten offen, um die vollständige Freiheit zu erleben. Gott möchte dich in deinen Talenten, in deinen Finanzen, in deinen Beziehungen und auch an deinem Arbeitsplatz in die Freiheit führen. Deshalb erkenne, dass Gott dir die Tür geöffnet hat, und springe aus deinem Gefängnis. Gott segne dich!

**4. November**

*Sein Segen gilt allen, die ihn achten, ganz gleich, ob unbedeutend oder einflussreich! Psalm 115,13*

**Sprich heute diese Zusage über deinem Leben aus:**

*Gottes Segen gilt auch mir* DEIN NAME, *ganz gleich, ob ich unbedeutend oder einflussreich bin!*

**Von Gottes überreichem Segen können arme und reiche Menschen profitieren!** Oft sagen wir, dass, wenn der Haussegen schief hängt, die Atmosphäre im Haus etwas schwierig geworden ist. Heute möchte ich dir einen Anstoß geben, wie du diesen Haussegen prägen kannst. Du hast täglich die Gelegenheit, deine Familie und dein Haus zu segnen. Egal, ob du wohlhabend bist oder eher zu den ärmeren Menschen gehörst: Dank Jesus hast du Anrecht auf den überreich großen Segen Gottes. Er wurde arm, damit wir reich werden können. Gott ist ganz und gar gerecht! Empfange seinen Segen bewusst für deine Familie und dein Haus. Dein Zuhause wird sich verändern, denn die Atmosphäre wird vom Segen Gottes beeinflusst werden. Da wo Segen ausgesprochen wird, werden Friede, Liebe, Kraft und Ermutigung fließen. In einem gesegneten Haus werden Menschen großzügig und liebevoll miteinander umgehen.

5. November

*Aber er hat zu mir gesagt: »Meine Gnade ist alles, was du brauchst! Denn gerade wenn du schwach bist, wirkt meine Kraft ganz besonders an dir.« 2. Korinther 12,9a*

**Sprich heute dieses wunderbare Versprechen über dir aus:**

*Die Gnade von Jesus Christus ist alles, was ich brauche. Denn gerade wenn ich* DEIN NAME *schwach bin, dann wirkt seine Kraft besonders an mir.*

**Die schwächsten Momente kann Gott in die größten Erfolge verwandeln!** Vielleicht befindest du dich momentan in einem geschwächten Zustand. Krankheit, Sorgen oder auch Ängste können uns die Kraft rauben. In diesen Zeiten liegen wir auf unserem Bett und spüren einen geschwächten Körper, eine ausgelaugte Seele oder auch einen betrübten Geist. Exakt in diese Schwäche will Gott seine überaus große Kraft gießen, die in seiner Gnade zu finden ist! Er richtet dich wieder auf und bringt alles, was dir fehlt, in mächtiger Fülle in dein Leben hinein. Deshalb sei nicht niedergeschlagen, sondern lass deine geschwächten Flügel von Gottes Kraft durchfließen und fliege wie ein mächtiger Adler über deine Hindernisse hinweg!

6. November

*Wer Böses ausheckt, betrügt sich selbst um das Beste; denn Freude erfährt nur, wer sich für Frieden einsetzt.* Sprüche 12,20

**Sprich heute diesen Vers als Segen über dir aus:**

*Ich* DEIN NAME *werde nichts Böses aushecken. Ich werde Freude erfahren, denn ich werde mich für den Frieden einsetzen.*

**Wer Jesus liebt, der wird Frieden verbreiten!** Es wird in deinem Leben immer wieder Menschen und Geschehnisse geben, die du nicht verstehst. Du musst feststellen, dass es Menschen am Arbeitsplatz oder in der Familie gibt, die dich einfach nicht mögen. Sie legen dir Hindernisse in den Weg und ärgern dich damit so richtig. Und vielleicht denkst du darüber nach, wie und wann du es ihnen heimzahlen könntest. Genau dann ist deine Beziehung zu Gott entscheidend wichtig, denn du brauchst in dieser Situation mehr Stärke und mehr Weisheit von Gott. Du stehst nämlich in der Gefahr, das Beste zu verpassen. Deshalb bleibe standhaft. Du bist ein Kind Gottes und dir ist die Macht gegeben, diese Herausforderung mit Bravour zu überstehen. Ich ermutige dich, jederzeit den Frieden zu suchen, deine Feinde zu segnen und deinem Jesus zu vertrauen. Auch wenn es vielleicht manchmal dauert, so wird die überaus herrliche Freude doch zurückkommen.

**7. November**

*Lasst euch durch nichts vom Gebet abbringen, und vergesst dabei nicht, Gott zu danken.*
*Kolosser 4,2*

**Sprich heute diesen Segen über dir aus:**

*Ich* DEIN NAME *lasse mich heute durch nichts vom Gebet abbringen, und dabei vergesse ich nicht zu danken.*

**Wer dankbar seine Anliegen zu Gott bringt, der wird seine Herrlichkeit sehen.** Wie oft nehmen wir uns vor, mehr zu beten. Doch der Alltag kann uns schnell mit vielen Aufgaben und Eindrücken überrollen und wir vergessen in der Hektik des Tages, mit Gott zu sprechen. Am Abend kommen wir erschöpft von der Arbeit nach Hause und haben keine Sekunde im Gebet verbracht. Die Bibel lehrt uns, mit dankbarem Herzen vor den Thron Gottes zu kommen. Ich ermutige dich heute, deine Fürbitte in Dankbarkeit zu tun. Nicht weil du musst, sondern weil darin eine große Kraft liegt! Geh im Gebet durch deinen Tag. Gib Gott die Ehre, bedanke dich bei ihm für seine Güte und bringe dann deine Bitten in seine Gegenwart. Lass dich dabei von seinem Eingreifen überraschen.

8. November

*Das Haus des Gottlosen wird abgerissen, aber die Familie des Aufrichtigen blüht auf.*
*Sprüche 14,11*

**Sprich heute dieses Bibelwort über deinem Leben aus:**

*Meine Familie blüht auf, denn ich* DEIN NAME *bin aufrichtig.*

**Jesus Christus hat die Macht, Familien zum Aufblühen zu bringen!** Welche Menschen gehören denn zu den aufrichtigen Menschen? Wie kann man wirklich in allem korrekt sein? Auch der beste Christ wird es nicht schaffen, aus eigener Kraft dauerhaft ein aufrichtiger Mensch zu sein. Wer jedoch die Vergebung durch Jesus Christus angenommen hat, der darf aufrichtig durchs Leben gehen und dessen Familie wird aufblühen, denn wer Christus kennt, den beschenkt er mit allen Ressourcen, um sich im Leben zu entfalten. Ich ermutige dich, daran zu glauben und ein Aufblühen deiner Familie zu erwarten. Bete dafür und ermutige deine Familienmitglieder – deinen Vater, deine Mutter, deine Kinder oder deine Geschwister – in Liebe und vertraue darauf, dass Gott sie persönlich, beruflich, finanziell sowie in ihrem geistlichen Leben aufblühen lassen wird.

9. November

*Ertragt einander, und seid bereit, einander zu vergeben, selbst wenn ihr glaubt, im Recht zu sein.*
*Kolosser 3,13a*

**Sprich heute diesen Bibelvers über deinem Leben aus:**

*Ich* DEIN NAME *ertrage meine Mitmenschen und bin bereit zu vergeben.*

**Echte Vergebung bringt Leichtigkeit und Schönheit in ein Zuhause!** Wo Menschen zusammenleben, da kann es Auseinandersetzungen, Konflikte und Streit geben. Freunde können sich tief verletzen, und auch in der Familie ist man durchaus in der Lage, sich gegenseitig unschöne Worte an den Kopf zu werfen. Ich ermutige dich heute, den Frieden in deinem Haus zu suchen. Entschuldige dich bei deinen Mitmenschen und mache den ersten Schritt für einen Neuanfang. Erinnere dich dabei an die Gnade und Vergebung, die du selber durch Jesus Christus erfahren hast. Denn je bewusster dir seine Güte ist, desto mehr wirst du auch deinen Nächsten vergeben wollen. Gott segne dich!

**10. November**

*Ich aber darf zu dir kommen, denn in deiner großen Gnade hast du mich angenommen. Voller Ehrfurcht bete ich dich in deinem Heiligtum an. Psalm 5,8*

**Sprich heute diese Wahrheit über deinem Leben aus:**

*Egal, was passiert ist, ich* DEIN NAME *darf zu dir, Gott, kommen.*

**Je mehr ein Mensch die göttliche Gnade begreift, desto respektvoller wird er dem Vater im Himmel begegnen.** Immer wieder darf uns klar werden, wie wunderbar und großartig die Gnade durch Jesus Christus ist. Der Sohn Gottes hat am Kreuz von Golgatha gelitten und ist dort gestorben, damit wir ein für alle Mal befreit sind. Vielleicht kannst du dir heute einfach Zeit nehmen, um über dieses kostbare Geschenk nachzudenken. Wir Menschen könnten vor dem heiligen Gott nicht bestehen, denn er ist vollkommen. Da aber Jesus den Preis bezahlt hat und uns die Sünden vergeben sind, können wir in Gnade zu unserem Vater im Himmel kommen. Je mehr du dieses Geschenk und Gottes Liebe begreifst, desto mehr wirst du Gott lieben. Feiere heute die Gnade, die Jesus Christus selber ist. Dann wird dein Leben sein Leben widerspiegeln und auch du wirst anderen Menschen in Gnade begegnen. Ich bin sicher: Dies wird dein Zuhause verändern.

11. November

*All euer Tun – euer Reden wie euer Handeln – soll zeigen, dass Jesus euer Herr ist. Kolosser 3,17a*

**Sprich heute diesen Vers über deinem Leben aus:**

*Mein* DEIN NAME *Tun, Reden und Handeln soll zeigen, dass Jesus mein Herr ist.*

**Liebevolle Worte und wohltuende Handlungen in deinem Zuhause zeigen Gottes Herrlichkeit!** Es gibt Menschen, die nach außen hin tadellose Christen abgeben. Am Sonntagmorgen gehen sie in die Kirche und legen sie einen seriösen Lebensstil an den Tag. Zuhause jedoch, hinter verschlossener Tür, führen sie ein total gegensätzliches Leben.

Ich ermutige dich, heute darüber nachzudenken, dass die Bibel uns lehrt, dass wir Jesus durch seinen Geist in uns immer ähnlicher werden. Vertraue deshalb darauf, dass Gott dir helfen will und wird, in den kleinen Handlungen deines Alltags seine Liebe auszuleben und gute Dinge auszusprechen. Das wird positive Auswirkungen auf dein Leben zuhause haben und eine wohltuende Atmosphäre schaffen.

**12. November**

*Durch Christus sind wir frei geworden, damit wir als Befreite leben. Jetzt kommt es darauf an, dass ihr euch nicht wieder vom Gesetz versklaven lasst.* Galater 5,1

**Sprich heute diese Wahrheit über deinem Leben aus:**

*Durch Christus bin ich* DEIN NAME *frei geworden. Ich bin befreit! Ich lasse mich nicht mehr versklaven.*

**Jede Angst vor ewiger Verdammnis wird durch Jesus Christus vollständig aus dem Weg geräumt!** Vor rund 500 Jahren hat Martin Luther seine 95 Thesen an die Kirchentür von Wittenberg geschlagen. Es wurde ihm klar, dass sich kein Mensch das Heil mit frommen Werken verdienen kann. Jesus hat für uns den vollen Preis am Kreuz bezahlt, und diese Gnade ist mehr als genug. Du bist befreit durch Jesus Christus! Nichts kann diese Befreiung mehr in Frage stellen. Wer an Jesus Christus glaubt, der hat ewige Gemeinschaft mit dem Vater im Himmel. Deshalb lass dich nicht länger von äußeren und inneren negativen Stimmen verwirren. Du bist ein Kind Gottes und hast somit ein ewiges Zuhause bei deinem Vater. Die Verdammnis ist vorbei und niemand hat mehr das Recht, dich zu versklaven. Deshalb genieße heute deine Freiheit in Jesus Christus!

## 13. November

*Der Herr hasst die Opfergaben gottloser Menschen, aber er freut sich über die Gebete der Aufrichtigen. Sprüche 15,8*

**Sprich heute diese Wahrheit aus:**

*Gott freut sich über mein* DEIN NAME *Gebet!*

**Niemals wird Gott aufhören, sich über deine Gebete zu freuen!** Hast du dich auch schon gefragt, ob Gott dein Gebet wirklich gerne hört? Du denkst vielleicht daran, dass du in den letzten Wochen nicht gerade ein vorbildliches Leben geführt und dich eher von Gott entfernt hast. Du hast echt ein schlechtes Gewissen und zweifelst daran, ob Gott dich überhaupt noch lieb hat. Du fühlst dich weit weg von Gott. Doch heute kann ich dir sagen: Gott ist völlig anders, als du denkst! Niemals würde er sich von dir entfernen. Deine Gefühle lügen und führen dich in die Irre. Gott freut sich jederzeit über das Gebet des Aufrichtigen. Du darfst in Aufrichtigkeit vor Gott stehen, denn Jesus hat dich frei gemacht. Selbst wenn Fehler in deinem Leben passieren, bleibt Gott der überaus gnädige Gott. Seine Gnade übertrifft alles und somit steht nichts zwischen dir und deinem Gott. Halte an dieser Wahrheit fest und glaube an die Freude, die Gott an dir hat. Jedes Gebet ist bei ihm registriert und er kümmert sich liebevoll um deine Anliegen. Gottes Gegenwart in deinem Leben bleibt immer gleich.

**14. November**

*Solange uns noch Zeit bleibt, wollen wir allen Menschen Gutes tun; vor allem aber denen, die mit uns an Jesus Christus glauben.*
*Galater 6,10*

**Sprich heute diesen Bibelvers über deinem Leben aus:**

*Solange mir* DEIN NAME *noch Zeit bleibt, will ich Menschen Gutes tun. Vor allem aber meinen Glaubensgeschwistern!*

**Verschenke täglich Liebe an deine Mitmenschen, denn du weißt nie, ob es die letzte Gelegenheit sein wird!** In diesem Jahr musste ich von meiner lieben Schwiegermutter Abschied nehmen. Obwohl sie krank war, kam ihr Tod doch sehr überraschend. So ermutige ich dich heute, deine Lebenszeit bewusst zu nutzen. Vielleicht ist es heute dran, einen Besuch zu machen oder jemanden in dein Zuhause einzuladen. Genieße die Zeit mit deinem Partner, deinen Kindern, deinen Eltern und deinen Freunden. Wenn du dich gerade mit jemandem, der dir etwas bedeutet, gestritten hast, suche den Frieden mit ihm. Lebe den Tag, als wäre es dein letzter, und lass nichts zwischen dir und deinen Mitmenschen stehen. Ich bin überzeugt, diese innere Haltung wird dein Leben bereichern, weil du deine Beziehungen bewusster leben wirst.

**15. November**

*Das Einzigartige an dieser Liebe ist:*
*Nicht wir haben Gott geliebt, sondern er hat uns seine Liebe geschenkt.*
*1. Johannes 4,10a*

**Sprich heute diese wunderbare Wahrheit über dir aus:**

*Nicht ich* DEIN NAME *habe Gott geliebt, sondern er hat mir seine Liebe geschenkt.*

**Die Liebe ist das größte Geschenk!** Wie schön ist es, wenn wir ein Geschenk bekommen. Wir fühlen uns dann richtig gut und spüren Anerkennung und Wertschätzung. Das größte Geschenk ist die Liebe Gottes, denn seine Liebe ist ungeteilt und vollkommen. Gott hat dich schon geliebt, bevor du überhaupt reden konntest. Er hat dich gesehen, als du gerade erst entstanden bist. Heute hast du die Möglichkeit, dich in dieser Liebe zu baden. Vielleicht kannst du heute ganz bewusst ein warmes, angenehmes Bad nehmen und dich dabei daran erinnern, wie du von göttlicher Liebe umgeben bist. Je bewusster du dir bist, dass dein Herz mit der Liebe Gottes erfüllt ist, desto mehr wirst du auch in der Lage sein, dich selber und deine Mitmenschen von Herzen zu lieben.

16. November

*Ohne Ratgeber sind Pläne zum Scheitern verurteilt; aber wo man gemeinsam überlegt, hat man Erfolg. Sprüche 15,22*

**Sprich heute diese Weisheit in dein Leben:**

*Ohne Ratgeber sind meine Pläne zum Scheitern verurteilt; aber wo ich* DEIN NAME *mit anderen gemeinsam überlege, werde ich Erfolg haben.*

**Wer Beratung in seinem Leben zulässt, der wird erfolgreich seinen Weg gehen.** Es gibt immer wieder Entscheidungen im Leben, die wegweisend sind und Konsequenzen haben. Aus diesem Grund ist es hilfreich, die größeren Fragen mit einem Berater zu besprechen. Dein bester Berater ist Jesus Christus. Er hat den Überblick über dein Leben und über alle Geschehnisse dieser Welt. Er hat die Macht und Kraft über Himmel und Erde. Du hast die Möglichkeit, deine Vorhaben mit deinem Gott zu besprechen und somit erfolgreiche Entscheidungen zu treffen. Auch hast du die Chance, andere Menschen in deinen Findungsprozess zu integrieren. Der Heilige Geist hat Menschen in deinem Umfeld verschiedene Gaben ausgeteilt. Sie haben übernatürliche Fähigkeiten bekommen, die dir und deinem Projekt helfen können. Lass dich von Gott und von diesen Menschen beraten und dann triff mutige Entscheidungen und vertraue darauf, dass Gottes Segen auf deiner Seite ist.

**17. November**

*Seht doch, wie groß die Liebe ist, die der Vater uns schenkt! Denn wir dürfen uns nicht nur seine Kinder nennen, sondern wir sind es wirklich.* 1. *Johannes 3,1a*

**Sprich heute diesen Segen über deinem Leben aus:**

*Ich* DEIN NAME *sehe doch, wie groß die Liebe ist, die der Vater mir schenkt. Denn ich bin seine Tochter/sein Sohn!*

**Gott schenkt jedem Menschen seine ungeteilte Aufmerksamkeit!** Wie und wo bist du groß geworden? Wie sah deine Kindheit aus? Jeder Mensch hat sein Zuhause anders erlebt. Während die einen in einem wunderschönen Zuhause geboren wurden, erlebten andere dort turbulente Zeiten. Ein Kind zu sein ist nicht immer einfach. In Gottes Familie ist es aber ganz anders. Bei Gott bist du wirklich ein Kind. Das bedeutet, du hast einen Vater, der für dich Zeit hat und der wirklich das Beste für dich möchte. Er rastet nicht aus und er macht dich auch niemals herunter. Er nimmt dich in seine Arme, hört dir jederzeit liebevoll zu und tröstet dich tief in deinem Herzen. Seine Aufmerksamkeit ist ungeteilt. Niemals würde er sich gleichzeitig mit dem Smartphone beschäftigen, während du ihm deine innigsten Gefühle erzählst. Genieße heute die Liebe deines himmlischen Vaters.

18. November

*Ich sehe immer auf den Herrn. Er steht mir zur Seite, damit ich nicht falle.*
*Psalm 16,8*

**Sprich heute diese Wahrheit über deinem Leben aus:**

*Ich* DEIN NAME *schaue auf Gott. Er ist immer an meiner Seite und hilft mir, fest stehen zu bleiben.*

**Wer seinen Fokus auf Gott richtet, der wird Stabilität und Kraft für seine Familie bekommen.** Menschen sind in Beziehungs-, Erziehungs- und anderen Lebensfragen oftmals überfordert und versuchen dann, sich an menschlichen Theorien und Meinungen festzuhalten. Doch meist werden sie enttäuscht, weil die versprochenen Resultate ausbleiben. Wirkliche Stabilität und felsenfeste Sicherheit finden wir allein bei Gott. Deshalb richte deinen Blick auf den allmächtigen Vater im Himmel. Lass dich von seiner Gegenwart und seinem Wort inspirieren. Er schenkt Ideen und Möglichkeiten, mit denen deine Beziehungen, Erziehungsfertigkeiten und dein persönliches Leben wirklich gefestigt werden können. Sprich heute göttliche Stabilität in dein Leben und das Leben deiner Familie und Freunde hinein. Gott kann und will aus jedem Scherbenhaufen etwas Schönes machen! Wackelige Beziehungen können durch seine übernatürliche Kraft in standhafte und wirklich stabile Verbindungen verwandelt werden.

**19. November**

*»Ich bin das Brot des Lebens«, sagte Jesus zu ihnen. »Wer zu mir kommt, wird niemals wieder Hunger leiden, und wer an mich glaubt, wird nie wieder Durst haben.«*

*Johannes 6,35*

**Sprich heute diesen Bibelvers über deinem Leben aus:**

*Wenn ich* DEIN NAME *zu Jesus komme, werde ich nie wieder Hunger leiden und Durst haben.*

**Die Beziehung zu Jesus Christus gibt dir mehr als genug!**

Als Familie lieben wir es, gemeinsam essen zu können. Für das Mittagessen ist es mir wichtig, reichhaltige Speisen zuzubereiten, und ich nehme mir die Zeit dafür. Viele Menschen essen heute nur noch zwischendurch eine Kleinigkeit und für viele Kinder wird nicht mehr gesund gekocht. Der Stress des Alltags lässt manche Mütter eine Fertigmahlzeit aufwärmen. Ich gebe dir heute den Rat, über eine gesunde Ernährung nachzudenken. Deine Familie braucht eine ausgewogene und gesunde Kost. Ebenso ist der Familientisch ein Platz für wohltuende und entspannte Kommunikation. Deshalb investiere dich liebevoll in gemeinsame Tischmahlzeiten. Doch noch viel wichtiger für deine Familie ist deine geistliche Ernährung. Lass dich täglich von Gottes Wort sättigen und entdecke immer wieder Jesus darin. Er hat die Kraft, um Ruhe und Entspannung in dein Haus zu bringen.

**20. November**

*Ein weiser Mensch gibt Acht auf seine Worte, denn wer sich selbst beherrschen kann, ist vernünftig. Sprüche 17,27*

**Sprich heute diesen Vers als Segen über dir aus:**

*Ich* DEIN NAME *als weiser Mensch gebe Acht auf meine Worte, denn wenn ich mich beherrschen kann, bin ich vernünftig.*

**Aus der Ruhe kommt die Kraft!** Manchmal verlieren Menschen die Beherrschung. In diesen Momenten können unüberlegte Worte durch die Luft schießen, Ohrfeigen verteilt werden oder Gegenstände durchs Haus fliegen. Ein solches Verhalten hinterlässt immer Verletzungen und bringt Menschen in Unruhe. Die Bibel lehrt uns jedoch, weise zu sein. Deshalb ermutige ich dich, deine Worte und Emotionen von Gottes Geist leiten zu lassen. Selbst wenn Menschen oder Situationen dich in Fahrt bringen, erinnere dich an Gottes Güte über deinem Leben. Mit seiner Hilfe wirst du zerstörerische Strukturen entlarven und durchbrechen können. Verlass dich darin ganz auf ihn. Es kann dir helfen, täglich für starke Nerven und Ruhe zu beten. Lege bereits am Morgen deine Emotionen in Gottes Hand und lass dich vom Geist der Weisheit erfüllen. Bete um Schutz für deine Zunge. Ich bin überzeugt, du wirst dich verändern und vermehrt in Ruhe herausfordernden Situationen entgegentreten.

**21. November**

*Der Dieb kommt, um zu stehlen, zu schlachten und zu vernichten. Ich aber bringe Leben – und dies im Überfluss.*

*Johannes 10,10*

**Sprich heute diese Wahrheit über deinem Leben aus:**

*Jesus bringt mir* DEIN NAME *Leben im Überfluss!*

**Gott hat mehr als genug Segen und Gunst für dich bereit!** Fühlst du dich manchmal auch alles andere als in einem überfließenden Leben? Christen sind reich Beschenkte. Manche von ihnen gehen jedoch oft mit viel Mühe und Unzufriedenheit durchs Leben. Gott hat ein anderes Leben für uns Christen vorbereitet. Er möchte dein Herz nicht nur mit tiefster Zufriedenheit und Stärke füllen, sondern es überfüllen! Gott hat mehr als genug für dich bereit. Empfange heute diese Gewissheit und lass dich von Gottes Überfluss beschenken. Glaube an die Macht und die Herrlichkeit Gottes in deinem Leben. Wo du Mangel hast, da darfst du heute großzügig bitten und von Gott Gunst und Versorgung erwarten. Er ist mit dir!

**22. November**

*Meine Schuld ist mir über den Kopf gewachsen. Wie schwer ist diese Last! Ich breche unter ihr zusammen. Psalm 38,5*

**Sprich heute diese Wahrheit über deinem Leben aus:**

> *Meine* DEIN NAME *Schuld war mir über den Kopf gewachsen. Doch durch Jesus Christus bin ich frei!*

**Jesus Christus hat uns von jeder Schuld vollständig befreit!** Täglich gibt es Dinge, die wir falsch machen können. Mit unseren Worten verletzen wir unsere Nächsten oder wir beginnen plötzlich, über eine Kleinigkeit zu streiten. Vielleicht sind in deinem Leben auch größere Fehler passiert, die dich richtig stark belasten. Doch die gute Nachricht ist: Jesus Christus hat am Kreuz den Preis für deine Sünden vollständig bezahlt. Deine Sünden sind dir bereits ganz und gar vergeben! Durch Jesus Christus kann dein Leben wieder federleicht werden, weil er deine Last auf sich genommen hat. Je mehr du diese Gnade durch Jesus Christus erfasst, desto gnädiger wirst du mit deinen Mitmenschen und auch mit dir selbst umgehen. Erinnere dich immer wieder daran, dass deine Sünden am Kreuz von Jesus vergeben wurden. Täglich hast du die Chance, von neuem zu beginnen und Gottes Gnade zu erfahren. Du kannst also entspannt durch den Tag gehen. Genieße die Freiheit in Christus, denn seine Gnade ist genug.

23. November

*Heute gebe ich euch ein neues Gebot: Liebt einander! So wie ich euch geliebt habe, so sollt ihr euch auch untereinander lieben.*

*Johannes 13,34*

**Sprich heute diesen Vers über dir aus:**

*Ich* DEIN NAME *liebe meine Mitmenschen! So wie Jesus mich geliebt hat, so darf ich meine Nächsten lieben!*

**Göttliche Liebe bringt Verständnis und Frieden in jedes Zuhause!** Unsere menschliche Liebe neigt sich sehr schnell dem Ende zu. Missverständnisse, Müdigkeit und Stress können unser friedliches Zuhause schnell in eine Stätte des Chaos und der Lieblosigkeit verwandeln. Doch wer an Jesus Christus glaubt, dessen Herz ist an die göttliche Liebe angeschlossen! Aus diesem Grund können wir unser Zuhause täglich mit der Liebe Gottes ausstatten. Du hast heute die Chance, deine Beziehungen mit göttlicher Liebe zu beschenken. Mach den ersten Schritt und liebe deine Nächsten. Verschenke heute Wertschätzung, Respekt und Freude. Suche die Einheit in deiner Familie und bereichere dein Zuhause mit göttlicher Kraft. Gott segne dich!

**24. November**

*Wer Vater und Mutter verflucht, dessen Leben wird verlöschen wie eine Lampe in tiefster Dunkelheit. Sprüche 20,20*

**Sprich heute diesen Vers als Segen über dir aus:**

*Mit Gottes Hilfe ehre ich* DEIN NAME *meine Eltern!*

**Gott will dir helfen, deine Eltern zu ehren!** Heute gibt es für dich die Möglichkeit, über die Beziehung zu deinen Eltern nachzudenken. Vielleicht könntest du deine Eltern heute überraschen und ihnen ein Geschenk vorbeibringen. Du könntest sie in dein Haus einladen oder ihnen einen wertschätzenden Brief schreiben. Vielleicht denkst du jetzt: Wenn diese Autorin das Verhalten meiner Eltern kennen würde, würde sie so etwas nicht sagen. Vielleicht hast du gar Missbrauch oder andere Schwierigkeiten mit ihnen erlebt oder du vermisst deine Eltern. Das ist nicht schön und tut mir sehr leid. In diesen Situationen ermutige ich dich, deine Eltern innerlich loszulassen, ihnen zu vergeben und Gott deine Wunden heilen zu lassen. Anschließend darfst du einen gesunden Abstand zu ihnen pflegen. Erbringe ihnen den gebührenden Respekt, aber lass dich von ihnen nicht bevormunden und negativ beeinflussen. Je vollständiger du dich im Namen Jesu von ihnen gelöst hast, desto fröhlicher wirst du ihnen die Ehre geben können.

**25. November**

*Und diese Hoffnung geht nicht ins Leere.*
*Denn uns ist der Heilige Geist geschenkt,*
*und durch ihn hat Gott unsere Herzen*
*mit seiner Liebe erfüllt.* Römer 5,5

**Sprich heute diese wunderbare Zusage über dir aus:**

*Der Heilige Geist ist mir* DEIN NAME *geschenkt, und durch ihn hat Gott mein Herz mit seiner Liebe erfüllt.*

**Die Liebe ist das Größte, das du in deinem Zuhause verschenken kannst!** Stelle dir vor, dein Zuhause wäre von oben bis unten mit roten Herzen dekoriert. Soweit dein Auge reichen würde, wären überall Herzen zu sehen. Dieses Bild gefällt mir, denn genauso hat Gott dein Inneres mit seiner Liebe dekoriert und deswegen hast auch du die Chance, in deinem Haus Liebe zu verteilen. Dein Herz ist überfüllt mit göttlicher Liebe, das heißt, dir steht jede Menge zur Verfügung! Fülle heute deine Küche mit Liebe und koche für deine Nächsten etwas Besonderes. Gieße Liebe ins Wohnzimmer, höre deinen Mitmenschen zu und ermutige sie. Verteile Liebe im Schlafzimmer und nimm dir heute mehr Zeit für deinen Partner. Ich bin überzeugt, dein Zuhause wird zur Wohlfühloase für deine Mitmenschen!

**26. November**

*Wer sich beim Hilferuf eines Armen taub stellt, wird selbst keine Antwort bekommen, wenn er Hilfe braucht.*
*Sprüche 21,13*

**Sprich heute diesen Vers als Segen über dir aus:**

*Ich* DEIN NAME *höre auf die Hilferufe der Armen.*

**Weil du gesegnet bist, kannst du armen Menschen helfen.** Jesus Christus hat sich immer wieder um die Armen gekümmert, auch um dich. Auf dieser Grundlage hast du die Möglichkeit, in dieser Welt einen Unterschied zu machen und den armen Menschen diesen Segen weiterzugeben. Vielleicht denkst du jetzt: »Oh nein, ich habe schon so viel Gutes getan, ich habe keine Lust mehr!« Es geht dabei nicht um eine Pflichtübung. Er wünscht sich vielmehr, dass du seine Liebe empfängst und sie weiterfließen lässt. Denn das bringt ihm Ehre. Gott hat dich überreich mit so viel Gutem beschenkt. Du bist durch Jesus Christus befreit und befähigt, das Gute auf dieser Welt zu tun. So blicke heute auf ihn und lass dir von ihm zeigen, welche guten Taten er durch dich wirken möchte. Ich bin überzeugt, du wirst dabei mit tiefer Freude erfüllt werden. Gott segne dich!

27. November

*Gott sei Dank! Durch unseren Herrn Jesus Christus bin ich bereits befreit.*
*Römer 7,25a*

**Sprich heute dieses Bekenntnis über deinem Leben aus:**

*Danke Gott, denn ich* DEIN NAME *bin bereits befreit!*

**Durch Jesus Christus ist dir vollständige Freiheit geschenkt!**
Gibt es Dinge in deinem Leben, die es dir schwermachen? Vielleicht hast du Geschehnisse in deiner Familie erlebt, die dich bis heute belasten. Manchmal gibt es Erlebnisse, die wir im Alltag mit uns herumschleppen. Eigentlich wäre es schon längst an der Zeit, mit diesen negativen Erfahrungen aufzuräumen und davon befreit zu werden. Jedoch haben wir es einfach noch nicht geschafft.

Heute gibt es eine gute Nachricht für dich: Jesus Christus hat dich bereits befreit! Er ist am Kreuz für alle deine Verletzungen und alle deine Fehler gestorben. Durch seinen Tod bist du bereits befreit! Deshalb empfange heute Heilung in deinem Herzen und glaube an die vollständige Freiheit, die dir in Jesus Christus geschenkt ist.

**28. November**

*Gott allein gibt mir Kraft zum Kämpfen*
*und ebnet mir meinen Weg.*
*Psalm 18,33*

**Sprich heute in dein Leben hinein:**

*Gott allein gibt mir* DEIN NAME *Kraft zum Kämpfen und er ebnet mir den Weg!*

**Was dir heute auch immer in die Quere kommt, Gott ist an deiner Seite und er wird dir den Weg ebnen!** Wie oft richten wir unseren Blick auf all das Negative in unserem Leben. Wir sehen, was nicht läuft, und ärgern uns vielleicht sogar über Kleinigkeiten. Was immer sich dir in den Weg stellen mag, es muss dich nicht irritieren. Lass dich von Hindernissen nicht ablenken. Es gibt immer wieder Dinge im Leben, die uns ausbremsen oder gar lahmlegen wollen. Aber du hast die Chance, alle deine Sorgen bei Gott abzugeben und im Gegenzug übernatürliche Kraft von ihm zu bekommen. Rede nicht länger über die Größe deines Problems, sondern erzähle dem Problem, wie groß dein Gott ist! Er ist der Größte und er hat die Macht über Himmel und Erde. Deshalb vertraue ihm und glaube, dass er die Steine aus dem Weg räumen wird. Ich bin überzeugt, Gott wird sich um die kleinen und großen Probleme deines Alltags kümmern.

**29. November**

*Wenn Gott für uns ist, wer kann dann gegen uns sein?*
*Römer 8,31b*

**Sprich heute diese kraftvolle Zusage aus:**

*Gott ist für mich* DEIN NAME*!*

**In jeder Lebenssituation steht Gott kraftvoll an deiner Seite!** Hast du manchmal auch den Eindruck, dass fast alle gegen dich sind? Es sind die Momente, in denen wir sagen: »Heute ist echt nicht mein Tag!« Immer wieder werden dir Tage widerfahren, an denen einfach vieles schiefläuft. Das Leben ist nicht immer fair und läuft nicht immer reibungslos. Gerade Menschen, die das Gute auf dieser Welt tun wollen, werden sehr gern angegriffen. Ich ermutige dich, diese Momente als Herausforderung anzusehen, die du in der Kraft Gottes erfolgreich bestehen kannst! Lebenssituationen kann man oft nicht vorhersehen und planen, aber du kannst dich bei jeder »Panne« daran erinnern, dass Gott auf jeden Fall immer an deiner Seite bleibt! Er ist für dich und gibt dir die beste Unterstützung.

## 30. November

*Wie schön und angenehm ist es, wenn Brüder in Frieden zusammenleben!*
*Psalm 133,1*

**Sprich heute diesen Vers als Segen aus:**

*Wie schön und angenehm ist es, wenn ich* DEIN NAME *mit meinen Mitmenschen in Frieden zusammenlebe.*

**Friedliche Menschen erzeugen eine wunderschöne Atmosphäre!** Streit, Missgunst und Eifersucht bringen eine unangenehme Atmosphäre in ein Zuhause. Jetzt mal ganz ehrlich: In welchem Bereich findest du Eifersucht in deinem Leben? Vergleichst du dich mit den Talenten anderer Menschen oder mit dem Besitz anderer? Es wird immer Erdenbürger geben, die mehr Reichtum haben oder talentierter sind als du. Darum kannst du dich entspannen. Empfange Gottes Vergebung für die Eifersucht, die du empfindest, frage Gott, was er in *dich* hineingelegt hat und beginne, ihm dafür zu danken. Deine Zufriedenheit wird die Stimmung in deinem Zuhause heben. Und selbst wenn andere Menschen eifersüchtig sind, musst du dich davon nicht irritieren lassen. Du darfst das ausleben, was Gott in dich hineinlegt hat, und damit Wohlklang und Freude verbreiten.

## 1. Dezember

*Helft anderen Christen, die in Not geraten sind, und seid gastfreundlich!*
*Römer 12,13*

**Sprich heute diesen Vers als Segen über dir aus:**

> *Ich* DEIN NAME *helfe anderen Christen, die in Not geraten sind. Ich bin gastfreundlich!*

**Die Herzen der Christen auf der ganzen Welt sind durch Jesus Christus miteinander verbunden!** Welcher Kirchengemeinde oder christlichen Gemeinschaft du angehörst, ist für Gott nicht das Entscheidende. Viel wichtiger ist ihm die Einheit unter den verschiedenen Gemeinden. Du hast heute die Chance, diese Einheit zu fördern. Lade heute bewusst Christen aus anderen Gemeinden zu dir nach Hause ein. Pflege den Kontakt mit verschiedenen Christen, denn gerade von den Unterschieden kannst du enorm viel lernen! Vielleicht nimmst du dir heute auch Zeit, für die verfolgten Christen zu beten. Denke an die Unterdrückten und verleihe mit deinem Gebet deiner Verbundenheit Ausdruck. Gott kann und will durch dein Gebet Großes bewirken.

**2. Dezember**

*Aus seinem Reichtum wird euch Gott,*
*dem ich gehöre, durch Jesus Christus*
*alles geben, was ihr zum Leben braucht.*
*Philipper 4,19*

**Sprich heute diese Wahrheit in dein Leben:**

*Gott wird mir* DEIN NAME *alles geben, was ich zum Leben brauche.*

**Wer an Jesus Christus glaubt, der wird von Gott überreich beschenkt werden!** Vielleicht fehlen dir momentan Dinge, die du ganz dringend benötigst. Bei Gott hast du immer wieder die Möglichkeit, ihm deine Defizite mitzuteilen und dich nach seiner Versorgung auszustrecken. Er möchte deine leeren Hände füllen und dich überreich mit Gutem sättigen! Er will dein Zuhause heute stärken und segnen. So strecke deine Hände deinem lieben Vater im Himmel entgegen und erwarte seinen großartigen Segen! Ich bin überzeugt, du wirst erhalten, was du brauchst, und mit Gunst und Erfolg beschenkt werden!

## 3. Dezember

*So drückte er uns sein Siegel auf, wir sind sein Eigentum geworden. Das Geschenk des Geistes in unseren Herzen ist Gottes sicheres Pfand dafür, dass er uns noch viel mehr schenken wird.*

*2. Korinther 1,22*

**Sprich heute diese wundervolle Wahrheit über dir aus:**

*Ich* DEIN NAME *bin Gottes Eigentum. Das Geschenk des Geistes in meinem Herzen ist Gottes sicheres Pfand dafür, dass er mir noch viel mehr schenken wird.*

**Gottes Geschenke nehmen kein Ende!** Wie schön ist es, wenn uns unsere Gäste ein schönes Mitbringsel schenken. Wir freuen uns über eine Schokolade, einen Blumenstrauß oder eine andere kleine Aufmerksamkeit. Geschenke machen einfach Freude!

Gott hat dir ein Siegel aufgedrückt – du gehörst ihm! Du hast ein Zeichen seiner Verbundenheit bekommen, weil er dich täglich beschenken möchte. Er hat bereits den Heiligen Geist in dein Herz gesandt. Doch dies ist nicht alles: Gott will dich immer wieder beschenken! Er hat wunderbare Überraschungen für dich bereit. So empfange Gottes Geschenke und genieße sie zu seiner Ehre!

**4. Dezember**

*Gott aber kann viel mehr tun, als wir jemals von ihm erbitten oder uns auch nur vorstellen können. So groß ist seine Kraft, die in uns wirkt.*
*Epheser 3,20*

**Sprich heute diese kraftvolle Zusage über deinem Leben aus:**

> *Gott aber kann viel mehr tun, als ich* DEIN NAME *jemals von ihm erbitten oder mir vorstellen kann. Seine Kraft ist groß und sie wirkt in mir.*

**Gottes Kraft bringt übernatürliche Stärke und Leichtigkeit in dein Zuhause!** Stehst du momentan vielleicht vor einem großen Berg von Arbeit oder Problemen? Erinnere dich heute daran, wie Gott das Unmögliche möglich machen kann! Die übernatürliche Kraft Gottes möchte sich heute in deinem Zuhause bemerkbar machen. Leiste deine Aufgaben nicht aus eigener Kraft, sondern nimm Gottes Kraft in Anspruch! Egal, welche Arbeiten vor dir liegen, sei es putzen, einkaufen, Gespräche führen, Projekte planen oder einen Arzt besuchen – bedenke, wie Gott jederzeit an deiner Seite ist und dir übernatürliche Kraft zur Verfügung stellt.

## 5. Dezember

*Wir beten zum Herrn, dass die Liebe zu Gott euer Leben bestimmt und dass ihr standhaft im Glauben an Christus bleibt.*
2. *Thessalonicher 3,5*

**Sprich heute diesen Bibelvers über deinem Leben aus:**

*Die Liebe Gottes soll mein* DEIN NAME *Leben bestimmen!*

**Wer die Liebe Gottes im Tiefsten begriffen hat, der wird Gnade und Barmherzigkeit leben!** Wenn wir Menschen versuchen, aus unserer eigenen Kraft das Gute auf dieser Welt zu tun, dann werden wir entweder ganz schnell müde und frustriert oder stolz auf unsere eigenen Verdienste. Auch in unserem Zuhause kann die Energie für das Gute ziemlich schnell ein Ende nehmen. So ermutige ich dich, deinen Blick auf die Liebe Gottes zu richten und dein Leben von ihr bestimmen zu lassen. Als Folge davon wirst du nicht mehr anders können, als göttliche Liebe an deine Nächsten zu verteilen und sie damit zu segnen. Deshalb lebe und handle aus dieser Kraft und beschenke deine Umgebung mit Gnade und Barmherzigkeit!

6. Dezember

*Es heißt doch in der Heiligen Schrift: »Wer sich am Leben freuen und gute Tage erleben will, der achte auf das, was er sagt. Keine Lüge, kein gemeines Wort soll über seine Lippen kommen …«*

*1. Petrus 3,10*

**Sprich heute diesen Vers als Segen über dir aus:**

*Ich* DEIN NAME *achte auf das, was ich sage. Keine Lüge, kein gemeines Wort soll über meine Lippen kommen.*

**Ermutigende Worte füllen ein Zuhause mit Stärke und Entspannung.** Täglich kannst du entscheiden, welche Worte über deine Lippen kommen sollen. Die Bibel hält dich an, dabei achtsam zu sein. Denn schnell kannst du deine Nächsten mit lieblosen Worten verletzen. Stelle heute deine Zunge bewusst unter den Schutz Gottes und gebrauche deine Worte, um deinen Partner, deine Kinder und deine Freunde zu ermutigen und zu stärken. Lass dich darin vom Heiligen Geist leiten, denn er weiß am besten, was die Menschen in deinem Umfeld brauchen.

## 7. Dezember

*Sie ist eine würdevolle und angesehene Frau, zuversichtlich blickt sie in die Zukunft. Sprüche 31,25*

**Sprich heute diese Ermutigung in dein Leben hinein:**

*Ich* DEIN NAME *bin ein würdevoller und angesehener Mensch, zuversichtlich blicke ich in die Zukunft.*

**Glücklich ist ein Mensch, der mit einem Herzen voller Zuversicht lebt!** Es gibt Lebenssituationen, die uns total verunsichern können. Schwierigkeiten am Arbeitsplatz, Sorgen mit den Kindern oder eine überraschende Krankheit können uns völlig aus dem Konzept bringen. In solchen Momenten fühlen wir uns schutzlos und verwirrt. Doch weil Jesus Christus dein Leben hält, hast du die Chance, seine Macht in Anspruch zu nehmen. Er möchte dein Herz mit Zuversicht und Hoffnung füllen. Du kannst trotz Sturm mit beiden Beinen auf dem Boden stehen, weil du Jesus Christus als deinen festen Grund kennst. So ermutige ich dich, in Schwierigkeiten nicht zu verzweifeln. Du brauchst keine Angst zu haben, denn Gott ist mit dir. Seine Stärke ist in dir und du kannst der Zukunft guten Mutes entgegenblicken. Darum lass dich nicht von den großen Wellen irritieren, sondern sage den Wellen, wie groß dein Gott ist. Er kann jeden Sturm zur Ruhe bringen und durch jede Schwierigkeit einen neuen Weg bahnen. Er hält dich fest!

**8. Dezember**

*Seid gastfreundlich, und klagt nicht*
*über die vermehrte Arbeit.*
*1. Petrus 4,9*

**Sprich heute diesen Vers als Segen über dir aus:**

*Ich* DEIN NAME *bin gastfreundlich und ich klage nicht über die vermehrte Arbeit.*

**Wohltuende Gemeinschaft stärkt und ermutigt die Herzen der Menschen.** Wie schön ist es, wenn wir als Familie irgendwo eingeladen werden. Wir dürfen uns an einen gedeckten Tisch setzen und eine schöne Gemeinschaft genießen. Diese Momente sind wohltuend und stärken die Beziehungen.

Die Bibel fordert dich auf, gastfreundlich zu sein, denn darauf liegt ein großer Segen. Du hast die Chance, deine Mitmenschen zu bekochen und sie mit der angenehmen Atmosphäre zu verwöhnen, die Gott selbst in dir und in deinem Zuhause bewirkt. So ermutige ich dich, heute jemanden anzurufen und Gemeinschaft zu leben. Denn dies wird deine Mitmenschen stärken, beschenken und ermutigen, und du wirst erleben, wie auch du selbst dadurch ermutigt wirst. Gott segne dich!

**9. Dezember**

*Deshalb beugt euch unter Gottes mächtige Hand. Gott wird euch aufrichten, wenn seine Zeit da ist.*
*1. Petrus 5,6*

**Sprich heute diesen Bibelvers über deinem Leben aus:**

*Ich* DEIN NAME *beuge mich unter die mächtige Hand Gottes. Er wird mich aufrichten, wenn seine Zeit da ist.*

**Wer alles von Gott erwartet, der wird in seinem Leben Erfolg und Gelassenheit finden.** Es gibt Menschen, die verbissen versuchen, ihre Lebensziele zu erreichen. Sie definieren sich über ihre eigene Leistung und denken, sie müssten sich den Erfolg mit viel mühsamer Arbeit verdienen.

Die Bibel lehrt dich heute, mit großem Respekt alles von deinem Gott zu erwarten und ihm dadurch die Ehre zu geben. Schaue auf seine Güte und vertraue ihm in allem, was du tust. Du hast das Vorrecht, in seinen vorbereiteten Werken zu laufen, selbst wenn es länger dauern sollte, bis das geschieht, was du dir wünschst. Lass dich dabei vom Geist Gottes leiten. Ich bin überzeugt, du wirst entspannt zum Erfolg kommen. Gott segne dich!

**10. Dezember**

*Ihr sollt Gott von ganzem Herzen lieben,*
*mit ganzer Hingabe, mit all eurer Kraft.*
*Bewahrt die Worte im Herzen, die ich*
*euch heute sage! 5. Mose 6,5-6*

**Sprich heute diesen Vers als Segen über dir aus:**

*Ich* DEIN NAME *liebe Gott von ganzem Herzen, mit ganzer Hingabe und mit meiner ganzen Kraft, weil er mich zuerst geliebt hat. Ich bewahre seine Worte im Herzen!*

**Wer Gottes Wort in seinem Herzen trägt, der bringt Frieden und Entspannung in sein Zuhause.** Jeder Mensch wünscht sich ein Zuhause der Entspannung - einen Ort, an dem man seine Seele baumeln lassen kann. Doch einen solch wunderbaren Ort können wir nicht aus eigener Kraft schaffen – wir brauchen Gottes Kraft.

Gottes Wort erinnert uns immer wieder an die göttliche Liebe, und sie schenkt uns die Kraft, aus der heraus wir unser Leben führen können! Gott liebt dich mit Haut und Haaren. Seine Liebe zu dir ist stark und grenzenlos. Er hat seine Liebe in dein Herz gegeben und deswegen kannst du sie heute in deinem Zuhause spürbar werden lassen.

**11. Dezember**

*In seiner Gegenwart sollt ihr mit euren Familien feiern, essen und euch an allem freuen, was ihr erarbeitet und von ihm geschenkt bekommen habt. 5. Mose 12,7*

**Sprich heute diesen Bibelvers über deinem Leben aus:**

*In Gottes Gegenwart werde ich* DEIN NAME *mit meinen Liebsten feiern und mich freuen, denn Gott hat mich reich beschenkt!*

**Dankbare Menschen können von Herzen ein Fest feiern!** Manchmal braucht es nicht viel, um ein schönes Fest zu feiern. Es tut so gut, mit Familie und Freunden eine Party zu genießen. Die Bibel lehrt uns, in Gottes Gegenwart zu feiern. Du kannst dies in einem Gottesdienst oder auch bei dir zuhause tun. Gott hat so viel Gutes in dich und deine Familie hineingelegt. Du kannst echt dankbar sein! So ermutige ich dich heute, eine Party zu schmeißen. Lade ein paar Gäste ein und mache ein Fest für deinen Geburtstag, deine Abschlussarbeit, deine Ernte, dein Projekt, deine Verwandtschaft, deine Kleingruppe oder deine Kinder. Genieße dein Leben mit Gottes Nähe, denn in ihm bist du reich beschenkt!

12. Dezember

*Ihr Väter, behandelt eure*
*Kinder nicht ungerecht!*
*Epheser 6,4a*

**Sprich heute diesen Vers über dir aus:**

*Ich* DEIN NAME *behandle meine Mitmenschen nicht ungerecht.*

**Die vollkommene Gerechtigkeit findet sich in Jesus Christus!** Wie schnell können wir in Gefahr sein, andere Menschen schlecht zu behandeln. Wir sind imstande, mit unseren Worten unsere Nächsten zu verletzen oder jemanden auszugrenzen. Auch innerhalb der Familie kann es vorkommen, dass sich Menschen ungerecht behandelt fühlen. So ermutige ich dich heute, darüber nachzudenken. Du wirst niemals allen Menschen gerecht werden, aber du hast die Chance, dein Augenmerk auf Gerechtigkeit zu legen! Vielleicht ist es heute dran, sich bei einem Mitmenschen zu entschuldigen. Erinnere dich dabei an die vollkommene Gerechtigkeit von Jesus Christus und wie er auch uns gerecht gemacht hat; aus seiner Gerechtigkeit leben wir.

13. Dezember

*Ihm allein verdanke ich Wohlergehen und Erfolg.*
*2. Samuel 23,5b*

**Sprich heute diese segensreiche Wahrheit aus:**

*Allein Gott verdanke ich* DEIN NAME *Wohlergehen und Erfolg.*

**Gesundheit ist ein Privileg und ein Geschenk Gottes!** Oft sehen wir unsere Gesundheit als etwas Selbstverständliches an. Es kann jedoch schnell passieren, dass wir krank werden oder andere Nöte uns überraschend begegnen. Gesundheit und Erfolg sind ein großartiges Geschenk von unserem Gott. Werde deshalb dankbar für deine Gesundheit und für alles, was du hast. Vielleicht bist du gerade krank und fühlst dich nicht gut. Dann hast du die Chance, für deine Gesundheit zu beten. Gott kann jede Krankheit in Gesundheit verwandeln, und jeder Not kann er Abhilfe schaffen! Darum halte dich jederzeit an Gott fest und danke ihm für seine Treue.

14. Dezember

*Unser Gott hält seine schützende Hand über allen, die ihm vertrauen.*
*Esra 8,22b*

**Sprich heute diese Wahrheit über dir aus:**

*Gott hält seine schützende Hand über mich* DEIN NAME, *denn ich vertraue ihm.*

**Wer Gott vertraut, der lebt unter einem besonderen Schutz des Höchsten!** Die heutige Zeit lässt uns manchmal in Angst und Furcht geraten. Terrormeldungen begleiten uns täglich und die weltpolitische Lage scheint außer Kontrolle zu geraten. Mitten in der Welt von Krieg und Terror legt Gott seine schützende Hand über alle Menschen, die an ihn glauben. Seinen Augen entgeht nichts und er kümmert sich heute um dich. Aus diesem Grund kannst du getrost in die Zukunft blicken! Niemand kann dich von der Liebe Gottes trennen, selbst wenn die Welt ins Wanken gerät. Auch dein ewiges Zuhause kann niemand zerstören. In alle Ewigkeit bist du in sicherer Hand!

**15. Dezember**

*Der Herr segne dich und bewahre dich! Der Herr wende sich dir in Liebe zu und zeige dir sein Erbarmen! Der Herr sei dir nah und gebe dir Frieden!* 4. Mose 6,24-26

**Sprich heute diesen Segen über dir aus:**

*Der Herr segnet mich und bewahrt mich. Der Herr wendet sich mir* DEIN NAME *in Liebe zu und zeigt mir sein Erbarmen. Der Herr ist mir nah und gibt mir Frieden!*

**Jeder Lebenssturm kann durch Gottes Nähe in wohltuende Ruhe verwandelt werden!** Vielleicht befindest du dich momentan inmitten von Turbulenzen und weißt gar nicht mehr so recht, wie es weitergehen soll. Sprich in solchen Lagen Gottes Segen über deinem Leben aus. Gott möchte sich dir in großer Liebe zuwenden. Er ist dir nah und gibt dir den verlorenen Frieden zurück. So empfange in diesen Minuten den göttlichen Segen und lass dich von ihm bis in dein Innerstes durchdringen. Erwarte deine Hilfe nicht zuerst von Menschen, sondern glaube an das mächtige Eingreifen deines Vaters im Himmel! Gott segne dich!

**16. Dezember**

*Erzieh deine Kinder mit Strenge, solange sie noch jung sind, aber lass dich nicht dazu hinreißen, sie zu misshandeln!*
*Sprüche 19,18*

**Sprich heute diesen Vers über deinem Leben aus:**

*Ich* DEIN NAME *erziehe meine Kinder mit Strenge, solange sie noch jung sind!*

**Liebevolle und konsequente Erziehung der Kinder bringt eine wohltuende Atmosphäre in ein Zuhause.** Kinder erziehen ist eine sehr große und herausfordernde Aufgabe. Für diesen Job gibt es kein Patentrezept. Die Bibel ermutigt dich aber, deine Kinder konsequent zu erziehen. So ermutige ich dich heute, deinen Kindern klare Grenzen zu setzen und diese auch in aller Konsequenz durchzuziehen. Kinder brauchen Richtungsweisungen und klare Ansagen. Je mehr Ruhe und Ordnung du deinen Kindern beibringst, desto mehr können sie sich in Freiheit entfalten. Ebenso bringen klare Regeln eine wunderbare Balance in eine Familie. Gott segne dich!

**17. Dezember**

*Ich freute mich, als sie zu mir sagten:*
*»Wir gehen zum Haus des HERRN!«*
*Psalm* 122,1 ELB

**Sprich heute diesen Vers als Segen über dir aus:**

*Ich* DEIN NAME *freue mich und ich gehe zum Haus des Herrn!*

**Die Gemeinschaft mit anderen Christen stärkt und festigt dein Herz.** Jeden Sonntag fahren wir als Familie zu einem Gottesdienst in einer Kirche. Das tun wir nicht, weil wir müssten. Vielmehr freuen wir uns, mit unseren Freunden und mit Gott zu feiern und ihn anzubeten. Die Gemeinde ist die Braut von Jesus Christus und sie ist die Hoffnung der Welt. Du bist ein Teil von ihr und nur du kannst darin deinen Platz ausfüllen! So ermutige ich dich heute, fröhlich deine Kirchengemeinde zu besuchen, denn du bist dort wichtig. Ziehe in deiner Freude deine Nächsten mit und geh ihnen voran. Ich bin überzeugt, die Gemeinschaft mit anderen Christen wird dich und dein Zuhause für die neue Woche stärken. Gott segne dich!

18. Dezember

*... Haltet Frieden untereinander.*
*Markus 9,50*

**Sprich heute diesen Vers über deinem Leben aus:**

*Ich* DEIN NAME *halte Frieden mit meinen Mitmenschen.*

**Friedvolle Herzen beschenken das Zuhause mit Ruhe und Gelassenheit!** Es gibt Menschen, die lieben es, ihre Mitmenschen mit Worten und Taten ständig herauszufordern. Es kann so weit gehen, dass sie ihre Nächsten ärgern oder sogar angreifen. Wenn du ständig deinen Kommentar oder deine Kritik abgeben musst, dann schaffst du ein Klima von Streit und Nörgelei.

Die Bibel lehrt dich heute, den Frieden zu halten. Das bedeutet, aktiv nach Frieden zu streben und alles daran zu setzen, die Einheit zu suchen und zu wahren. Jesus selbst ist der Friedefürst. Ich ermutige dich, heute auf ihn zu schauen und darauf zu vertrauen, dass er seinen Frieden in dein Zuhause bringen wird. Gott segne dich!

## 19. Dezember

*Lasst uns aufeinander achten! Wir wollen uns zu gegenseitiger Liebe ermutigen und einander anspornen, Gutes zu tun. Hebräer 10,24*

**Sprich heute diesen Vers als Segen über deinem Leben aus:**

> *Ich* DEIN NAME *möchte auf meine Mitmenschen achten. Ich werde sie in Liebe ermutigen und anspornen, Gutes zu tun.*

**Wer in seinem Leben eine Liebesspur hinterlässt, wird sehen, wie andere Menschen diesen Fußstapfen folgen werden!** Alles, was du tust und sagst, hat eine Wirkung auf deine Mitmenschen und deine Familie. Menschen beobachten dich und können sehen, wie großzügig du Liebe verschenkst. So ermutige ich dich heute, auf deine Mitmenschen zu achten. Verteile Komplimente und ermutige deine Freunde, das Gute auf dieser Welt zu tun. Entscheide dich heute für das Gute und tue aus Gottes Kraft Liebesdienste in deiner Familie, an deinem Arbeitsplatz und in deiner Nachbarschaft. Ich bin überzeugt, deine Beobachter werden von der Liebe angesteckt werden und ebenso das Gute auf dieser Welt tun wollen! Gott segne dich!

20. Dezember

*Unser Vater, der du bist im Himmel!*
*Geheiligt werde dein Name.*
*Matthäus 6,9* SLT

**Sprich heute diesen Teil vom Vaterunser:**

*Mein* DEIN NAME *Vater im Himmel! Geheiligt werde dein Name!*

**Gott ist heilig, und trotzdem nimmt er jeden Menschen in seine liebenden Vaterarme!** Der Name Gottes ist etwas Besonderes. Gott ist heilig. Das bedeutet, er ist ausgesondert und fehlerfrei. Der Name Gottes ist kostbar, weil er dem vollkommenen Gott gehört. Wir denken manchmal, dass wir Menschen diesem heiligen Gott gar nicht begegnen können, weil wir Fehler machen. Doch dieses Denken ist falsch. Es ist unglaublich, welch eine Spannung in dem bekannten Gebet »Vaterunser« steckt: Einerseits ist Gott heilig und auf der anderen Seite ist er unser Vater. Die perfekte Gottheit begegnet dir ganz persönlich als liebender Vater. Das ist großartig und nur möglich, weil Jesus Christus alle unsere Unvollkommenheit auf sich genommen und uns heilig gemacht hat. So genieße heute die Gegenwart Gottes. Begegne dem Namen Gottes mit Respekt und lege dich entspannt in Gottes Arme. Der Herr segne dich!

**21. Dezember**

*Dein Reich komme. Dein Wille geschehe,*
*wie im Himmel, so auch auf Erden.*
*Matthäus 6,10* SLT

**Sprich heute diesen Teil vom Vaterunser:**

*Dein Reich soll kommen und dein Wille soll auch in meinem* DEIN NAME *Leben geschehen!*

**Wer sich auf Gottes Reich ausrichtet, der wird Segensspuren hinterlassen.** Täglich hast du die Chance, Gottes Reich in deinem Leben zu entdecken und aus der Verbindung mit dem König des Reiches, Jesus, sichtbare Zeichen Gottes hervorzubringen. Ich ermutige dich, heute auf Jesus zu schauen und dein Handeln von seinem Geist in dir bestimmen zu lassen. Damit kannst du dazu beitragen, dass Gottes Reich unter den Menschen und in der Kirche Gestalt gewinnt. Es zeigt sich zum Beispiel dort, wo Menschen anderen freiwillig und selbstlos helfen und sich für Frieden und Gerechtigkeit einsetzen. Du kannst heute den großen Unterschied machen und mit deinem Reden und Handeln Segensspuren hinterlassen.

22. Dezember

*Gib uns heute unser tägliches Brot.*
*Matthäus 6,11 SLT*

**Sprich heute diesen Teil vom Vaterunser:**

*Gib mir* DEIN NAME *heute mein tägliches Brot.*

**Gott kümmert sich liebevoll um dich und er versorgt dich in jedem Lebensbereich!** In der heutigen Zeit leben wir in einem großen Überfluss, was unser tägliches Brot betrifft. Leider werden viele Lebensmittel weggeworfen und nicht sehr sorgfältig behandelt, geschweige denn wertgeschätzt. Zur Zeit von Jesus war Brot die notwendige Lebensgrundlage.

Gott möchte deine Grundbedürfnisse erfüllen. Er hält mehr als genug für dich bereit. So erinnere dich heute an Gottes Versorgung. Vielleicht hast du gerade finanzielle Nöte oder du bist auf Arbeitssuche. Glaube an die Versorgung durch deinen Vater im Himmel, denn er ist dein Versorger und er möchte dich in jedem Lebensbereich segnen und beschenken.

**23. Dezember**

*Und vergib uns unsere Schuld, wie auch wir vergeben unsern Schuldigern.*
*Matthäus 6,12* LUT

**Sprich heute diesen Teil vom Vaterunser:**

> *Ich* DEIN NAME *vergebe meinen Schuldigern, weil mir durch Jesus Christus vergeben wurde!*

**Wer die Gnade durch Jesus Christus verstanden hat, der wird selbst gnädig werden!** Gibt es Menschen, die dir Unrecht getan haben oder die dir so richtig auf den Keks gehen? Es wird immer wieder Leute geben, die dir das Leben schwermachen. Auch in deinem Zuhause können Missverständnisse und unterschiedliche Erwartungen zu Streit und Verletzungen führen. Die Bibel lehrt dich, zu vergeben, und du weißt: Das ist gar nicht immer so einfach. Wenn du jedoch weißt, dass Gott dir durch Christus zuerst vergeben hat, wirst du eine große innere Freiheit erleben und es wird dich befähigen, auch anderen zu vergeben. Dann wirst du deine »Schuldiger« loslassen und darauf vertrauen können, dass Gott sich um diese Menschen kümmern wird. Er macht das für dich. Du dagegen kannst entspannt durch den Tag gehen und dein Zuhause genießen!

**24. Dezember**

*Heute ist für euch in der Stadt, in der schon David geboren wurde, der lang ersehnte Retter zur Welt gekommen. Es ist Christus, der Herr.* Lukas 2,11

**Sprich heute diese wunderbare Wahrheit über deinem Leben aus:**

*Für mich* DEIN NAME *ist der Retter zur Welt gekommen. Es ist Christus, der Herr.*

**Während Menschen noch schnell versuchen, die Welt zu retten, hat Jesus Christus schon längst für die ganze Menschheit die Rettung gebracht!** Jesus Christus kam als Sohn des Höchsten auf diese Welt und wurde dabei ganz bescheiden in einem Stall geboren. Die Hirten gehörten damals zu den einfachsten Menschen, und genau sie waren die Ersten beim Schauplatz der Geburt Jesu. So ist Gott! Er hat seinen Sohn als Retter auf unseren Planeten gesandt, damit jeder Mensch Befreiung erleben kann. Jesus kam auch als Retter für dich! Deshalb hast du heute viel Grund zum Feiern. Schmücke dein Zuhause mit Lichtern, die für Jesus brennen, und genieße das Weihnachtsfest mit deinen Liebsten – denn Jesus wurde auch für dich geboren!

25. Dezember

*... der Engel sagte:*
*»Fürchtet euch nicht!«*
*Lukas 2,10a*

**Sprich heute diesen Vers als Segen über dir aus:**

*Ich* DEIN NAME *fürchte mich nicht!*

**Wer die Angst im Namen Jesu durchbricht, der wird mit Zuversicht und Mut durch jede Lebenssituation schreiten.** Kennst du Momente, in denen du den Mut verlierst oder gar ängstlich wirst? Hindernisse im Leben können uns unsicher machen und verängstigen. Vielleicht steht gerade ein Berg von Herausforderungen vor dir oder deiner Familie. Ich ermutige dich heute, dich nicht länger zu fürchten. Angst ist nicht von Gott. Jesus wurde geboren, um dich vollständig von deiner Angst zu befreien. Er möchte, dass du deine Furcht in seiner Kraft überwindest. Deshalb darfst du heute von Gott Zuversicht und Mut empfangen. Er ist an deiner Seite und kümmert sich um deine Sorgen. Übergib ihm deine Hindernisse und vertraue darauf, dass er die beste Lösung hat. Gott ist mit dir!

26. Dezember

*Denn das Gesetz wurde durch Mose gegeben; Gottes Gnade und Wahrheit aber kamen durch Jesus Christus.*
*Johannes 1,17* NLB

**Sprich heute diese Wahrheit über deinem Leben aus:**

> *Die Gnade kam durch Jesus Christus, und er hat sie mir* DEIN NAME *geschenkt!*

**Keine Leistung bringt Menschen in die Nähe Gottes; allein die Gnade durch Jesus Christus schafft die echte Nähe zum Vater im Himmel!** Hast du in deiner Familie auch schon mal einen dummen Fehler gemacht und dann versucht, mit vielen kleinen guten Taten alles wieder in Ordnung zu bringen? Gott ist anders! Seine Liebe hat alle deine Fehler durch Jesus am Kreuz ausgelöscht. Er beschenkt dich mit seiner Vergebung. Bei Gott musst du keine Leistung erbringen, *damit* er dich liebt. Der Vater im Himmel liebt dich bereits, und seine Gnade und Wahrheit in deinem Leben hören niemals auf. Aus diesem Grund kannst du heute entspannt und ohne Druck durch den Tag gehen, denn du darfst wissen: Du bist von Herzen geliebt!

## 27. Dezember

*Und Gottes Friede, der all unser Verstehen übersteigt, wird eure Herzen und Gedanken im Glauben an Jesus Christus bewahren.*
*Philipper 4,7*

**Sprich heute diese Zusage über deinem Leben aus:**

*Und Gottes Friede wird mein* DEIN NAME *Herz und meine Gedanken im Glauben an Jesus Christus bewahren!*

**Jede Lebenssituation möchte Gott mit seinem Frieden erfüllen!** Ertappst du dich auch manchmal dabei, wie du auf dem Sofa sitzt und über etwas Negatives nachsinnst? Dabei drehen sich deine Gedanken und je länger du nachdenkst, desto mehr gleiten deine Gedanken in dunkle Tiefen ab und verstricken sich in einem Durcheinander. Es sind diese Momente, in denen Menschen mutlos werden und deprimiert zuhause sitzen.

Stelle heute deine Gedanken unter Gottes Frieden! Erzähle ihm von deinen Sorgen und erlebe, wie deine Gedanken wieder klar werden und wie der Friede Gottes dich und dein Zuhause erfüllen und dich Schritt für Schritt Gottes Lösungswege erkennen lassen wird.

28. Dezember

*Das Wort, das zum Leben führt,*
*war von Anfang an da.*
*1. Johannes 1,1a*

**Sprich heute diese Wahrheit aus:**

*Das Wort, das mich* DEIN NAME *zum Leben führt, war von Anfang an da.*

**Gottes Wort hat die Kraft, ein Zuhause in eine blühende und wohlriechende Heimat zu verwandeln!** Gott hat durch sein Wort die Erde erschaffen und sie zu einem wunderschönen Planeten werden lassen. Auf die gleiche Weise kann Gottes Wort in deinem Alltag seine Kraft entfalten. Gott hat dir mit seinem Wort eine unglaublich große Stärke in dein Herz gelegt. Es ist Nahrung für deinen Geist, deine Seele und deinen Körper. Deshalb sprich Gottes Wort in deinem Zuhause aus und entdecke, wie du dabei Erfrischung und Ermutigung erfährst. Jede schwierige Situation kann durch Gottes Kraft verändert werden! Glaube an ein aufblühendes und wohlriechendes Zuhause, weil Gottes Kraft die Veränderung schaffen wird. Gott segne dich!

**29. Dezember**

*Und noch einmal will ich es sagen: Freut euch!*
*Philipper 4,4b*

**Sprich heute diesen Vers als Segen über dir aus:**

*Ich* DEIN NAME *freue mich!*

**Die Kunst des Lebens besteht darin, dort zu blühen, wo man gepflanzt ist!** Bestimmt sitzt du auch manchmal zuhause und spürst, wie dir die Freude verlorengeht. Du fühlst dich mutlos, erschöpft und die Freude schwindet aus deinem Leben. Dann denkst du vielleicht, dass du *irgendwann* glücklich werden wirst – wenn sich gewisse Dinge erfüllt haben.

Die Bibel ermutigt dich, jeden Tag fröhlich zu sein! Du darfst dich freuen, denn du kennst einen großartigen Gott. Du musst diese Freude aber nicht selbst produzieren. Danke Gott für seine Freude, die durch seinen Geist in dir lebt, und du wirst sie erfahren. Heute ist der Tag, um glücklich zu sein!

**30. Dezember**

*Gnade, Erbarmen und Frieden wird uns geschenkt von Gott, unserem Vater, und seinem Sohn Jesus Christus; so bleiben wir in Gottes Wahrheit und in seiner Liebe.*
*2. Johannes 3*

**Sprich heute diese Zusage über deinem Leben aus:**

*Gnade, Erbarmen und Frieden wird mir* DEIN NAME *von meinem Vater und seinem Sohn Jesus Christus geschenkt.*

**Gottes Barmherzigkeit bringt Reichtum und Glück in ein Zuhause.** Jeder Mensch wünscht sich in Schwierigkeiten einen barmherzigen Samariter, von dem Jesus berichtet. Diese »Samariter« sind Erdenbürger, die liebevoll und rücksichtsvoll am Leben anderer anteilnehmen.

Der dreieinige Gott hat sich in deinem Leben bereits barmherzig und voller Liebe gezeigt. Vollkommener Friede und die liebevollste Barmherzigkeit Gottes sind dir in vollem Umfang geschenkt! Je mehr du das erkennst, desto mehr wirst du aus der göttlichen Kraft heraus Barmherzigkeit, Gnade und Frieden in deinem Zuhause leben, deinen Mitmenschen zuhören, Frieden schaffen und deinen Nächsten in göttlicher Gnade begegnen.

## 31. Dezember

*Meine Freunde! Lasst uns einander lieben, denn die Liebe kommt von Gott.*
*1. Johannes 4,7a*

**Sprich heute diesen Vers als Segen über dir aus:**

*Ich* DEIN NAME *liebe meine Nächsten, denn die Liebe kommt von Gott.*

**Wer Gottes Liebe empfangen hat, der wird Herzlichkeit und Nestwärme in sein Zuhause bringen.** In einem schönen Zuhause zählen nicht Reichtum und Luxus, sondern das Größere: die Liebe. Die Bibel lehrt dich heute, deine Mitmenschen zu lieben, sei es in deinem Zuhause, an deinem Arbeitsplatz, in deiner Kleingruppe oder wo auch immer du Menschen triffst. Dies musst du nicht aus deiner eigenen Kraft tun; du darfst wissen, dass Gott die nötige Liebe dazu bereits in dein Herz gegeben hat. So liebe heute deine Mitmenschen, indem du ihnen dein Mitgefühl zeigst und Liebesdienste an ihnen tust, die sie überraschen werden. Ich bin überzeugt, dies wird Freude und Leichtigkeit in dein Leben bringen. Gott segne dich!

# Sandys Kokosnusstorte

## Mandelbiskuit

*Für eine Form (Durchmesser 18 cm)*

*Zutaten: 3 große Eier, 1 Prise Salz, 100 g Zucker, 120 g gemahlene Mandeln, 20 g Speisestärke, 30 g Mehl und ½ Pck. Backpulver*

Zubereitung: Eier trennen. Eiweiß mit der Prise Salz steif schlagen (Handmixer). 100 g Zucker zufügen, bis es schön glänzt. Das Eigelb und die Mandeln mit einem Löffel untermischen. Speisestärke, Mehl und Backpulver darüber sieben und alles sorgfältig vermischen. Die Backform mit Butter bestreichen, den Teig in die Form füllen und im vorgeheizten Backofen 25 Minuten bei 180 °C backen. Den Biskuit auf einem Backgitter auskühlen lassen. Dann den Biskuitboden einmal waagerecht durchschneiden.

### Kokosfüllung

*Zutaten: 100 g weiße Schokolade mit Mandelfüllung, 100 ml Sahne, 60 ml Sonnenblumenöl, 100 g Kokoscreme (Asia-Shop), 50 g Kokosfett, 125 g gesüßte Kondensmilch*

Zubereitung: Sahne aufkochen. Topf vom Herd nehmen. Schokolade zerkleinern, danach zusammen mit der Kokoscreme und dem Kokosfett zur Sahne dazugeben. Kurz stehen lassen und dann umrühren. Kondensmilch sowie Sonnenblumenöl beifügen und zu einer dickflüssigen Masse verarbeiten. Ein wenig erkalten lassen, damit die Füllung fest wird. Nach Belieben einen Schuss Malibu-Likör beifügen. Die Masse auf den unteren Boden geben, glatt streichen und den oberen Boden darauflegen.

### Dekoration

*Zutaten: 100 ml Sahne, 300 g weiße Schokolade, einige Raffaello und ca. 100 g geröstete Mandelblätter*

Zubereitung: Für die Ganache die Sahne aufkochen, Schokolade zerkleinern, dazugeben und schmelzen. Bei Bedarf noch mit dem Stabmixer bearbeiten, damit wirklich eine glatte Masse entsteht. Torte mit Ganache bestreichen. Mandelblätter in der Pfanne rösten. Danach die Mandelblätter über die Ganache streuen. Die Torte mit Raffaello verzieren.

# Ein Wort für junge Mütter

Diese Seiten sind speziell an junge Mütter gerichtet. Vielleicht hast du gerade ein Kind geboren oder steckst mit deinen Kindern mitten in der Kleinkindphase. Genau für dich sind diese Zeilen.

Zuerst möchte ich dir gratulieren, denn du hast dich entschieden, Mutter zu sein und Kinder zu erziehen. Das ist ein verantwortungsvoller und manchmal auch echt herausfordernder Job! Vielleicht bist du gerade ziemlich übermüdet, weil du nachts nicht gut schlafen kannst und immer wieder 24 Stunden am Tag im Einsatz bist. Als ich früher beim Kinderarzt arbeitete, haben wir entdeckt, wie zum Beispiel bereits das Stillen zum 30-Prozent-Job werden kann. Kinder zu gebären und danach zu betreuen, ist eine große Aufgabe, die viel Kraft braucht. Dein Körper, deine Seele und dein Geist brauchen übernatürliche Kraft, um diesen Dienst erfolgreich auszuführen. So ermutige ich dich heute, aus Gottes Wort täglich diese Kraft zu schöpfen. Tu dir als Mama etwas Gutes und lass dich täglich mit göttlicher Energie auffüllen.

Erinnere dich dabei jeden Tag daran, dass deine Arbeit mit den Kindern auch Reich Gottes ist.

Die Zeit und Liebe, die du in deine Kinder investierst, sind richtig kostbar! So lass dich für deine Erziehung von Gottes Geist führen. Die Liebe und die Wertschätzung ist das Größte, was du deinen Kindern auf den Lebensweg mitgeben kannst. Beispielsweise habe ich meinen Kindern jeden Tag in die Augen geschaut und ihnen gesagt, wie lieb ich sie habe. Auch habe ich ihnen täglich über den Kopf gestreichelt und ihnen damit meine Nähe gezeigt. Schenke deinen Kindern Aufmerksamkeit, Wertschätzung und Ermutigung, denn das wird sie stark machen. Bete für deine Kinder und sprich jeden Tag einen göttlichen Segen über ihnen aus. Es wird dir helfen, wenn du diese Dinge zu einem Ritual machst.

Auf der anderen Seite ermutige ich dich, auch klare Grenzen zu setzen. Deine Kinder werden dich testen und schauen, ob du Konsequenzen durchziehen wirst. Wenn du dies nicht tust, werden dir die Kids bald auf der Nase herumtanzen! Setze deinen Kindern klare Grenzen, was Schlafen, Essen, Medien und Spielen angeht. Deine Kinder werden sich in diesem Schutzraum der Regeln und Rituale in Freiheit entfalten können. Sei dir bewusst, dass es oft anstrengender ist, eine Grenze zu setzen, als den Kindern einfach freien Lauf zu lassen. Ebenso ist es wichtig, die Kinder sich selbstständig beschäftigen zu lassen. Beispielsweise hatten meine Kinder jeweils nach dem Frühstück Zeit, um allein im Zimmer zu spielen.

Währenddessen konnte ich wunderbar meine Haushaltsarbeiten erledigen. Danach packten wir den Kinderwagen und tobten uns auf dem Spielplatz gemeinsam an der frischen Luft aus.

Je mehr Ordnung du in deinem Alltag schaffst, desto mehr Zeit für Entspannung und Ruhe wirst du bekommen. Es ist auch gut, wenn die Kinder lernen müssen, zu warten. Du musst nicht immer deine volle Aufmerksamkeit verschenken, denn dies ist sehr anstrengend. Kinder, die lernen zu warten, werden besser für ihr Leben gerüstet sein. Sie lernen damit, gemeinsame Zeit zu genießen, und werden gleichzeitig in die Selbständigkeit geführt. Auch heute erlebe ich in der Schule Ruhe und Frieden in einer Klasse, in der ich klare Regeln und Ansagen mache. So ermutige ich dich, deinen Tag bewusst zu planen und zu genießen!

Immer wieder beobachte ich auch Mütter, die mit ihren Kindern hektisch von einer Veranstaltung zur anderen eilen. Oder sie fragen die kleinsten Knirpse, was sie ihnen zum Mittagessen kochen sollen. Die Kinder sind mit solchen Entscheidungen und Unsicherheiten überfordert. Ich selber war mit meinen Kindern früher oft zuhause. Ein klarer Rhythmus mit Schlafen und Essen gab mir große Freiheit und Zeiten der Erholung und Entspannung. Somit hatte ich Ruhe, um Gottes Wort zu lesen und daraus Kraft für meine Herausforderungen zu schöpfen. Ich ermutige dich, darüber nachzudenken. Meiner Meinung nach brauchen Kinder ein ruhiges und entspanntes Zuhause. Genau dies kannst du aus Gottes Kraft schaffen – indem du selber bei deinem Gott zur Ruhe kommst und deine Kinder aus dieser Entspannung heraus mit gestärkten Nerven erziehst.

So genieße dein Zuhause mit deinen Kindern und lass dich täglich neu von Gottes Kraft stärken. Gott segne dich!

## Die kleine Hausapotheke

Immer wieder beobachte ich, wie Menschen bei einfachen Krankheiten nicht wissen, was sie tun können. Aus diesem Grund habe ich eine kleine Hausapotheke zusammengestellt. Sie soll dir helfen, in deinem Zuhause einfache Krankheiten erfolgreich mit Hausmitteln zu behandeln. Falls keine Besserung eintritt, muss selbstverständlich ein Arzt oder eine Apotheke aufgesucht werden.

### Erkältung

Bei verstopfter Nase kann dir eine Dampfinhalation helfen. Koche 2 Liter Wasser auf und füge 2 Esslöffel Salz hinzu. Inhaliere den Wasserdampf durch die Nase und atme danach durch den Mund wieder aus. Am besten legst du dazu ein Tuch über deinen Kopf, damit der Dampf nicht verlorengeht. Wiederhole die Atemübung mindestens zehnmal. Es lohnt sich, die Dampfinhalation dreimal pro Tag zu wiederholen. Ebenso kann dir ein Nasenspray helfen, damit die Schleimhäute wieder abschwellen (niemals länger als eine Woche anwenden). Eine Zwiebel wirkt großartig gegen Erkältungen.

Schneide eine Zwiebel auseinander und lege sie in dein Schlafzimmer. Trinke mindestens 2–3 Liter Tee. Vitamin C hilft dir, jede Erkältung abzuwehren. Trinke jeden Morgen eine in Wasser aufgelöste Vitamin-C-Brausetablette und iss vitaminreiches Obst. Bei Grippewellen kannst du dies auch bereits im Voraus tun.

### Durchfall

Bei Durchfall sollte man in der Regel keine zuckerhaltigen Getränke oder Speisen zu sich nehmen. Ausnahme dabei ist Cola. Folgende Speisen und Getränke eignen sich bei Durchfall: Schwarztee (ohne Zucker), Cola, Salzstangen, Zwieback, Karottensuppe mit Brühe und Reis. Nimm keinesfalls Milchprodukte zu dir, denn auch diese enthalten Zucker in Form von Milchzucker. Für Kleinkinder gibt es dazu Nahrungsersatz in der Apotheke. Halte diesen Diätplan strickt ein und du wirst sehen, wie dein Darm sich entspannen wird.

### Fieber

Bei Fieber können Wadenwickel mit Essigwasser und fiebersenkende Mittel wie zum Beispiel Paracetamol angewendet werden. Die Anwendung von Wadenwickeln mit Essigwasser kannst du folgendermaßen durchführen: leicht kühles Wasser in ein Becken geben. 100 ml Essig dazugeben. Ein Windeltuch damit befeuchten und um die Wade des Kranken wickeln. Danach einen Plastiksack um den Wadenwickel legen, damit es nicht zu tropfen beginnt. Zum Schluss noch eine Socke darüber ziehen. Den Wadenwickel ca. 20 Minuten einwirken lassen. Verschwindet das Fieber nicht bald, sollte ein Arzt aufgesucht werden.

### Halsschmerzen

Salbei ist ein Wundermittel gegen Halsschmerzen. Koche diese Pflanze in heißem Wasser und gurgle damit 3–5 Mal täglich. Lege einen Schal um deinen Hals und kaufe dir ein paar Salbei-Bonbons. Du kannst auch mit mildem Salzwasser gurgeln. Schone deine Stimme oder beruhige deinen Hals mit Lutschtabletten aus der Apotheke. Trinke viel Tee.

### Ohrenschmerzen

Sind oft sehr schmerzhaft. Ein Nasenspray kann helfen, die Schleimhäute abschwellen zu lassen.

### Sportverletzung

Prellungen und Verstauchungen können gut mit Sportsalbe und einem Stützverband behandelt werden. Lass dich dazu in der Apotheke beraten.

### Wundverletzung

Jede Wunde muss desinfiziert und abgedeckt werden. Kaufe dir eine desinfizierende Wundsalbe und sterile Kompressen oder Pflaster. Streiche die Wundsalbe auf das Pflaster und klebe es dann auf die Wunde. Wiederhole dies bei Bedarf mehrmals und spare bei der Salbe nicht.

Foto: istockphoto.com

DAN SCHMID
DU BIST DIE ZUKUNFT
WERDE. WER DU BIST
7

Alle Bücher von Karin Schmid
können direkt bestellt werden bei:
www.gracetoday.de